易经
的奥秘 |典藏版|

曾仕强 著

时代出版传媒股份有限公司
北京时代华文书局

图书在版编目（CIP）数据

易经的奥秘：典藏版 / 曾仕强著. -- 北京：北京时代华文书局，2015.6
ISBN 978-7-5699-0223-5

Ⅰ.①易… Ⅱ.①曾… Ⅲ.①《周易》－研究 Ⅳ.①B221.5

中国版本图书馆CIP数据核字(2015)第130411号

易经的奥秘：典藏版

著　　者	曾仕强
出 版 人	田海明　朱智润
选题策划	周　军　崔　爽
责任编辑	李　争
责任校对	郭耀芳　孙梦莹
装帧设计	易为堂
责任印制	王金宇
出版发行	时代出版传媒股份有限公司 http://www.press-mart.com 北京时代华文书局 http://www.bjsdsj.com.cn 北京市东城区安定门外大街136号皇城国际大厦A座8楼 邮编：100011　电话：010-64267955　64267677
印　　刷	三河市长城印刷有限公司
开　　本	710mm×1000mm　1/16
印　　张	19.5
字　　数	285千字
版　　次	2015年6月第1版　2015年6月第1次印刷
书　　号	ISBN 978-7-5699-0223-5
定　　价	58.00元

版权所有，侵权必究

目 录

第一集　何为《易经》/001

《易经》是中华文化的总源头，是群经之始，是解开宇宙人生密码的宝典……

第二集　何为阴阳/017

阴阳是构成宇宙万事万物最基本的元素，天下的变化，就是阴阳的变化……

第三集　何为太极/033

太极是宇宙万物万象共同的基因，"其大无外，其小无内"……

第四集　何为八卦/047

八卦代表地球上八种自然现象，乾为天，坤为地，坎为水，离为火，震为雷，巽为风，艮为山，兑为泽……

第五集　八卦成图/067

伏羲仰观天象，俯察地理，画出先天八卦图，先天八卦图告诉我们，人生最重要的是定位……

第六集　易有三义/085

易有三义，一为简易，二为变易，三为不易，《易经》看起来神秘复杂，但实则简易。而不变的是原则，万变的是现象……

第七集　善易不卜/101

占卜的目的不是告诉我们结果，而是给我们做人做事多一种参考，这样理解和应用《易经》，才是懂得占卜的人……

第八集　卦有何用/117

《易经》中的六十四卦代表了宇宙人生六十四种情境。每个人的命运掌握在自己手里，每个人的卦也是由自己来画……

第九集　解读乾卦/139

乾卦是《易经》的第一个卦，我们应该根据乾卦的六个密码——潜、现、惕、跃、飞、亢，来调整自己的人生……

第十集　解读坤卦/159

坤卦的六个密码是履霜、不习、含章、括囊、黄裳、龙战。这对于我们做好领导的得力助手以及我们的人生具有指导意义……

第十一集　乾坤人生/177

《易经》六十四卦中，乾卦是纯阳卦，坤卦是纯阴卦。当这两个卦象合在一起看的时候，乾坤是绝配……

第十二集　破解命运/197

命运是一种自然律，《易经》所指示的，正是宇宙人生的自然规律……

第十三集　易经与家庭/213

中国人浓厚的家庭观念来源于《易经》，《易经》中的咸卦、恒卦、家人卦，是讲感情、婚姻和治家的……

第十四集　卦的象数理/233

象和数是变化的现象，理是不变的规律。我们学习《易经》，就是要透过变化的现象，掌握不变的规律……

第十五集　超越吉凶/253

人生的悲剧就是吉、凶、悔、吝，吉生吝，吝生凶，凶生悔，悔生吉。人有了理想，也就没有什么吉凶了……

附录　六十四卦精解/271

《易经》把宇宙所有事情划分为六十四种情境，就是六十四卦。当你卜到某一个卦时，就可以参考六十四卦精解，有所警惕，然后趋吉避凶……

第一集

何为《易经》

《易经》是中华文化的总源头，是群经之首，是解开宇宙人生密码的宝典……

凝聚着中国古圣先贤古老智慧的《易经》，曾长久地被误解为一本算命的书。随着科技的发展，东西方文化的交融，《易经》越来越受到中外科学界、文化界的重视，西方学者称之为"一部奇妙的未来学著作"。

那么《易经》究竟是一部什么样的书呢？它是一部既古老又新奇，既陌生又熟悉，既高深莫测又简单易懂的书。面对这一组互相矛盾的词语，我们不禁要问：《易经》究竟是什么？我们又如何才能够读懂古老而神秘的《易经》？而懂了《易经》的道理，对于我们的人生会有什么意义呢？

第一集　何为《易经》

要了解《易经》，首先要从"何为《易经》"这个题目开始。《易经》是什么？所有文献都是这么记载的：《易》是群经之首。因为不管是五经还是六经，都把《易经》摆在最前面，实际上这句话太客气了，应该是"《易》为群经之始"。因为它是中华文化的总源头，是诸子百家的开始。

《易经》是什么？这种问题大概只有中国人听得懂，外国人不太喜欢这样的问题，因为这种问题的答案不管怎么说都对，但是怎么说都只是说对一部分，不可能全对，因为《易经》太大了，就像偌大的北京城（见图1－1），不管是乘坐飞机、火车，还是通过高速公路、国道、省道、城乡道路都能进得来，可是进来以后，谁都不能说自己真的就算是了解整个北京了。

图1－1

关于《易经》，为什么总是见仁见智，各执己见？就是因为每一个人都只是从一个角度去看，都只看到一个方面，每一个人只讲对一部分，很难把它讲得很全。所以研究《易经》，一定要有比较宽广的包容性。

《易经》是怎样完成的？按照一般的说法，叫作"人更三圣，世历三古"（《汉书·艺文志》）。《易经》的完成，经历了三位圣人：第一个是伏羲，第二个是周文王和周公父子，他们一家人算作一个，第三个我们大家更为熟悉，就是孔子。伏羲在上古，周文王在中古，而孔子在近古，或者叫下古（见图1－2）。

图1－2

明明是四个人，为什么说是三个呢？这跟《易经》有很大的关系。因为"三"是奇数，是阳的，而四是偶数，是阴的，所以我们说是三位。唐装，它的纽扣不是五个就是七个，不会是四个或六个，也是这个道理。

实际上，《易经》成书所经历的时间非常长，所经历的圣人也很多，应该说《易经》是我国古圣先贤集体创作的成果。我们中国人差不多所

第一集　何为《易经》

有东西都是集体创作的,很少有一个人单独完成的。

《易经》广大精微,无所不包。"其大无外,其小无内"(《吕氏春秋》),这两句话大家非常熟悉,大到没有外面,够大的吧!小到没有里面,够小了吧!我们今天很喜欢讲系统,而世界上最大的系统,就是《易经》。因为所有能列举出来的大系统,像太阳系、银河系等等,都不可能大到"其大无外";所有能列举出的分子、原子、质子、电子等等,都小不过"其小无内"。

那么这样广大精微的一本书,到底有什么用处呢?说出来有些人会不相信,有些人会吓一跳,但是如果大家看完这本书,一定会恍然大悟——《易经》是解开宇宙人生密码的宝典。

也许有人会觉得这样说很夸张,因为现在世界各国的科学家,兢兢业业,就是为了解开宇宙的密码。有了那么多的科学仪器,那么尖端的技术,他们都还不敢说能够做到,这么一本几千年前的古老经书,怎么能做到这样了不起的事情?所以大家心里一定充满疑问:到底解开了没有呢?

如果没有解开,那不是空谈吗?讲了半天没有效果,即使再古老,再广大,又有什么用?我们可以大胆地说:解开了。

孔子解开这个密码以后,到现在已经过去了两千五百多年,但是我们一直都是小用,从来没有大用过。孔子曾感慨说:"人能弘道,非道弘人。"(《论语·卫灵公》)但是他的感慨我们依然听不懂,我们把它当书来背,我们也考试,可就是不知道它的真正意思是什么。"人能弘道",意思是人能够把这个密码好好来运用;"非道弘人",是说你不能在这儿躺着,等它来给你帮忙。孔子的这句话是说:宇宙的密码已经解开了,但是要靠人来把它发扬光大,而不是等待那个密码来帮我们解开。那么我们又凭什

么说，到孔子的时候，就已经解开了宇宙的密码呢？

自古以来，人类一直在使用各种方法去探索宇宙的奥秘，但是直到科技高度发达的今天，宇宙对于人类仍然是一个巨大的问号。那么我们的老祖宗在几千年之前，怎么能够得到破解宇宙的密码呢？

因为我们中华民族的祖先得到了三把钥匙。第一把钥匙，叫作伏羲八卦。在中国，几乎人人都看过八卦图，家家户户也都挂过，只是搞不清楚那是做什么的。殊不知，那正是一把打开宇宙密码的金钥匙，我们在手上拿了几千年，却始终没有悟到它真正的作用，总以为那是很好玩儿的，可以辟邪的，连外国人也跟着我们糊里糊涂的。外国人现在也挂八卦图，但你问他为什么，他一定会说："那是你们中国的玩意儿，我怎么知道？"

伏羲的八卦告诉我们一个宇宙最基本的秘密，我们用两个字就把它讲完了，叫作"阴阳"。现代科学家已经感觉到，物体一定有最小的基本构成元素，他们讲了很多很多，却始终讲不出"阴阳"这两个字来。我们一天到晚在讲"阴阳"，可是我们反而不知道，这就是宇宙万事万物最基本的构成元素。

第二把钥匙是文王六十四卦。它告诉我们，宇宙只有六十四个密码。大家一定会产生疑问：为什么是六十四个呢？不可以是六十三个吗？不可以是八十二个吗？《易经》讲"数"讲得非常多，但是如果用我们现代的数学观念来看《易经》的数，那就相差太多了。因为数不等于数字。数是有生命的，是活的，不是死的。有一句话非常重要：这件事情不过是"一而二，二而一"而已，这句话大家经常听到，只是没有在意。什么叫"一而二，二而一"？等到讲易数的时候，我们会把它说清楚。

六十四卦就是宇宙的六十四个密码，它是用数字来代表的。凡是密码，必定离不开数字。我们现在所用的保险箱都是用数字做密码的，但是那个数字是死的，一就是一，二就是二，而宇宙的数是活的，是变化的。

第三把钥匙是孔子给我们的《十翼》。孔子"删《书》、《诗》"，他把《尚书》、《诗经》删了一大部分；他制定礼乐，修了一部很难的书，叫《春秋》，但是他看到《周易》，却是很恭敬地赞美。

《周易》成书以后，多少人想动它的一个字，都动不了。孔子当然也有责任，如果其中真的有不对的地方，他就要删，就要改。可是他读完以后，肃然起敬，赞《周易》，而且替《周易》装上十只翅膀，我们称之为《十翼》。孔子希望《周易》能够"飞起来"，可惜到现在，他的理想还没有实现。

《周易》"飞起来"以后是什么样子？就是世界大同。实际上，地球村就是世界大同，世界大同就是地球村，西方的理想跟我们的理想是一样的。我们现在是要按照西方的路子走向地球村，其实这样也没有关系，因为"功成不必在我"，只要能够实现和平发展、人类和谐，无论用什么方法，我们都不反对。

可是从目前形势来看，下面的路要靠我们自己来走。靠什么走？就是这部有十只翅膀的《周易》。我们有这么好的宝藏，可是我们自己睡着了，醒不过来。沉睡了这么多年，现在是醒的时候了。

> 孔子的理想就是世界大同，而《易经》就是理想的翅膀。
> ——《易经》的智慧

我们今天所看到的《易经》，可以说是三位古圣先贤共同创造出来的：伏羲创造了八卦图；周文王创造了六十四卦，后被称为《易经》；而孔子则为《易经》作了《十翼》，也称《易传》。那么《易经》的首创人伏羲是谁？他又为什么要创造八卦呢？

伏羲替当时的人民，解决了很大的问题。当初，人类还没有进入农业社会，人们靠打鱼、狩猎过日子。一个人要出去打鱼，要出去狩猎，最怕的是什么？就是半路上碰到天气骤变，来不及躲避，很可能连命都没有了。所以很多人问伏羲：明天要出去，天气会怎么样？伏羲可以说是全人类，全世界第一座气象台的台长，他告诉人们："明天是大晴天，你去好了"，"明天往南走有雷，你要小心"，"你往西北走，有大雨"……刚开始大家还是将信将疑，可是后来随着验证次数的增多，大家都觉得他说得很准，于是来问的人越来越多。人多了以后，伏羲没有那么多时间应付，怎么办？他就说："从明天开始，我在这棵树上挂一个'☵'的图像（见图1－3），就表示明天天气是雨天……"伏羲氏跟老百姓讲，这是"2、1、2"（见图1－4），代表下雨。"2、1、2"是人类所知道的第一个密码。

图1－3

图1－4

第一集　何为《易经》

伏羲氏得到了人民的信赖，并根据人民的需要，把他的气象预报逐渐地扩大，慢慢地推出不同的卦象，就变成了我们一直到今天都很熟悉的八卦（见图1-5）。

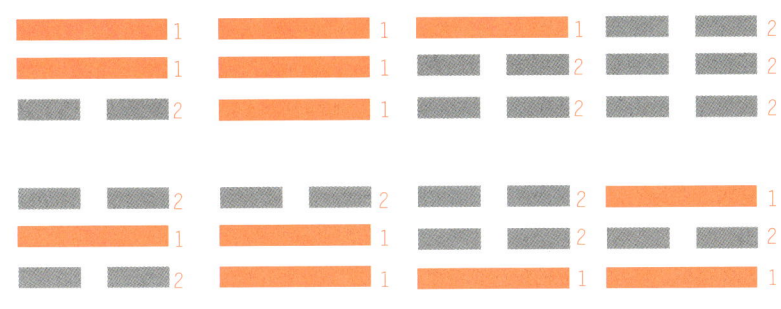

图1-5

伏羲并没有一开始就告诉大家这是什么，那是什么，因为跟老百姓讲得太多，基本上是没有用的，所以他只告诉大家记几个数字就好了，"1、2、1"代表什么，"1、2、2"代表什么，"2、1、2"代表什么，"2、2、1"代表什么，等等，跟今天的电脑完全一样。打电报也是一样的道理，给出一组数字，对方就知道是什么意思，所以说数字化时代老早已经开始了，我们今天不过是承继伏羲的路线走下来而已。

最古老的汉字是根据图像来的，所以叫作象形。本来是一个下雨的符号，一倒过来就变成了"水"字（见图1-6）。后来人们根据伏羲的八卦，慢慢地造出很多字来，这是事实。但是伏羲的用意是要告诉我们整个宇宙的状况，让我们知道怎么样去适应，怎么样去改善，这个工作到现在还在持续进行中。

9

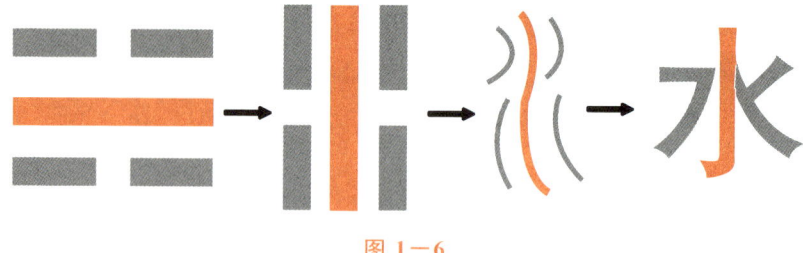

图 1-6

后来有些老百姓对伏羲说："你总教我们背这些数字，我们有时候也会搞错，你干脆告诉我们它的道理吧。"伏羲说："既然你们想知道其中的道理，那我就告诉你们。只要把这张图（见图 1-7）看懂了，就能够完全懂得其中的道理了！"

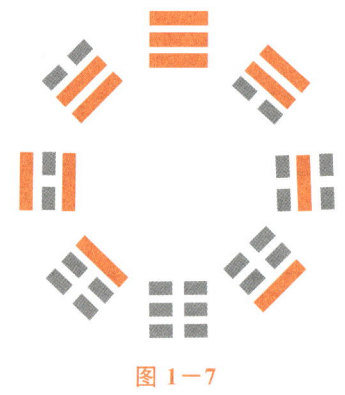

图 1-7

伏羲八卦是什么？就是我们经常说的无字天书。我们从小就听说过无字天书，伏羲八卦就是无字天书。因为伏羲氏当年根本还没有文字，所以《易经》整部书只有图像，没有文字，所有的字都是有了文字以后，慢慢加上去的，加到最后，整部《易经》也不过四千多字。

没有文字，没有条条框框，不受任何局限，就可以通天下，通宇宙。伏羲氏是把整个都想通了以后，才开始来画卦的，所以我们对他那一画，非常的恭敬，称为"一画开天"。《易经》是从开天辟地，也就是

第一集　何为《易经》

今天科学上所讲的大爆炸说起的，一直说到人类最后的状况，我们直到今天还没有完全把它展开，因为我们还有很长的路要走。今后人类世世代代都要取用于这本无字天书，这是取之不尽，用之不竭的一部宝典。

> 伏羲八卦图这部无字天书，能够历经七千年的岁月，一直流传到今天，足以证明真理永存的道理。那么在蛮荒的原始时期，伏羲怎么能够发现宇宙的奥秘？又是怎么画出八卦图来的呢？

伏羲用的方法是什么？他用的三个方法，对我们中国人影响太大了。第一个方法叫仰视。大家可能会认为仰视很轻松头一抬，就看到天上了。但是仔细想想，你会发现，动物没有权力仰观天象，仰视是人类独有的。一切都有天象，我们为什么不看呢？为什么光凭脑子去想呢？

中国人很会仰，但是仰到后来不够高，只是仰长官的脸色。我们现在很多人都在看长官的脸色，就是眼光不够高，其实再仰高一点就看到天象了。如果长官的脸色跟老天的气象是一致的，那你就可以照着去做，因为他合乎天理；如果长官的脸色跟老天的气象不配合，你就要摸摸良心，想想要不要听他的，这样才对。

第二个方法叫俯视，意思就是你照顾了别人，也要照顾照顾自己。整部《易经》都是从人身上看出来的东西。我们经常讲"万物皆备于我"，因为"我"就是一个小宇宙。自然中有山，人也有，人的山在哪里？鼻梁就是山。宇宙所具有的东西，我们在自己身上全都找得到，所以作为一个人，真的很不简单，千万不要把自己看成动物。"人为万物之灵"，这是周武王讲的，这样的话只有中国人讲得出来。周武王看到自己的父亲那么有成就，把一部《易经》全部整理出来，就想到自己也

要做点什么，于是他讲了这句"人为万物之灵"，这一句话唤醒了很多人，但是有的人听了，还是无动于衷。

第三个方法，用我们现代的话讲，叫作广角。我们照相会用广角镜，就是不能光看一个地方。看天象也不能光看一个地方，要多看一点，四方八面都要看一看。看得很周到，想得很周密，一点都没有遗漏，这样才叫作《周易》。《周易》这个"周"字，跟周朝并没有直接关系，只是刚好周文王的朝代称作"周"，所以大家才会觉得有关系。其实我们应该想一想，周文王是精通易理的人，他不会把自家的姓冠在一本书上面，这是犯忌的，周是很周密、很周详，而且它是周流不停、往复循环、生生不息的，所以才叫《周易》。

伏羲氏为什么画卦？很多人说他是为了造字，推行文字教育。实际未必，如果伏羲是为了造字，那他的成就就很低，跟仓颉造字也就没什么差别了，仓颉的名气跟伏羲是不能比的，伏羲没有造字，因为他知道整个系统都是图像、数字。

> 伏羲八卦图是由数字组成的，现代高科技的电子计算机，也是由数字组成的，因此，有人说，中国七千年前的伏羲氏，可以说是电脑的鼻祖。那么，古老的《易经》和现代科学之间，到底是一种什么样的关系呢？

我们讲一句现代的话，0和1构成了浩瀚无穷的互联网络。这句话大家都很接受，觉得很科学，很现代化，跟国际接轨了。其实我们老祖宗七千年前就讲了：一阴一阳产生了宇宙万象。这两句话的意思是一模一样的，只是用词不一样而已。但是"一阴一阳"如果解释成一个阴和

第一集　何为《易经》

一个阳，那就大错特错了，就这么一点点差别就会产生很多流弊，所以我们一定要把这些细节都厘清，不要有任何的误解和扭曲，以免辜负了这么一部很难得的解开宇宙人生密码的宝典。

《易经》这部宝典静静地躺在那里，你不理它，它不会理你。你理它，它也不会拒绝你。可是你从中能得到多少是你自己的事情，它帮不上忙，这才是真正的自然。《易经》是完全根据自然发展出来的一套系统。

中国人所讲的道理，都是从自然中开发出来的，我们一切向自然学习，以自然为师。狂妄自大，想怎么样就怎么样，是不合自然的。有人会问，现代科学难道不可以持续发展吗？当然可以。科学是人类非常需要的东西，只不过西方人欠缺这种用自然来引导科学的态度。我们要记住，一切事物的好与坏、对与错，都要用是否符合自然这一标准来检验。二十一世纪为什么是中国人的世纪？就是因为中国人开始要用自然的法则，来规范现代的科学，让它走上正道，让它协助我们人类过幸福、安康的日子。

《易经》这部宝典是我们的祖先辛辛苦苦开发出来的，但是我们没有申请智慧财产权，我们认为大家都可以用，不需要收取任何费用，这才是做人的风度，这才是大度量。

> 《易经》是完全根据自然发展出来的一套系统，为什么后来成了中国哲学思想的总源头？而伏羲用来做天气预报的符号，又为什么成了破解宇宙人生的密码？我们现代人学习《易经》，又有什么实际意义呢？

伏羲原来用符号来告诉人们天气变化,后来慢慢发现,不仅仅是气象,有很多跟生活直接相关的东西都可以从里面开发出来。

按照今天的说法,《易经》可以说是自然科学。但是,我们知道,在孔子以后,这部书除了自然科学的部分,又另外加上了一部分,叫作人伦道德。两个东西合起来,才能够表示整体的《易经》。

现代人学习《易经》,有什么实际的意义呢?这个问题很重要,如果学了半天没有用,时间那么宝贵,拿来学它干什么呢?我们可以讲出很多用处,但是按照《易经》的习惯,我们一般每次只会讲三个。所以我们就提出下面三点,请大家参考。

第一点,《易经》可以纠正我们很多似是而非的观念。有太多的观念是使我们的脑筋不清楚的,可是我们自己不知道。举一个例子,今天大家非常普遍地认为自信是对的,但是人应不应该有自信?这个问题不能用应该或者不应该来回答。《易经》里面讲"自天佑之,吉无不利",是包括自信在内的。但是中国人讲到"自",只讲自觉、自反、自省、自律,我们从来没有讲过自信。现在年轻人太自我、太自信,一生都不会幸福的。因为人有可控制的部分,也有不可控制的部分,可控制的部分是"操之在我",但是不可控制的部分是"操之在天",所以中国人的信心是对老天有信心,而不是对自己有信心。我们相信老天会保佑我们这种人,我们多拐一个弯想一想,如果老天不保佑我们这种人,那还保佑谁呢?如此而已。如果把老天去掉,只有自信,那就会自大,就会狂妄,就会过分自我,然后人际关系就会很差,什么事情都做不好。目前有很多所谓的普世价值,其实都是有待商榷的,这个要在学完《易经》以后才能厘得清。

第二点,《易经》有神秘性,也有道德性。有神秘性,是因为以前科学不够发达，我们没有办法用科学来解释它，所以只好用神道把它包装起来。现在科学发展了，我们可以把《易经》里面的神秘性用现代科学来诠释，但是它的道德性，是没有办法取代的，所以，《易经》的道德性，在二十一世纪还会得到很大的发扬。

第三点，《易经》求同存异的思想是实现全球化的必然之路。全球性是必然的趋势，谁也阻挡不了。但是现在大家看到，凡是全球性的活动，都会有人强烈反对。因为全球化会引起很多人的不安，认为全球化以后，会把本土的文化整个消灭掉。没有一个地区希望自己的文化被消灭掉，只有像《易经》这么广大包容的思想体系才可以解决这个问题。我们用四个字就解决了——求同存异。我们求同，但是会存异，我们会尊重每个地区的文化，但是我们会在这当中找出一个最大公约数，变成大同的基因，这个只有《易经》做得到。

要了解《易经》，先从阴阳开始，这是伏羲氏最了不起、也最难得的贡献。我们对阴阳很熟悉，但是我们经常用错，所以我们接下来要好好地介绍：何为阴阳。

第二集
何为阴阳

阴阳是构成宇宙万事万物最基本的元素，
天底下的变化，就是阴阳的变化……

《易经》中有六十四个卦象，而这些看似复杂的卦象，其实只包含着两个符号，一个是阴（--），一个是阳（—）。曾仕强教授指出：伏羲八卦图告诉了我们一个宇宙最基本的秘密——阴阳是构成宇宙万事万物最基本的元素，天底下的变化，就是阴阳的变化。

　　什么是阴阳呢？曾教授举例说，白天是阳，夜晚是阴；天是阳，地是阴；大拇指是阳，其余四个手指是阴。阴阳之间的关系是阴中有阳，阳中有阴，这样才有生命力。那么我们又怎么能够证明阴阳是构成宇宙万事万物的基本元素呢？

第二集　何为阴阳

说到什么叫阴阳，可以举出很多很多的例子。我们先从大家最熟悉的说起，晴天阳光很明媚，出大太阳，一定是阳。因为一出太阳，人就感觉到心情很愉快，做事情就很奋发。阳是向外扩张的，天气热的时候，大家都往外伸张，想多得到一点冷空气。可是阴天下雨的时候，大家就开始缩起来，这样才不会受寒。所以往外张是阳，向内缩是阴。慢慢地，人们就把太阳叫作阳，把月亮叫作阴。

要想知道什么时候月亮圆，什么时候月亮缺，要看阴历，不能看阳历。阴历十五那天月亮一定很圆。一年有十二个月，也就有十二个十五，十二个月里哪个月的月亮最亮最圆？八月十五。这个时候的月亮就有一点阳的味道了，所以那天晚上大家就很不安分，因为月亮不光会引动潮水，还会牵动人的情绪。于是我们说，这天是中秋节，大家要吃月饼，要一家和乐，不能外出，这是非常了不起的一种措施。

我们中国人向自然学习的东西太多太多了。白天是阳，晚上是阴，所以一个人白天要精神好，要阳气足，这样才能够做事情；到了晚上，要慢慢阴起来，要让自己冷静下来，然后才可以好好睡觉。现在很多人不是这样，越到晚上反而越阳，这种违反自然规律的人一定活不久。我们一再说，现在科学过度违背自然规律，结果影响了人的健康。

天是阳，地是阴，这个能颠倒吗？大概不能。人活着叫作还在阳间。人死了，对不起，就归阴了。有谁说人死了是归阳的吗？应该没有。死了就归阴了，而活着就要阳气十足，这也是很自然的现象。

我们看完外面，再看看我们自己，那就更有趣了。手心和手背，哪个是阳，哪个是阴？手心是阳，手背是阴。阴阳是分不开的，如果不要手背，手心有什么用？光要手心，手背也没有用。手心手背都是肉，就表示阴阳归一。我们平时教训小孩都是打手心，没有家长会打手背，打手背是很残酷的。打手心是爱护他，打手背是折磨他。因为手心的肉比较多，而且动得快，一打就可以收回来，手背却弯不了，打上去很痛。所以活动性比较大的叫阳，活动性比较小的就叫阴。没有哪个人是手心动不了，手背却可以动得很厉害的。

人很有趣，我们的脸朝向哪边，活动面一定朝哪边，这是非常好的配合。左右两只手，哪只是阴，哪只是阳？很简单，常用右手的，右手就是阳，比较笨拙的左手就是阴；常用左手的，左手就是阳，右手就是阴，阴阳是相对的。

还有更妙的，大拇指是阳还是阴？大拇指是阳。那阴呢？剩下的四个手指头就是阴。我们慢慢就可以体会到，奇数就是阳，偶数就是阴。凡是成双成对的偶数，像2、4、6、8、10都叫阴；凡是出单的奇数，像1、3、5、7、9都叫阳。通常我们一只手只有一个大拇指，所以大拇指一定是阳。

为什么头是阳、脚是阴？因为头只有一个，它是奇数，所以叫阳。脚有两只，是偶数，所以就叫阴。我们一切都是向自然学习，很少做人为的操作。大家有时间经常循环反复地做这两个手指运动（见图2—1），把这两个动作连起来做，对我们身体非常好，能把我们全身的经络都带动起来。

第二集　何为阴阳

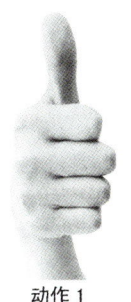
动作 1

动作 2

图 2—1

大自然千奇百怪，包罗万象。如果进行分类的话，将是一个看不到头的天文数字。但是《易经》却只用了阴阳两个元素，就包含了宇宙的万事万物。人类是自然之子，我们想要了解自然，了解人类自己，可以从了解阴阳开始。那么阴阳之间是一种什么关系呢？

阴阳不但是相对的、变动的，而且也是不可分割的，这一点非常难理解，经常被忘记，但是我们却一直都在用。我们受了太多现代的教育，都说一切要分得清清楚楚，可是自然怎么分得清楚？白天跟晚上你分得清楚吗？根本分不清楚，本来是白天，慢慢地天黑了；本来是黑夜，又渐渐地天亮了。这是个自然的过程，并不像开灯关灯那样分明。而且今天天亮得晚些，明天天亮得早些，一年三百六十五天，每天多少有一点不一样。因为一切一切，都是无法决然分割的。

树芽和树叶（见图 2—2）哪个是阴，哪个是阳？树叶是阴，树芽是阳，因为树芽不断地在成长。所以要摘就摘叶子，不要摘树芽，摘芽是不人道的。

> 真真假假，虚虚实实，也是阴阳。
> ——《易经》的智慧

21

树叶（阴）　　　　　　树芽（阳）

图 2－2

有真就有假，有假必有真，真真假假，虚虚实实，也是阴阳。当一个人反复强调所说之事千真万确的时候，其实也就是在告诉你，那不一定是真的。因为说话的人心虚，所以才会一再地强调，否则根本不用那样。一个很守信用的人，不会标榜自己守信用，因为这对他来讲已经是习惯了。把"我从不骗人"挂在嘴边的人，就是因为常常在这里骗，在那里骗，怕被人一眼看穿是骗子，才会一再强调自己从不骗人，学了《易经》，知道阴阳是合一的，两边都兼顾起来，大概就不太会上当了。

我们接着说大拇指，它是1，是奇数，是阳，但是它有几个节？有两个节，叫作阳中有阴（见图2－3），而且这个阴阳也是分不开的。你说一节就好了，不要两节能行吗？当然不行，那样手指还怎么弯曲拿东西呢？人要刚柔并济才好，不能刚到底，有柔才会刚，没有柔，根本就刚不了，况且没有柔，也根本不存在刚。

除了大拇指，其余四个手指是偶数是阴，但是这四个手指却每个都有三个节，叫作阴中有阳（见图2－4）。这个很妙，大拇指只有一个，有两节，其他四个手指头都有三节，但是它们的功能是一半一半的。如果大拇指没有了，要骑摩托车可能就很难，怎么发动呢？你看猴子不如人灵光，就是它的手指不灵活，所以有时间多做弹钢琴一样的手指抖动动作，

第二集 何为阴阳

全身就会活络起来。只要顺乎自然，不必那么操心，不必那么忙碌，身心都会很健康，就可以过很好的日子，这才叫《易经》，它就在你的手中。

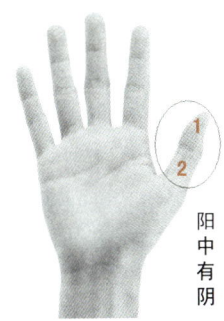

图 2－3

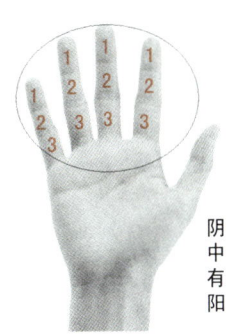

图 2－4

如果进一步了解，那就更妙了，你算算一只手有几个节？有十四个，两只手有二十八个（见图 2－5），天上的二十八个星宿都在你的掌握之中。俗话说"秀才不出门，便知天下事"，掐指一算，什么都知道了，叫作袖里乾坤。这些一点都不稀奇，只是没有把道理说出来，大家才会觉得很神奇，把道理一说出来，就发现其实很简单，所以学习《易经》，要先学其中的道理，把道理搞懂了，就不会走火入魔，就不会被人欺骗，更不会上当吃亏了。

图 2－5

23

　　由于《易经》源自远古，又是以一些虽然简单但很难记住的符号所组成，所以大多数人很难读懂《易经》，只好敬而远之。而某些略知一二的人，则利用《易经》去算命。其实只要我们懂得了《易经》的道理，《易经》将不再神秘，我们的人生也将更加智慧。

　　读《易经》读出很多君子，同样也读出很多小人。而且很奇怪，小人阴中有阳，还活跃得更厉害，我们一定要提防，所以《易经》一方面告诉我们，害人之心不可有，另一方面也提醒我们，防人之心不可无。这也是阴阳。

　　中国人是全世界唯一同时讲两句话的人，我们讲话经常是阴阳同时讲。嘴上说的这句话叫作阳，因为听得见，心里说的那句话叫作阴，是听不见的。嘴上讲"不以成败论英雄"，心里说"成者为王，败者为寇"；嘴上讲"人同此心，心同此理"，心里说"人心不同，各如其面"。最妙的就是，嘴上讲着"礼让为先"，心里说的却是"当仁不让"，到底要不要让呢？只有一个答案：看着办。

　　懂得了《易经》你就可以完全了解中国人。尽管我们今天讲了很多西方的话，讲了很多现代自以为是的话，但是都没有用，因为有些东西是不会改变的，这已经变成我们血液里的东西，叫作我们生命当中的基因。

　　阴阳是我们非常熟悉的观念，但是阴阳的内涵实在是太多了，不容易完全体会，因此，我们也提出三个重点，供大家参考。

　　第一个，阴阳是相对的。如果没有相对，你就不知道哪个是阴，哪个是阳。头是阴是阳？要看怎么说，头跟脚相对，那头就是阳，脚就是阴。有相对才有阴阳，不是绝对地说这个一定是阴，那个一定是阳。

　　第二个，阴阳是会变动的。这也就解释了为什么阴阳是相对的，阴的会变阳，阳的会变阴。为什么"一"那么重要？因为九九还是要归一，再怎么长久去改变，最后还是要归一的，而"一"就是原点。

第三个，阴阳是合一的。虽然阴阳是相对的，是会变动的，但阴阳又是分不开的，有阴就有阳，有阳就有阴，所以叫作阴阳合一。这个对我们中国人影响太大了，我们中国人想事情都是合起来想，很少像西方那样分开来看，尤其是现在的分科教育，越分越细，分到最后支离破碎，以至于只有知识而丧失了智慧。我们现在虽然口口声声说要科技整合，却始终做不出来，就是因为分科以后分了出去，收不回来。

西医是分科的，你去看西医，他问你挂什么科？这就糟糕了，我们又不是医生，怎么知道该挂什么科？挂个外科试试看，治了半天才说你搞错了，应该看内科才对，可是命已经没有了。中医的大夫是通才，你去看中医，他会告诉你，你的病是由什么引起的，因为全身是一个整体系统，是不可分割的，而且更妙的是我们会针灸。我在英国的时候，很多英国同学一听到针灸就害怕：怎么拿针往身上乱插呢？有些医生还跟我说针灸是没有道理的。我问为什么没有道理，他说："万一针到血管，血不就流出来了吗？"我告诉他："我们不会针血管，也不会针骨头、针肉，因为骨头根本针不进去，针肉也没有什么用。我们专针一种你们不懂的东西，叫经络。"他一听经络就傻掉了，因为他们在实验室全身解剖也根本找不到经络。经络是人活着的时候才有，人一死，气门闭了，经络也就没有了。

有阳就有阴，有虚就有实，有看得见的就有看不见的，有摸得着的就有摸不着的。天上的飞机能随便飞吗？当然不可以，它有航道。可是你去看航道在哪里？火车的轨道我们看得到，飞机的航道我们看得到吗？飞机的航道是在飞机飞的时候有，飞机不飞的时候就不见了。这跟我们人身上的经络是一样的道理,飞机一落地就好像人结束了自己一生的行程一样,航道随着飞机落地不见了,经络随着人死也没有了。不要坚持亲眼看到的才相信,要知道眼睛能看到的是非常非常有限的。

西方先进发达的科学技术,在带动经济迅猛发展了几百年之后,遇到了环境污染、经济危机等许多解不开的难题。于是,许多西方学者开始提出要学习东方古老的智慧。太极图是大家既熟悉又陌生的一张图,那么这张图代表了什么意思?又蕴含着哪些中国古老的智慧呢?

伏羲氏看看天,看看自己,看看四方八面,有所领悟,画出八个卦象,后人用心体会伏羲八卦,画出了一张图(见图2-6)。这个图叫什么?你叫它太极图,或者叫它两仪图,都好像是也对也不对。

图 2-6

这个图告诉我们几件事情:

第一,它是圆的。为什么要画成圆的,不画成方的呢?因为圆的东西容易变动。我们所有车轮都是圆的,你说不行,要特别一点,轮子就是要方的,那你根本就开不动。

第二，宇宙一切一切都要"求圆满"，所以不要去伤害别人。一个有棱有角的人，经常跟人家吵架，很多事就不容易办成，所以一定要圆，圆的东西就不容易伤害别人。可是圆不是圆滑，做人绝对不可以圆滑，但是一定要圆通。

第三，要生生不息，一定要阴阳互动。世界上不可能全阳，也不可能全阴，因为"孤阴不生，独阳不长"（《幼学琼林》）。世界上只有男人，人类就毁灭了；世界上只有女人，人类也不见了，所以有好人，就一定有坏人，千万不要疾恶如仇，坏人是杀不完的，好人也死不光，这个世上永远有好人，也永远有坏人。我们必须要面对这个现实，要走实际的路，不能要求太理想。慢慢大家会发现，阳是代表一种理想，人生一定要有理想；但阴就是脚踏实地，一定要一步一步地去兑现，去把理想实践出来。

说到这里我们会发现，天底下的变化就是一阴一阳。阴阳到底是一还是二？这是非常有趣的事，说一也不对，说二也不对，答案是亦一亦二，也是一，也是二。因为它一分为二，又一定要二合为一（见图2—7）。这个答案中国人能接受，但是外国人很排斥。我们现在所欠缺的，是一分为二以后不知道回补。我们走路，如果两只脚一起跳出去，那不跟僵尸一样？僵尸是归阴的，所以才会两只脚一起跳（二为阴），人活在阳间，当然是一只腿一只腿地迈进（一为阳）。

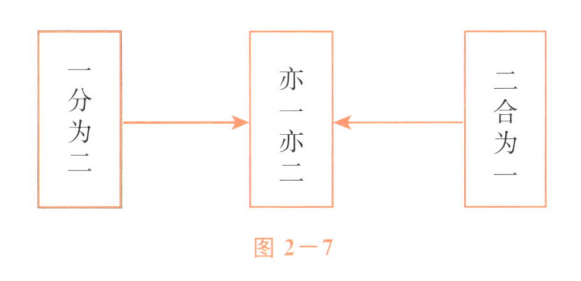

一分为二 → 亦一亦二 ← 二合为一

图2—7

一在先，二在后，所以是阳在先，阴在后。但这一句"阳在先，阴在后"，却也引起很多很多的问题，最主要就是把它曲解为男尊女卑、重男轻女。

> 在《易经》的阴阳学说中，天是阳，地是阴，男人是阳，女人是阴。在八卦图中，纯阳卦在上，纯阴卦在下，于是就有人说，这标志着男尊女卑，其实这是对阴阳学说的错误理解。

天高高在上，地低低在下，这是事实。但这样就表示天比地尊贵吗？如果没有地，只有天有什么用？如果没有天，只有地又有什么用？所以，天地是相对的，是不能分离的。

阴阳是一体两面，如影随形，合一的意思就是阴中有阳，阳中有阴，这样才有生命力，完全是阳也没有用。一个人脾气很硬，硬到底，只会被气死。这样大家才知道，中国人练身体很少像西方人那样，练到满身肌肉。中国人练的是内脏，要让它健康，外面无所谓，这叫作外柔内刚。

胳膊伸出来，外边是阳，里边是阴，所以外边敲得重一点没关系，里边千万别使劲敲，一使劲微血管就出血了。像这些道理都是很自然的，有阳必有阴，不可能两边都阳，两边都阳，胳膊就弯不进来了。胳膊无论如何要向内弯，向外弯就断了。

> 《易经》中的六十四卦，就是阴阳两个符号的排列组合，但是这两个非常简单的符号，却组合出了很多的卦象。我们学习《易经》最大的困惑，就是记不住这些卦，也不明白为什么要这样组合。那么学习《易经》时，是不是一定要背这些卦？还有什么更好的方法，来读懂《易经》呢？

第二集 何为阴阳

因为我学《易经》比较晚，不像很多人十几岁就开始学，所以我不太主张死记硬背，背错了那不糟糕了吗？现在脑筋要记的东西太多，整天去背那个，岂不什么事情都不要做了？

《易经》是宝典，宝典就像字典一样，是供人查的，要用就去查好了，干吗要全放在脑袋里面呢？看久了、用多了，不必刻意去背也就记住了，记住多少算多少这才叫自然。我们中国人常讲，"一回生，两回熟"，你只要记住它的道理，自然会画出卦来。关于画卦没必要死记硬背，懂得了其中的道理，大家就可以自己画出八卦图。

太极生两仪，两仪生四象，四象生八卦（见图2－8）。太极"亦阴亦阳"这四个字非常重要，就是也是阴也是阳，也有阴也有阳，记住一句话：阴阳永远分不开，一分开就麻烦了。

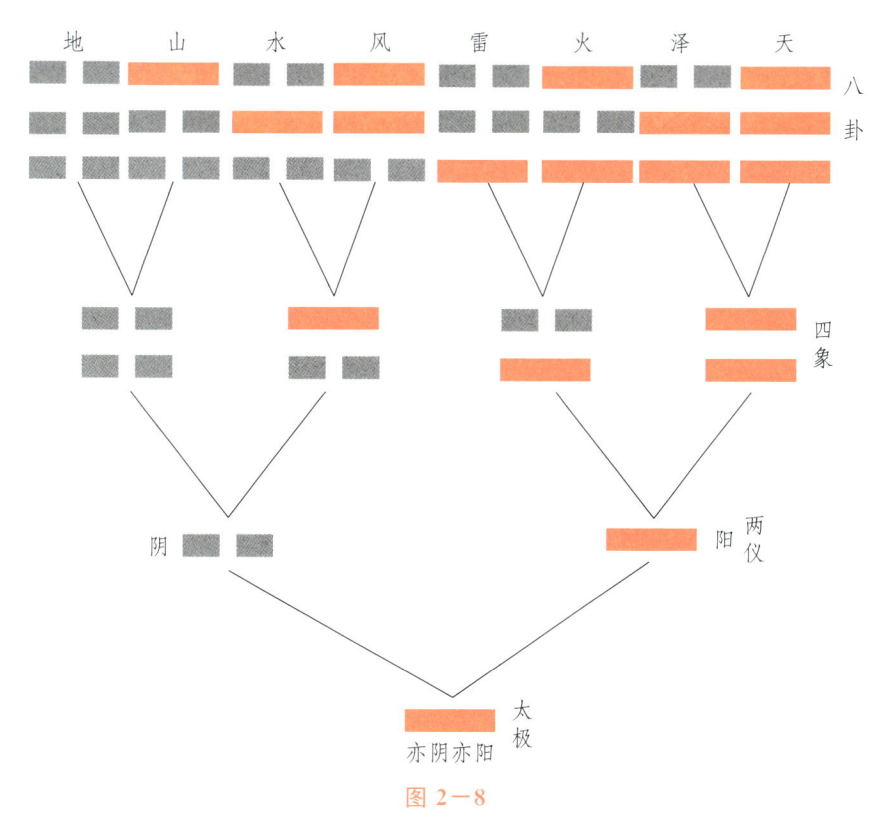

图2－8

我们为什么叫中华？有一句话是跟我们每个中华儿女都有关系的：太极就叫"中"，太极上面的部分就叫"华"（见图2-9）。为什么我们万变不离其宗？就是变来变去离不开太极，怎么变都可以，就是太极不能变。中，就是要守住中道，中国人不管长什么样子、什么肤色、什么血统，我们只在乎你脑海里面有没有这个"中"字。只要没有这个"中"字，即使长得再像中国人，我们也会说这个人根本不是中国人，因为他脑筋里已经没有"中"了。

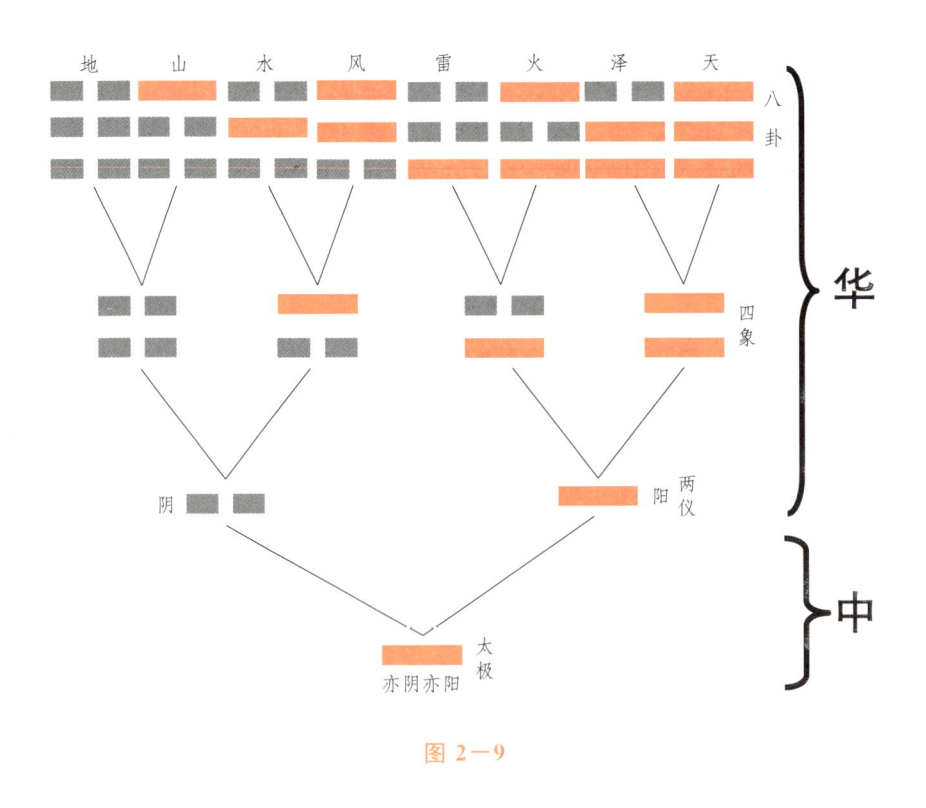

图 2-9

"中"就是很好的意思，河南人是最了解中华文化的，所以经常会说"中不中？中"。不管你到天涯海角，不管你穿什么衣服，过什么日子，我们都不在乎，我们只在乎你脑海里面有没有《易经》这套系统。很多人说我们之所以叫中国，是因为我们认为自己在全世界的中间，是

第二集　何为阴阳

因为我们很自大，其实这是不可能的。我们都知道地球是圆的，谁也不知道哪里是中心。我们决不能单从字面上去解释事情，我们之所以叫中国，就是因为我们一定要中，中就是太极，而太极就是万事万物的总源头，所以诸子百家只有一个共同的源头，就是《易经》。没有把《易经》搞懂，去讲诸子百家，经常会讲错，孔子讲的"吾道一以贯之"，大家都很熟悉。那么这个"一"是什么？就是太极。孔子所讲的道理，都是由太极这个系统一路讲下来的。

> 对于孔子所说的"吾道一以贯之"这句话，许多学者有着不同的解释。而曾仕强教授认为，这个"一"，就是太极。那么这个解释有什么根据呢？而太极和阴阳又有什么关系呢？

孔子的一贯之道就是中，就是仁，就是太极。发散出去，可以讲忠恕等一大堆东西，收回来就是一个"仁"字。其实仁就是阴阳，左边的单人旁是阳，右边的两横是阴（见图2-10）。一阳一阴就叫仁，就叫中，就叫太极。大家有没有发现，一个果仁埋进土里以后，它会发芽，会长出一棵茂盛的树来？其实就靠那个"仁"而已，仁是最核心的东西，天地万物都有仁。

——《易经》的智慧

仁是最核心的东西，天地万物都有仁。

阳　　仁　　阴

图 2-10

最古老的仁字是一竖两横（见图2-11），就是一阳一阴，左边是

阳，右边是阴。其实很多字，都跟阴阳是有相关的，把阴（女）写到左边来，把阳（子）写到右边去，就是个"好"字（见图2－12），代表男女好合。两性和合就叫仁，所以仁是做人的基础。

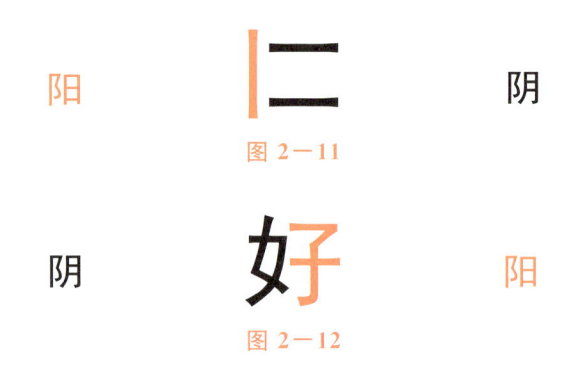

阳　　　仁　　　阴

图2－11

阴　　　好　　　阳

图2－12

只有一个人的时候，不会有什么矛盾，因为没有人可骂，只好去工作，只好自谋生活。有了两个人的时候，问题就出来了，就开始计较，就开始争吵了。人与人能否处得好，能否和谐，我们把它归根到夫妇的相处上。大家可以好好去想一想：为什么不是从父子开始，而是从夫妇开始呢？

因为夫妇关系处不好，其他关系都很难处好。一家人彼此之间大都有血缘关系，不是父子、父女，就是母子、母女，要不就是兄弟姐妹。但是睡在自己身边的，却是唯一一个没有血缘关系的人——配偶。说起来有血缘关系的应该比较放心才对，但是我们专挑一个没有血缘关系的住在一起，你说妙不妙？这就告诉我们，你如果能跟这个没有血缘关系的人相处好的话，整个家就齐了。

这些道理我们慢慢都会把它分析出来。一切一切，都是太极，所以我们下面就要谈一谈：何为太极。

第三集

何为太极

太极是宇宙万物万象共同的基因,"其大无外,其小无内"……

据现代科学考证，地球是在宇宙大爆炸时诞生的。而七千多年前的伏羲，就已经发现了这个秘密，他一画开天，代表宇宙中的一切，都是从一个整体中生发出来的。

太极图是后人根据伏羲的阴阳八卦画出来的，也被称为阴阳图。那么太极这个词，是从何而来的呢？曾教授告诉我们，太极是孔子提出来的，它"其大无外，其小无内"，是宇宙万物万象共同的基因。那么伏羲是怎么发现这个秘密的？他又用了什么方法把这个秘密记录下来？而太极的概念，对于我们现代人又有什么重要意义呢？

第三集　何为太极

太极是我们非常熟悉的一个名词，这个词是从哪里来的呢？是孔子说出来的。在孔子以前，没有人讲过什么是太极，因为孔子主张什么事情都要正名，要先把名定好，名正才能言顺，名不正就言不顺。孔子定名是很谨慎的，不会自己爱怎么讲就怎么讲，过两天又改一个。我们看到，自从孔子把它定名为太极以后，两千五百多年来没有一个人改动它，就表示这个名字的的确确起得好。

什么叫太极？"太"由两部分组合而成，一部分是"大"，一部分是"、"。"大"字不必说，那一点就代表"小"，所以太极告诉我们，大极了，而且又小极了。"其大无外"，大到没有外面，够大了吧？"其小无内"，小到找不到里面，够小了吧？孔子非常了解伏羲，他说世界上有件东西大到没有外面，小到没有里面，那叫什么呢？最后他就想到叫太极。这个名字起得好！

我们家里面有一个人，大的时候非常大，小的时候非常小，这个人就叫太太。你说太太大不大？有时候她比谁都大，可是有时候又比谁都小，所以当人家太太就要知道，该大的时候才大，该小的时候就要小。看到公公婆婆的时候，她最小；关起门来只有丈夫的时候，她最大——这才是会做媳妇的人。该大不大，该小不小，大小搞得一塌糊涂，这个媳妇就不称职。

凡是有"太"的词都有类似的意思。太上皇大不大？答案还是很难讲。皇帝敬重他，他就大；皇帝不用他，他就小，谁都不会理他。太上皇有没有威严，讲话算不算数，完全取决于皇帝。太监也一样，你说太监是大还是小？李连英这个太监，除了慈禧有谁比他还大？但是有的太监却一辈子都是让人吆喝东吆喝西的，所以以后碰到"太"这个字要特别小心，因为它可大可小。

用现代话来讲，太极就是宇宙一切一切共同生存的平台。这个大平台里面有两个部分，一个叫作阳的平台，一个叫作阴的平台。但是如果把阳跟阴分开，就变成两个平台了，那就合不起来了，所以阴阳一定要互动，有时候阴到阳这边来，有时候阳到阴那边去。只有变动才有生命，变动不居，才会生生不息。

孔子真正读懂了《易经》，所以他在为《易经》所作的传——《十翼》（也称《易传》）中，用了一个十分准确的词来解释伏羲八卦，这就是太极。那么孔子的原话是怎么说的？太极的概念对于我们现代人认知宇宙，又有什么重大意义呢？

孔子在《易传》中说："易有太极，是生两仪。"这个"生"字用得非常巧妙，因为《易经》就是生生不息的一部经典，而且它果然"生"出很多经典来。西方人不太用"生"，而是用"分"。但是宇宙总该有一个共同的点吧？如果没有共同点的话，那所有东西都分割开来，怎么能够共同存在呢？动物跟植物有共同的地方，人跟动物有共同的地方，人跟石头也有共同的地方。这

> 太极就是宇宙万物万象共同的基因。
> ——《易经》的智慧

第三集　何为太极

个共同的点，我们用现代的话讲叫作基因，而太极就是宇宙万物万象共同的基因。如果连一点共同的基因都没有，就绝对合不来，一定会分道扬镳，那样宇宙就分裂了。

但宇宙是个整体，不可能分裂。宇宙有动物、植物、矿物，各式各样的物质说都说不完，它们能够和谐共处，条条有理，就是因为有着共同的因素。全世界的科学家都在找这个东西，开始找到了原子，于是就认为一切都是原子构成的，好像很满意了。但这个结论很快被打破了，因为又发现原子里面还有更小的东西。

老子多高明！老子只讲三句话，"一生二，二生三，三生万物"，以后就不讲了。"道生一"，道就是太极，太极就是两仪，一跟二是分不开的。西方一就是一，二就是二，他们采取一种"分"的态度，所以直到今天，都找不到一个完整的东西，中国人用这个"生"字是很高明的。

宇宙只有一样东西，叫自然。我们从现在开始，讲到自然的时候，不要加上"界"字。讲"自然界"就错了，因为自然没有界。国家有界，地区有界，讲植物界、动物界也可以，但自然是整全的东西，哪里有界？如果自然再分界，就表示自然之外还有别的东西，那是不可能的。除了自然以外，没有任何东西是主宰！中国人很相信天，因为天就是自然，而自然就是主宰。这一点我们要感谢伏羲，因为这都是伏羲创造出来的，所以我们现在要花一点时间，来探讨太极是怎么来的。

伏羲氏是个爱动脑筋的人，他观察自然万象，发现太阳每天早晨从东方升起，到了傍晚一定从西方落下，而且天天如此，并不是高兴就出来，不高

> 在宇宙中，除了自然之外，没有任何东西是主宰。吉，就是顺乎自然；凶，就是不顺乎自然。
> ——《易经》的智慧

兴就不出来，或者突然哪一天从南边出来。他又观察到月亮有阴晴圆缺，海水有潮起潮落，树木有枯荣往复，于是想到宇宙万象是有一定规律的，一切都不是乱来的。

老子讲："道法自然。"这是非常重要的一句话，告诉我们判断是非时要知道，凡是合乎自然的一定是对的，就算在眼下看起来不对，但终究是对的。我们对吉凶的观念也要取法自然，不是说对自己好就是吉，对自己不好就是凶，没有那回事。《易经》里面所讲的吉凶，完全是以是否顺乎自然为标准，吉就是顺乎自然，凶就是不顺乎自然，可是吉凶是会变的。

刚刚开始的时候认为非常好，所以就很愿意去做，做了才知道坏了。因为祸福无门，好与坏随时在变。看着很实的事情，一脚踩下去就落空了，这就叫变。所谓变就是很难预料，如果一切都在掌控当中，何来什么变呢？但是变的当中有不变的东西，所以变就是不变，不变就是变。

塞翁失马，焉知非福，又焉知非祸？祸福都是事后才知道的，事前很难知道。我们每次都说"早知道"，早知道就是想不到。一个人总说"早知道"，这一辈子就都在"早知道"的后悔中度过了。伏羲氏很难得的地方，就是他看到宇宙万象都在变，但他悟到这个变当中一定有一个不变的东西，那就叫作规律，所以做人一定要规规矩矩，不能投机取巧。只有以不变的规律应对万变的福祸，才不至于每次都说"早知道"。

在这种认识之下，伏羲氏继续往下追究：如果太阳一天一个、一天一个，每天从东边升起，到底得有多少个太阳？是有那么多的太阳准备在那里吗？会有那么大的场所存放太阳吗？伏羲感到很奇怪，而且他发现每天的太阳都是一样的，于是就悟到：太阳只有一个，并没有两个。但是太阳每天从西边下去，怎么又会跑到东边呢？伏羲就想到，原来一切都是圆的，所以圆道周流、循环往复这些观念，中国人老早就有了。

历史会重演，人会不断地犯同样的错误，除非你刹车，除非你改变，否则就会这样团团转、团团转，转一辈子。现在科学证明，所有的轨道都不是直线的；爱因斯坦告诉我们，连光线走的也不是直线，而是曲进的。

道理是直的，路永远是弯的。只会走直路是很难达到目的的，因为自然本来就是弯弯曲曲的。我们中国的大江大河都是由西发源，然后向东流，但没有一条是笔直入海的，因为那样我们就没有资源可用了。河流弯弯曲曲，有时流得很慢，有时流得很快，这样我们才有各种资源可以利用。山脉也不是笔直的，不然谁也爬不上去，它弯弯曲曲，这样人随着山势转来转去，慢慢就上去了。

天底下是没有直线的，如果有机会到海边去看，你会发现海平面也不是平的。这些《易经》里早讲过了，泰卦里面讲得很清楚，叫"无平不陂"。天底下所有的平，都是不平所造成的，随便哪一个湖，虽然湖面看上去很平，但是依然有起起伏伏的波浪，水面一旦平了就叫死水了，连鱼都养不活。

天底下没有一样东西是平的，同样一对父母，生下的小孩就是不一样。所以弟弟看哥哥，怎么看都不顺眼，他忿忿不平：你怎么比我高啊？我哪天多吃点饭，一定要比你高。《易经》告诉我们，人本来就不平等，我们后天只是尽量让它公平而已，这才是符合自然的规律。

伏羲氏通过仔细观察和认真思索，终于在宇宙的千变万化之中，找到了大自然的规律和一种代表自然的力量。但是在那个没有文字的远古时代，伏羲是用什么方法，把他的重大发现记录下来的呢？

伏羲氏看过这一切一切之后，他就想，应该用什么来表示这种宇宙自然的力量？于是他细心观察老百姓的日常生活，一个小孩第一次出去打鱼，回来之后很高兴，全家人要庆祝一下。当时没有文字，所以就拿根棍子做个记号，表示这是他打的鱼，下次再打到就再加一条，伏羲觉得这个方式很好，所以就画了一道"━"。这个"━"是什么？就是代表宇宙一切一切自然的力量，我们就把它叫作一画开天（见图3-1）。

一画开天

图3-1

那一怎么会生二呢？一生二，是表示一是二生出来的，还是二是一生出来的呢？其实两句话都对。把"━"不断地拉，拉到断了，就是"━ ━"；一看不对，再把"━ ━"接起来，就是"━"。一本来就是二，二本来就是一，分那么清楚干什么呢？

我在伦敦读书的时候，有一个朋友准备拿数学博士学位，好不容易快要考试了，只要答辩及格就能拿到博士学位。答辩的时候，我们很关心他，就去旁听，其中一个审查委员问他："1＋1到底等不等于2？"他心想：我好歹是个快要拿到数学博士的人，怎么会问我这么简单的问题，其中必定有诈。于是他就站起，写了整整一黑板的数字，最后证明1＋1不等于2。数学是可以证明1＋1不等于2的。但是没有想到，那个审查委员站起来说："1＋1就是等于2。"然后我这个朋友的博士学位就泡汤了，读了七八年，什么都没有拿到。我当时就跟他讲："你没有读《易经》，所以你拿不到博士学位，要是我，我准拿到了。"他说："真的？"我说："你不要泄气。我给你一个启发，你以后就知道怎么应对这种事情了。任何人问我，1＋1是不是等于2，我会回答说1＋1在正常的情况之下是等于2的，但是在某些特殊的情况之下是不等于2的。你如果让我证明1＋1等于2，我就证明给你看，你如果要我证明1＋1不等于2，我也证明给你看，他一定马上说不必了，学位自然就拿到了。"

天底下的事情没有绝对到不可连贯的，因为我们事前根本不知道对错，往往都是事后才知道的，这当中有太多的波折。

伏羲氏知道世界绝不是那么单纯的，所以他感觉到，太阳既然会从这边下去，又从那边上来，这其中一定是有两股力量，一股把太阳拉下去，一股把太阳拉上来。后来他发现果然是这样，有一股力量把水拉上来，叫涨潮，就有一个力量把水退下去，叫退潮。水还是那些水，上来，这边多了那边少了，一退，这边少了那边又多了。所以伏羲就知道，光靠一种力量是不够的，于是他又把"–"从中间折断，变成两段，就变成了"--"。

伏羲最后是从人类的身体取得定案的。因为那时候的人都不穿衣服，伏羲发现男人跟女人最大的区别，就在于生殖器的差异。男人的生殖器就像是一条线，它是阳的，而女人正好是阴的。男阳是"–"，女阴是"--"，这两个符号就确定了下来，从此没有改变过，世界上所有事情都是一阴一阳的变动，就是这么简单的一个道理。

伏羲氏通过观察大自然，观察人类自身，一画开天，创造出了代表阴阳的符号。又根据阴阳合一、阴阳相对、阴阳互动的变化，创造出了八卦。那么伏羲氏这些伟大的创造，难道仅仅是光凭着脑子想出来的吗？

一切一切都是想出来的，可是如果跟外国人讲"一切都是想出来的"，他听不懂。跟外国人一定要讲"一切都是人想出来的"，非把"人"字加上去不可。跟中国人就不必，只说"想出来的"就好，加个"人"我们反而会觉得很奇怪：这个还用你说吗？世界上只有人会想，你还加"人"干什么呢？未免太小看我了！所以跟中国人讲话很简单，说"倒杯茶来"，茶就倒来了；你跟老外讲"倒杯茶来"，他就问你：谁去倒？倒给谁？倒什么茶？什么时候倒？用什么东西倒？等他问完，你已经渴死了。

孔子教学是从来不说清楚的，《论语》里都是一句话，没头没尾的，"知之为知之，不知为不知"，后面就不讲了。很多人把这句话解释为知道你就说"我知道"，不知道你就说"我不知道"。这样讲就太小看孔子了，如果真是这样，那整本《论语》不都是在讲废话吗？"知之为知之，不知为不知"的意思是说，就算你知道，如果问你的人不该知道，你也不能说你知道，要按照不同的人，给出不同的回答。

我在孔子老家曲阜听过一个故事，真的假的我不知道，大家不妨先听听看。有一天，孔子的一个学生在门外扫地，来了一个客人问他："你是谁啊？"他很自豪地说："我是孔老先生的弟子！"客人就说："那太好了，我能不能请教你一个问题？"学生很高兴地说："可以啊！"他心想：你大概要出什么奇怪的问题吧？客人问："一年到底有几季啊？"

学生心想：这种问题还用问吗？于是便回答道："春夏秋冬四季。"客人摇摇头说："不对，一年只有三季。""哎，你搞错了，四季！""三季！"最后两个人争执不下，就决定打赌：如果是四季，客人向学生磕三个头，如果是三季，学生向客人磕三个头。孔子的学生心想自己这次赢定了，于是准备带客人去见老师孔子。正巧这时孔子从屋里走出来，学生上前问道："老师，一年有几季呀？"孔子看了一眼客人，说："一年有三季。"这个学生快吓昏了，可是他不敢马上问。客人马上说："磕头磕头！"学生没办法，只好乖乖地磕了三个头。

客人走了以后，学生迫不及待地问孔子："老师，一年明明有四季，您怎么说三季呢？"孔子说："你没看到刚才那个人全身都是绿的吗？他是蚂蚱，蚂蚱春天生，秋天就死了，他从来没见过冬天，你讲三季他会满意，你讲四季吵到晚上都讲不通。你吃点亏磕三个头，无所谓。"

大家觉得这个故事是真的还是假的？我希望大家不要说这是真的，也不要说这是假的，因为真假跟我们一点关系也没有。我们要关心的是这个故事对我们有什么启示，考据是真是假，那是专家的事情，不是我们的事。这个故事不管是真还是假，对我们都非常管用，只要你会用，你可以多活十年！我有很多的朋友听我讲了这个故事以后，变得很开心，碰到我都跟我说，以前看到那些不讲理的人会生气，现在不会了，心想那是"三季人"，就不往心里去了。

对任何人、任何事情，当你要发脾气，当你情绪很不稳定的时候，你就想那是"三季人"，是"三季人"做的事，马上就会心平气和了。这个世界上"三季人"太多了，越是不懂的人，讲话声音越大；说得更直接些，凡是声音最大的人，往往就是最不懂的人。如果真的懂，讲话

声音那么大干什么呢？

后来我们读庄子的话，才明白"夏虫不可以语冰"（《庄子·秋水》）。你跟夏天的虫讲什么冰？那是你糊涂！那这不是见人说人话，见鬼说鬼话吗？你如果问孔子，孔子一定说本来就这样，你见人不说人话，那不是鬼话连篇吗？万一有一天你真的碰到鬼，你不讲鬼话，又怎么沟通呢？这绝对不是投机取巧，而是随机应变。

阴阳图，也叫太极图，是后人根据伏羲八卦图创造出来的。那么阴阳和太极是不是一回事？阴阳和太极究竟是什么关系呢？

这里有一句话非常重要，阴阳都是太极变化而成的，阴阳离不开太极，太极也离不开阴阳。我们反反复复在讲这句话，就是因为很多人把它看成不同的东西，说这是阴，那是阳，这很糟糕。阴中有阳，阳中有阴，阳极就成阴，阴极就成阳，它是同一个东西在不停地变化。我们中国人可以用一句话，就把这么复杂的道理说清楚，这是高度困难的事情。一句话叫作"一阴一阳之谓道"，一句话叫作"一分为二，二合为一"，一句话叫作"一就是二，二就是一"。

这个"一就是二，二就是一"要很小心地去理解，因为一就是二，并不是一等于二，这完全是不一样的意思，所以，最好的说法是"亦一亦二"，也是一，也是二，这样就比较周全一点。但我们现代人听到这种话都很火大，觉得含含糊糊。那么请问大家，宇宙有哪点是清清楚楚的？有谁能百分之百地告诉你明天一定出太阳？气象台有时候都会预报错。气象台预报明天温度很高，于是你穿很少就出去了，结果回来就感冒了，你怪谁？机器非常精密，人员非常认真，测量非常准确，所以一

第三集　何为太极

到紧要关头，气象台都告诉你：明天晴，时多云，偶雨。你听了就会骂，但这能怪谁呢？因为天气本来就是变化无常的。既然承认一切都是变化无常的，为什么还要求"一定"呢？

你同时种三棵树，能保证它们会同样成长吗？就算是同一块土壤，就算是同一个人同样细心培育，结果两棵树长起来，另外一棵却死了，你能怪谁？自然本来就是变化的。但是，变化的背后，有一个不变的定理，那个不变的定理伏羲帮我们找出来了。我们信仰什么？信仰老天。我们动不动就说"老天爷"，全世界只有中国人跟天最亲。天是什么？天不是神，天不是上帝，天就是自然。

动物是自然的一部分，不能离开自然；人也是自然的一部分，同样不能离开自然。所以我们现在得到一个很重要的标准，要分辨哪个对哪个错，就看它合不合自然。一切合自然的都是正确的，不合自然的就算眼前是对的，迟早也是错的。

从现在开始，一切要把自然当做最高的判断准则，合乎自然的，你就放心去做，不合自然的是不是不做？不是。因为如果把做跟不做分开来看，就不是懂《易经》的人了。《易经》是从来不分开的，说不做就表示要慎重去做，而不是不做，《易经》从来没有不做这回事。

凡是人工的，你都要考虑合不合乎自然。但是注重自然并不排斥人工，这是非常重要的概念。一般的人还是用两分法考虑问题，既然一切要纯自然的，人工的就全部不要了，这样岂不是连房子都要拆掉了！社会不断进步，就会增加很多人工的东西。自然并不是维持现状，而是生生不息，日新又新，创造又创造。因此，我们在做

> 一切合自然的，都是正确的，不合自然的，迟早一定是错误的。
> ——《易经》的智慧

人工的事情时，要很慎重，看它合不合自然。如果发现它有不符合自然的地方，要赶快修改，抱持这种很谨慎的态度才合理。

太极生两仪，千万不要把它分开来看，说这个是太极，那个是两仪。太极里面就有两仪，两仪是暂时分开，它终究是要合在一起的，因为两仪是没有办法分开的。

太极生两仪以后，变化无穷，所以我们接下来要花一点时间来探讨：太极怎么能够生两仪？八卦又从何而来呢？当这些基本功扎实以后，要了解《易经》的奥秘就很简单了。如果一开始就叫你读卦，这个字不懂，那个字念不出来，也不会解释，一念人家就笑你，怎么能学得下去呢？可是当大家把这些基本的道理都搞清楚了，往后就会很顺当了。

第四集

何为八卦

八卦代表地球上八种自然现象，乾为天，坤为地，坎为水，离为火，震为雷，巽为风，艮为山，兑为泽……

孔子在《十翼》，也就是《易传》中说："易有太极，是生两仪。"太极就是宇宙的起源，而两仪就是阴阳的变化。伏羲一画开天，这一画就是孔子所说的太极，而这一画所生出来的阴爻和阳爻，就是两仪。那么两仪是怎么生出四象来的？四象又是怎么生出八卦来的呢？

八卦所代表的，本是地球上的八种自然现象，但是为什么天被称作乾，地被称作坤，水被称作坎，火被称作离，雷被称作震，风被称作巽（xùn），山被称作艮（gèn），泽被称作兑（duì）呢？

第四集　何为八卦

太极生两仪，两仪又怎么能够生成八卦呢？这当中也有个过程，不是跳跃的。所有事情只要是自然的，差不多都是有连续性的，不会突然间断掉，即使表面上看是断掉了，实际上暗中也是连续的。伏羲氏当年发现宇宙有一定的规律，同时，他也认识到世界上绝不是只有一股力量，如果只有这一股力量，那就太过单调了。这当中有两个看起来相反，实际上是相成的力量，叫作阴、阳。所以"一阴一阳之谓道"，"道"就是一阴一阳。

一阴一阳很容易被误解为一个阳，一个阴，其实不是这样，而是有阴有阳，才叫一阴一阳。我们一再重复，如果阴是阴，阳是阳，完全分道扬镳，这个世界就分裂了。

我们经常可以看到，一对父母生出来的小孩，女儿多半像爸爸，儿子多半像妈妈，这是造物的奇妙之处，也是为了使男不要太男，女不要太女。否则男人越来越男人，女人越来越女人，那就变成两种人类，一种叫作男人类，一种叫作女人类。现代科学证明，男性的体内存在女性荷尔蒙，女性的体内也有男性荷尔蒙。这不是不男不女，而是男性应该有一些阴柔的气质，女性有时候也要阳刚一点，不然女性老受欺负，那还得了！

世界上的东西都是有阴有阳，而且是分不开的。拿一天的气温来说，我们早上起床太阳已经出来了，这时候会觉得热吗？不会。因为上面的太阳虽然是热的，但是热量还没有完全照到地面上，大地还是凉的，所以早上叫作少阳（见图4-1）。等到了中午，上面下面都热了，就叫作老阳（见图4-2）。

图4-1　少阳

图4-2　老阳

中国人比较聪明，懂得采取阴的方法来对付阳，中午吃完午饭后，我们通常会稍作休息。我们最懂得宇宙变化的道理，一天之中，人体变化最快的有两个时段，首先一个就是上午的11点到下午1点，就是正午的时候，我们叫作午时。这个时候人最好少乱动，安安静静地休息比较好。但是午觉也不能一睡就睡两三个小时，搞得晚上睡不着，那样也不对。午休很好，但要适量，不能过分，二十到三十分钟为宜。午休后有了精神，就要起来工作，不但可以提高下午的工作效率，也有益于晚上休息。有些人大中午去锻炼，我觉得很奇怪，可是大家现在都在学，就是因为不懂阴阳的道理。

到了黄昏的时候，我们可以感觉到，虽然大气还很热，但是上面已经开始凉了，因为夕阳没有什么热量了。太阳快下山的时候，上面慢慢凉起来下面还是热的，所以黄昏叫作少阴（见图4-3）。到了晚上12点，上面下面都冷了，就叫作老阴（见图4-4）。所以老阴的时候，我们一定要注意保暖，要盖上被子。

第四集 何为八卦

图 4−3 少阴　　　　　　　图 4−4 老阴

现在科学证明，晚上 11 点到凌晨 1 点是人体造血机能最旺盛的时候，也是一天中人体变化最快的第二个时段。所以我们建议大家，最好在晚上 11 点以前睡觉。晚上 11 点到凌晨 1 点最好躺在床上，躲在暖暖的被窝里，这样身体才能健康，如果此时还在工作，对身体健康是非常不利的。

一天当中按四象来看，从早晨开始，由少阳转向老阳，正午以后，老阳慢慢转向少阴，黄昏到半夜，少阴再变成老阴（见图 4−5）。

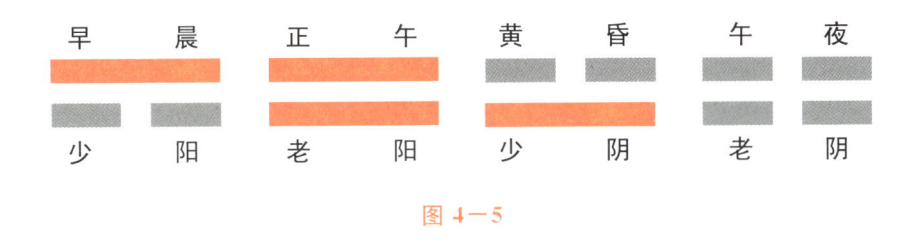

图 4−5

一年四季也可以按照四象来看，春天是少阳，夏天是老阳，秋天是少阴，冬天就是老阴。其实不管在什么方面，我们都可以用"太极生两仪，两仪生四象"（见图 4−6）来看待所有的变化，这是《易经》最了不起的地方。如果大家了解了阴阳变化的道理，自然就知道该怎么保护自己的身体，该怎么过平常的日子。

图 4—6

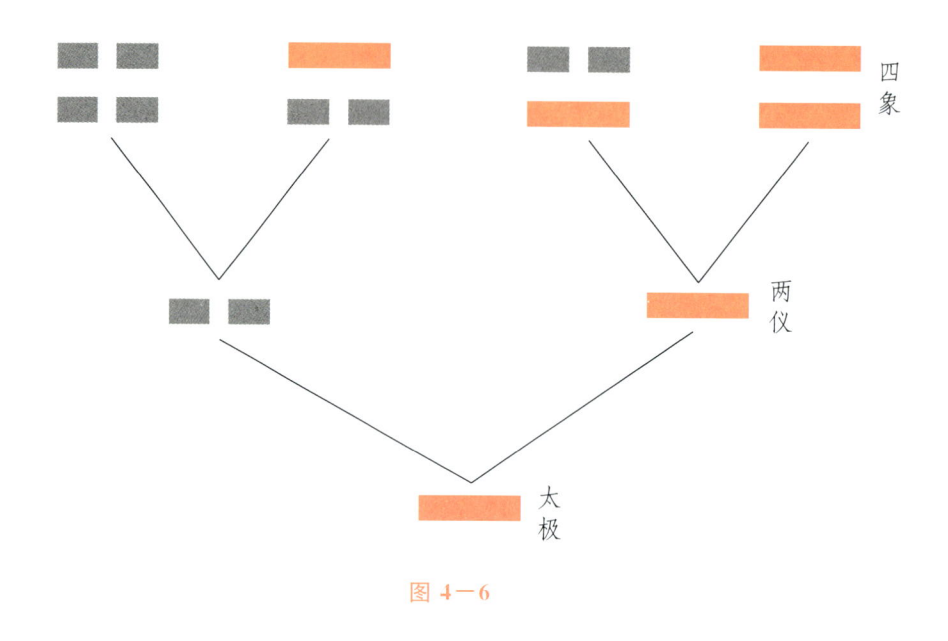

《易经》看起来神秘难懂，其实就是对宇宙间自然规律的探索与揭示。人类是自然之子，当然应该遵循大自然的规律，才能保证身体的健康。那么接下来，四象是怎么生出八卦来的呢？

太极生两仪，大家都清楚了，两仪生四象，大家也明白了。但是，四象不是好现象，因为它太稳定了，所以伏羲氏认为，世界绝对不是四象就可以决定的，因为四象是动不了的。如果潮水每天只是周而复始地涨落，世界还有什么变化呢？

我们登山的时候，在山上可以发现很多贝壳。会有人那么笨，把海里的贝壳挑到山上去吗？不会。我们现在知道，很多高山原来都是在深海里的，随着地壳的剧烈变化，突然间隆了起来，变成了高山，所以山上才会有贝壳出现。低的地方会变高，高的地方会变低，沙漠会变绿洲，绿洲会变沙漠，从来没有农作物的冰岛慢慢也有希望种植农作物，

第四集　何为八卦

这就是自然的变化。

祸福无门，吉凶难料，一切都在变动，所以世事无常，这是大家都非常熟悉的道理。既然这样，四象就不可能很稳定，所以伏羲就想到，四象还会继续发展。每一象都有阴阳，老阳（⚌）上面加一个阳（—），就变成了"☰"；老阳（⚌）上面加一个阴（--），就变成了"☱"。少阴（⚎）上面加一个阳（—），变成了"☳"；少阴（⚎）上面加一个阴（--），又是另外一种图像"☷"。四象上面分别加阴（--）或加阳（—）以后，就形成八种不同的变化（见图4-7），一个也多不了，一个也少不了，这在数学里面叫作排列组合。太极生两仪，两仪生四象，四象一变就出来八卦，这是非常自然的一种变化。

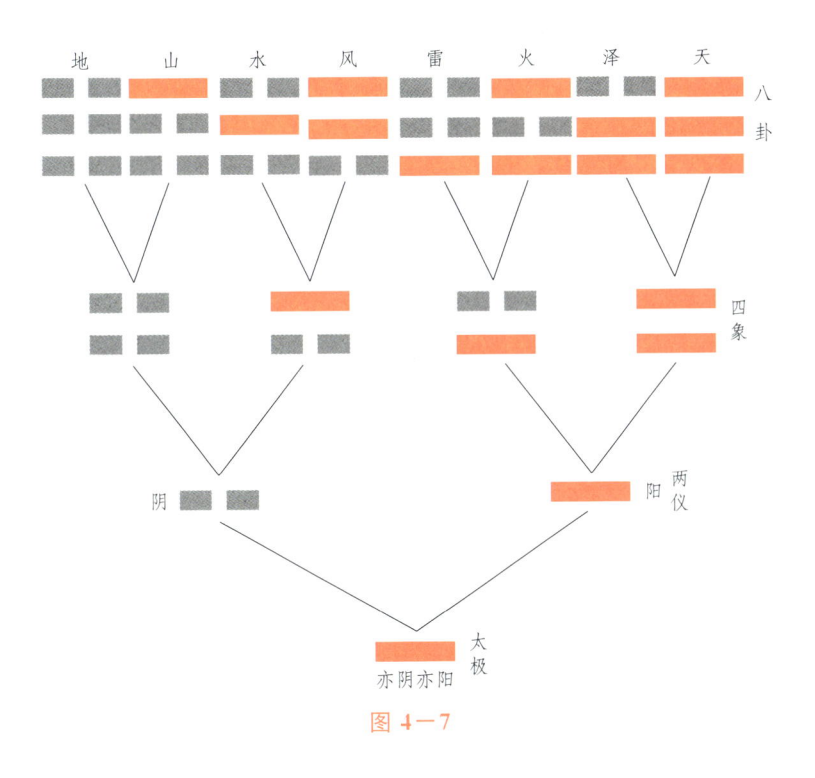

图4-7

53

> 八卦是根据四象的阴阳变化生发出来的。这八个卦，也就是八个符号，代表了天地间八种自然现象。但是，我们应该如何理解这八个符号，又怎样才能记住这八个符号呢？

要了解《易经》必须要善于运用我们的想象力。如果不用想象，只是去看很具体的现象，是很难了解《易经》的。因为《易经》是完全由符号构成的一个很大很大的系统，我们根本没有办法完全把它看成具体的东西。

八卦是一套非常美丽、非常整齐的符号系统，我们要了解八卦，必须积极运用我们的想象力。伏羲氏生活的时代没有现在的高楼大厦，没有飞机，甚至连风筝都没有，他怎么跟百姓讲这八个基本卦呢？我们可以这样想象：伏羲氏先把"☰"画出来，告诉大家这个代表天。相信一定有人会问为什么"☰"代表天？伏羲氏告诉大家，回去看看自己的小孩是怎么画天的，自然就明白了。

相信一直到现在，我们任何人不管有没有学过画画，如果要你把天画出来，大概都会画三条弧线（见图4-8）。因为天有三个特点：第一个，天是覆盖的，从地的这一头覆盖到那一头，所以我们一定会画一条很长的弧线；第二个，天是多层的，它不是薄薄的一层，而是一层又一层的，所以我们不会画一条，一定会连续画三条；第三个，天是不中断的，我们不会说，那是你家的天，这是我家的天。所以天是全面覆盖的，天是多层次的，天是不中断的。三条弧线后来慢慢变成比较规律一点的三条横线"☰"，就代表天。我们可以想象，在最初伏羲氏刚开始画天的时候，就是这样来画的。

第四集　何为八卦

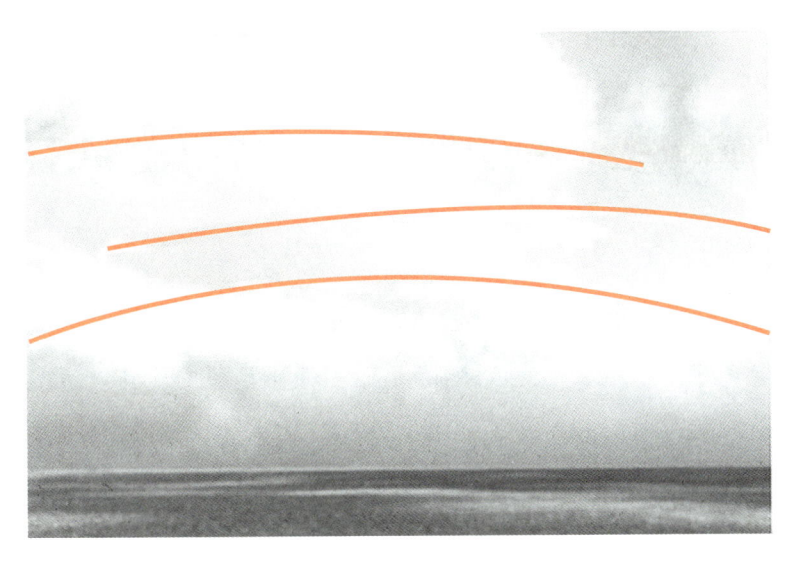

图 4-8

天会有三种可能的变化：一种是天上面起变化，一种是天空中起变化，一种是天底下起变化。伏羲氏把这三条线分别代表上、中、下（见图 4-9），他首先把最下面的换成阴的，表示天下面动。他问大家，天下面动代表什么？那时候没有高楼大厦，天下面能动的就是树木。树木摇动会给人什么感觉？我们会说树木摇了吗？大概不会。看见树木摇动，我们通常会说风来了，所以天下面动就是风（见图 4-10）。天底下动，本来是树在摇动，但是树在摇动是具体的象，而且跟我们没有很密切的关系，所以要把它抽离出来，换成代表着跟人类有密切关系的自然现象，就是风（☴）。科学只会说树在摇动，很少会告诉你风来了，可是人比较重视的是感觉，风来了我好加衣服，树动关我什么事？科学跟《易经》的差别就在这里。

天　　上
　　　中
　　　下

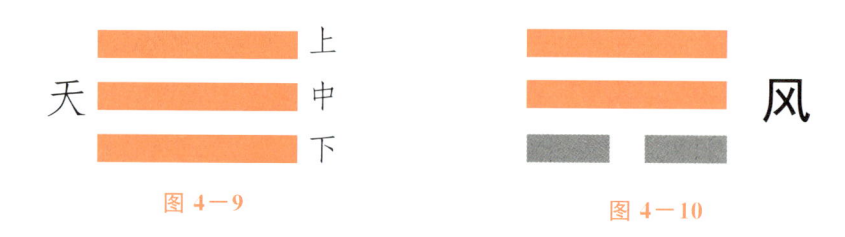

图 4-9

风

图 4-10

天当中动是什么？是鸟吗？不是。你告诉别人，一只鸟飞过来了，别人不会有什么感觉，最多看一眼而已，不会认为是天空中动。那什么东西在天空中动会引起大家的注意？是火（见图4-11）。以前森林也会有野火，火一烧起来，火光冲天，浓烟滚滚，大家远远看去，就像是天空中着火了一样，而且能感觉到火势在漫延，于是会很小心，很注意，会躲得远远的，所以天空中动就是火（☲）。

火

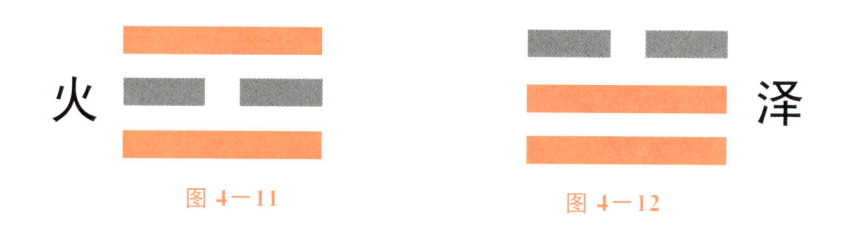

图 4-11

泽

图 4-12

天上面动就比较难想象了，伏羲那个时候没有飞机，也没有卫星，他怎么知道什么东西在天上面动？人类实在太聪明了，我们到池塘旁边去看就会发现，天的倒影在水波的底下，水的波浪正好在天的上面。这种情况在狭窄流动的河水上是不容易看到的，要开阔而平静的湖泽才能清楚地看到天的倒影，所以天上面动不能笼统地称为水，而大面积聚集的水域我们称之为泽，于是天上面动就叫作泽（☱）（见图4-12）。

第四集 何为八卦

大自然中最主要的元素，就是天和地。所以伏羲氏首先创造了天的符号，并由天衍生出了风、火、泽这三个符号，也就是大自然的三种现象。那么，地的符号是怎么产生的？由此衍生出哪三个符号？又都代表了哪些自然现象呢？

伏羲氏问大家：天画完了，地该怎么画？这个时候就有一个聪明人说，地跟天基本上是一样的，也是很广大的，也是一层一层的，不是只有薄薄的一层，所以也是要三画。但地和天有所区别，天是连续的，是没有界线的，但地却是断裂的，是有界线的。现在国家跟国家之间有国界线，村庄与村庄之间有村界线，甚至每一家与每一家之间都有分界线，而且分得很清楚。所以三条连在一起的横线叫天，三条断开的横线就叫地（见图 4－13），这一点大家都比较容易接受。

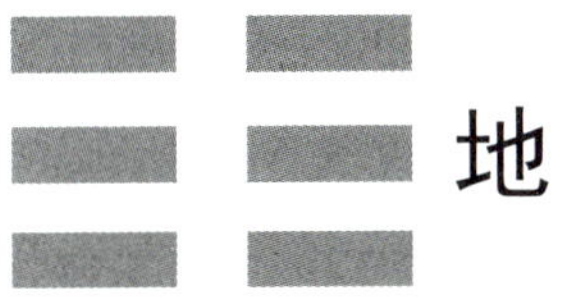

☷ 地

图 4－13

地有个很突出的优点，就是很宽厚，就算人们把有毒有害的东西都埋进去，它也从来不说话，从来不抗议，所以我们说地是厚德载物。怎么样都可以，只要不过分就好，和天的三种变化一样，地也有三种可能的变化：地底下动、地当中动、地上面动。

地底下动（☳）是什么呢？有人想到是地里的虫子，但是虫子对人有什么影响？于是又有人说是打雷。可是有人反对，说雷是在天上打的。伏羲就问大家，如果雷只是在天上打，我们人会怕吗？不会，可能

反而会很高兴，好像放鞭炮一样。但雷会直接打到地上来，让人觉得地底下在动，人就害怕了（见图4—14）。大家一致认同，雷一打起来是天摇地动，不但打到地上，还打到很深的地下去，整个地仿佛都要裂开了，就好像有一股力量要从地里面冲出来，所以打雷的时候，大家通常都是感觉到地底下在动。天摇大家不怕，地动就比较可怕了，最后大家都同意，地底下动就叫雷（见图4—15）。

图 4—14

地当中动，大家就很容易想象了，大地当中有一条条的水脉，一直绵延不绝，川流不息，那就是河，也就是水，所以我们把地当中动叫作水（见图4—16）。我们前面也说过，"水"字就是根据水流的形象造出来的象形字，后来从伏羲的八卦中演化出很多字来，但是伏羲氏画八卦的用意不是造字，而是要告诉我们整个宇宙的状况，让我们知道怎样去适应，怎样去改善。

雷　　　　　　　水

图 4—15　　　　　图 4—16

水是一个阳跑到两个阴的当中去，其实大家可以想象，这个卦就是男女交合的象，两个阴就是女性的生殖器，当中的这个阳就是男性的生殖器，这是很形象的。有人说外国人对性很有研究，我觉得这是很奇怪的，我们中国人很巧妙地把生物性的东西，变成文化性的，我们是最了不起的。我们就以接吻为例，中国人知道，那是动物性的，我们想那样做，也要找个偏僻一点的地方，因为我们已经不是纯动物了，我们是有文化的。

中国人把男女的性行为，当做一种文化的行为，而不是动物的行为。我们为什么要这样做？难道我们是伪君子，刻意要这样做吗？不是。我们往往认为动物好像是想交配就交配，其实错了，动物一年当中，老天只准它交配一次、两次或者三次，次数是有限的。动物是完全听天由命的，交配期到了不交配也不行，交配期过了，想交配也不可以。人不是，老天给了人很大的自由，但是如果人想交配就交配，那不天下大乱了？所以既然老天给我们自由，让我们创造，让我们自主，我们就要自律，就应该自己管好自己，不能性泛滥。

孟子有一天回到家里，看到妻子衣服没有穿好，就很生气地训斥妻子。孟子的母亲为儿媳妇求情，说在家里没有关系，孟子却执意说不行，因为他认为这是非常要紧的问题。孟子的这种观念对我们的影响是

很深远的。夫妇只有在卧室里面才是夫妇，一出了卧室，就不是夫妇了，要么是人家的儿子、媳妇，要么是人家的爸爸、妈妈。父母不可以在未成年的子女面前拥抱、接吻，做一些性行为，这才叫中华文化。

伏羲又问大家，"☶"是什么？马上就有人回答是地上面动。可是地上面动的东西太多了，什么动大家才会注意？就是山（见图4－17）。因为那时候山是地面上隆起来最高的地方。

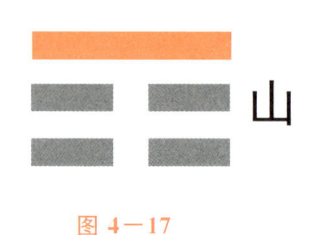

图 4－17

但是山也会动吗？山当然也会动，山动就叫作走山。山一直都在不停地动，只是动得很缓慢，幅度比较小，平常我们很难感觉到，所以我们才说"不动如山"。

经过伏羲氏这么一解释，每一个人都很高兴，一路背回去：三条连续的横线是天（☰），天下面动是风（☴），天空中动是火（☲），天上面动是泽（☱）；三条断开的横线是地（☷），地下面动是雷（☳），地当中动是水（☵），地上面动是山（☶），这就是八卦符号的来源（见图4－18）。

第四集 何为八卦

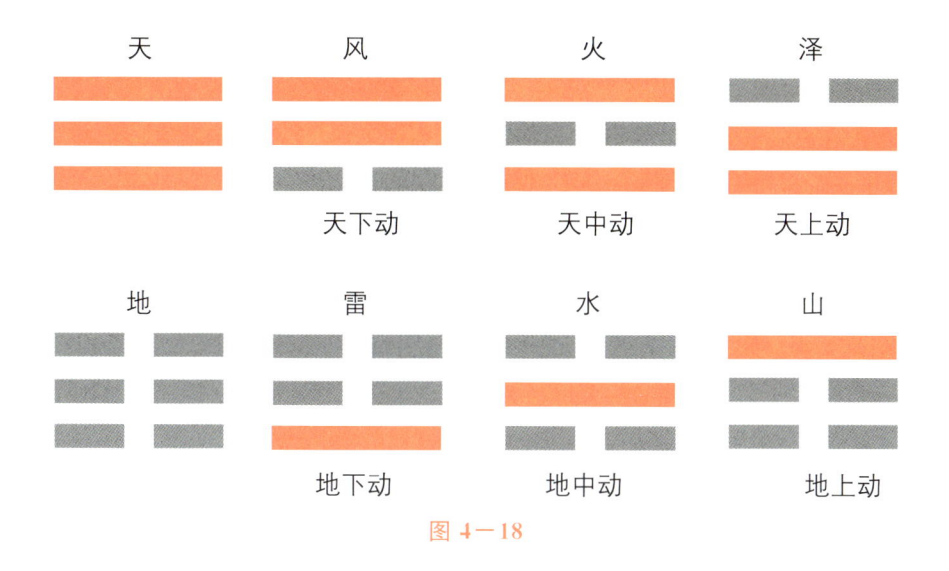

天	风	火	泽
	天下动	天中动	天上动

地	雷	水	山
	地下动	地中动	地上动

图 4—18

现在我们知道，八个卦象代表的就是地球上的八种自然现象：天、地、水、火、雷、风、山、泽。但是为什么在八卦中它们又被称作乾、坤、坎、离、震、巽、艮、兑呢？

八卦的名称，最早完全是从与人类生活有密切关系的八种自然现象中提取出来的，可是如果总用这种很具体的东西来象征，那八卦的作用就不大了。我们的古圣先贤非常高明，把这八种自然现象的特性，用现代的话说叫作萃取出来，将八卦由原来的天、地、水、火、雷、风、山、泽变成乾、坤、坎、离、震、巽、艮、兑（见图4—19）。这八种特性正好配上八种自然现象，所有跟人类有关的事物都离不开这八种特性。

天 乾　　地 坤　　水 坎　　火 离

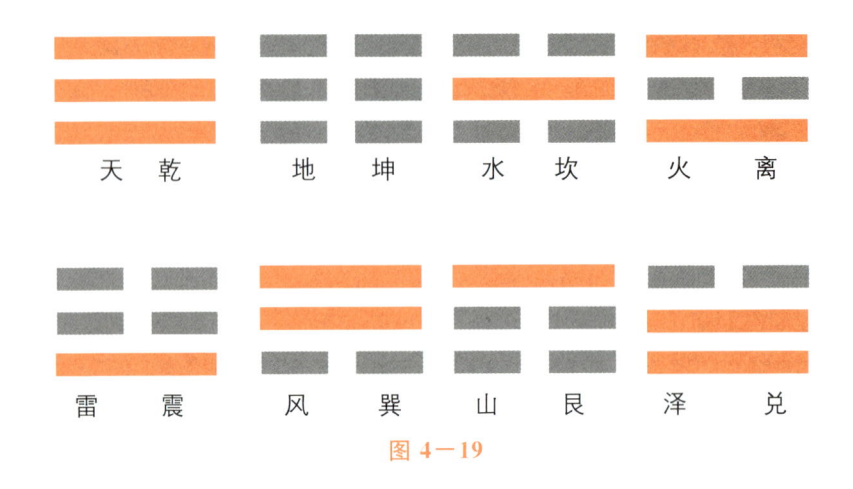

雷 震　　风 巽　　山 艮　　泽 兑

图 4—19

天为什么会变成乾呢？因为天最大的特性就是健（天行健），它可以不停往前、往外去发扬。换句话说，天是最有创造力的，我们常说天生万物，万物都是天生的，还不够有创造力吗？天能有这种创造力，是因为它很刚健，永远不停息。世界上很多东西都有刚健的成分，所以我们就把天说成乾，这样就可以用在方方面面，也扩大了天的能量。地非常顺，它没有意见，最懂得配合，所以把它叫作坤，坤的意思就是很柔顺。

在八卦中，天为乾，地为坤，所以在中国的文字中，常用乾坤两个字，来代表整个天下。但是为什么在八卦中，水被称作坎，火被称作离，雷被称作震，风被称作巽，山被称作艮，泽被称作兑呢？

天离我们很远，让人觉得高远而崇敬，地在我们脚下，让我们有种踏踏实实的感觉，可是一碰到水，大家就知道那是很危险的。水可以解释为没有泥土的陆地,所以我们把水称为坎。"坎"这个字分开来看,一个是"欠",一个是"土",就是缺少土的意思。人是不能离开土的,一旦"欠土",人就很危险,所以我们会说坎坷、坎险,取的就是水的特性。

人生其实像水一样,中国人的民族性完全是跟黄河学习的。水流得很平静、很顺畅的时候,是没有声音的,可是一旦碰到阻碍,就会咆哮了。水是很可爱的,没有水我们活不了,但是水对人来说是充满坎坷的,它随时会带来很多灾难。把水搞通了,很多学问都通了。

火叫作离,这个就更有意思了。火就是太阳,太阳每天从东方一升起来,就开始要离开东方了。太阳每天的工作,就是离开东方跑到西方去,所以火的特性就是离。火一定要依附在别的东西上面才可以燃烧,一离开附着的东西,火就没有了。我们要生火,就一定要有柴才行,柴烧光了,火也就随之熄灭了。我们现在扑救森林火灾,会挖一条隔离沟,把火区隔离起来,使火势限定在一定的范围内,火在里面,只要不烧出来就好了,用的就是这个离卦。

山叫艮,这个卦非常重要,艮就是叫你适可而止。做任何事情都要懂得适可而止,不要过分奢求。我们爬山的时候,爬累了就要休息一下,不能一味硬撑,否则还没到山顶就累死了。爬山要慢,这样才能欣赏美景,爬山快,那就变成挑夫了,所以有的事情要快才好,有的事情却是要慢一点才好。

> 《易经》的智慧
>
> 做任何事情都要懂得适可而止,不要过分奢求。

开汽车的人不会去看什么风景,沿途什么样都不知道,因为整天只知道开车,却忘记了车只是工具而已。骑自行车的人就能看到四周的风景,走路的人除了驻足观赏以外,还可以照张相、画幅画,更加自由自

在。我们现在总是强调快快快，我觉得很奇怪。该快要快，该慢要慢，这才是《易经》的道理。该准时要准时，不该准时又为什么要准时呢？我明明知道那个人准备要骂我、要打我，我还准时去挨打挨骂，那我不是傻瓜吗？孔子说过，我们只对讲信用的人有信用，不可以对小人讲信用。可是一般人都认为对任何人都要讲信用，那是很奇怪的，对小人讲信用有什么用？

> 现在我们知道了水为坎、山为艮、火为离的道理。雷被称为震也是很好理解的。因为打雷时，整个大地都在震动。但是风为什么被称作巽，泽为什么被称作兑呢？

最有趣的就是把风叫作巽，把泽叫作兑。风是无孔不入的，太阳还有照不到的地方，可风哪里都吹得进去，而且风吹起来很齐，没有任何偏心。我们看到，风吹过的地方，所有草都是向一面倒的。凡是很齐，而且哪里都进得去的东西，我们就把它叫作巽。

泽为什么是兑呢？当我们到清澈的池塘旁边去，通常都会感觉到心情很愉快，因为池塘旁边多半有些树木，景色很美，令人赏心悦目。兑加上个"心"，就是悦。什么事情最令人喜悦？就是别人给你一张支票，居然兑现了，这时候当然会很开心。

《易经》虽然很古老，但是它跟我们的生活很贴近，因为我们随时随地都在用它。《易经》的道理可以讲得很浅显，但是也可以讲得非常深奥，完全看你自己如何去对待。因为它广大精微，无所不包，什么都可以用它的道理来讲，但是怎么讲，也都只是讲到它的一部分，而且是一小部分。

第四集　何为八卦

我必须要说明，这一切并不完全是伏羲一个人所创造的，中国人所有的东西都是集体创造的。而且我们也不相信，是到周文王才把八卦重卦为六十四卦的，文王当年是七进位，还不是十进位，所以文献记载他被纣王关了一百天，实际是关了四十九天。以前数字的意义跟我们现在的不完全一样，《易经》里面讲三不一定就是三，它代表多数，讲十不一定是十，很多很多就叫十。

我们今天认为任何数字都要精确，这种观念有待商榷。应该精确的时候要一丝不苟，一分不差，不需要精确的时候，非要那么精确，其实是浪费成本，浪费时间，最后也没什么用处。中国现在有多少人？标准答案是谁也不知道，这才是真正的现实。说话间多少人生出来，多少人死掉，怎么来得及统计呢？有人问你身上有几块钱，说"不知道"的，是很有福气的人。如果有人说自己口袋里有一百二十七块钱，一张一百的，两张十块的，还有七块钱是零的，那这个人真是劳碌命，真的是福气很薄。记这些干什么呢？记得再清楚，也不会多出一块钱来！但是当会计、当出纳的人，账目一分一厘都要清楚，不能说自己不知道。当到总经理，还要知道现在有多少库存，那最后一定被活活累死了，底下人也没有办法做事情了，高层只要掌握个概略数就好了，基层的要知道得越准确越好，我们慢慢体会，各司其职，也是八卦所反映出来的道理。

我们知道了太极生两仪，两仪生四象，四象生八卦，还要特别注意这个"生"字，它不是分，如果说太极分两仪，两仪分四象，四象分八卦，那就完了。《易经》讲的是"生"！爸爸妈妈生了儿女，爸爸妈妈都还在。我手里有一百块钱，分你五十块，分他五十块，我就一分都没有了。生和分是完全不同的概念，生生才可以不息，但是一分，就会有人受伤。我们中国人是分中有合，合中有分，分到好像没有分，没有分又好像有分，这是最合乎自然的。

大家对八个卦有了基本的认识之后，我们接下来就要来谈一谈，伏羲为什么要画八卦图？

第五集

八卦成图

伏羲仰观天象,俯察地理,画出先天八卦图,先天八卦图告诉我们,人生最重要的是定位……

伏羲创造出八个代表大自然规律的卦象之后，就开始思考：这八个卦象应该如何排列？它们之间应该是一种什么关系呢？

传说伏羲坐在一座高台上，仰观天象，俯察地理，思索多日，终于画出了先天八卦图，这个伏羲画卦台一直保留至今。

那么伏羲是根据什么来分配八卦位置的？八卦图到底有什么重要的意义？我们的祖先为什么如此崇拜八卦图呢？曾仕强教授指出，八卦图告诉我们一件事情，人生最重要的就是定位。那么什么是定位？我们又应该如何在社会中，找到自己正确的定位呢？

第五集　八卦成图

以前中国人不管去哪里，移民也好，做生意也好，通常只带两样东西，一个是祖先的牌位，另外一个就是八卦图。就连人迹罕至的北极，也可以看到有八卦亭，只要有八卦亭，就表示曾经有中国人来过这个地方。八卦跟我们中国人有解不开的关系，可是长期以来，八卦到底是怎么来的，它究竟是干什么用的，却始终是一个谜。

不过大家如果把中国地形图拿出来看一看，很快就会发现，当年伏羲氏是按照我们的地形来分配八卦位置的。我曾经到过伏羲画卦台，那是一个非常难得的地方，站在画卦台中央，面南而立，前面有好多山，连绵不断，形状就像天的卦象一样。后面同样也是山，但它们是断开的，像地的卦象。再看四方八面，地形都很绝，而且有一条河蜿蜒而过，恰好把太极的两仪形象呈现出来。

离伏羲画卦台不远的地方，就是女娲洞。传说伏羲跟女娲是同一个人（见图5-1），雌雄同体，有阴有阳。你可以说这是神话，我不反对，但是全世界所有的文化都是从神话开始的。人类是进化的，这些神话只有一个目的，就是要解决宇宙人生的问题。实际上，所有的学问都是为了这个目的，可是神话不能满足人们的疑问，现在再讲神话，几乎没有人愿意听，也没有人愿意相信，所以当神话不能满足人类的思想需求之后，就出来一样东西，叫作哲学。哲学是从神话演变出来的，但是哲学也没有办法满足我们的需要，所以后来才会出现科学。而哲学家多半会参考神话，因为哲学和神话是一脉相传，不可分割的。哲学所重在问题，不太重答案，所以哲学家对答案不是很有兴趣，他们所重视的是"人从哪里来，死后到哪里去，活着干什么"，就这三个问题。

我们每个人都会有这样的疑问：我能活多久？我活着干什么？死了以后会到哪儿去？其实人之所以会对死亡有恐惧，就是因为我们不知道死了以后到哪里去。如果我们知道死后会去哪里，还会恐惧吗？当然不会。

图 5—1

我们常说"一江春水向东流"，因为中国的大江大河都是发源于西部地区，由西向东流，长江、黄河、澜沧江等没有一条例外，所以西面为坎（☵）；太阳从东方升起，它一出现就开始要离开东方，所以东面为离（☲）；中国的东南被海包围，所以东南为兑（☱）；西北多山，所以西北为艮（☶）。西南多风，东北多雷，所以西南为巽（☴），东北为震（☳）。天在上，地在下，如果按照现在通行的上北下南的绘图标准，应该是上为天，即北面为乾；下为地，所以南面为坤，也就是天在北，地在南（见图5—2）。

第五集　八卦成图

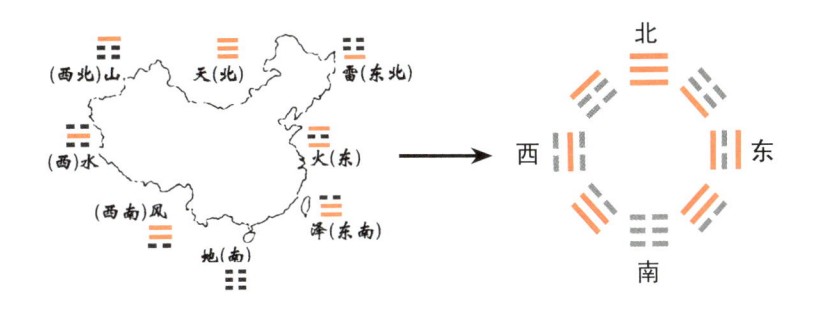

图 5－2

伏羲画卦台位于河南淮阳宛丘湖中的一个小岛上，传说伏羲就是在这里画出了伏羲先天八卦图。但是伏羲先天八卦图和我们现在所看到的八卦图，在方位上却是不一样的，这是为什么呢？

我们把伏羲八卦图（见图5－3）跟按照现在的方位画出来的八卦图对比一下就会发现好像不对，两个图是不一样的。问题就出在一句话上，我们现在看地图，都是说"上北下南"，所以我们画出的八卦图是天在北，地在南。但是我们延续数千年的说法都是"天南地北"，不是天北地南。所以有人就说，中国人连方位都跟西方不一样。可是世界只有一个地球，怎么会有两种方位呢？那是不可能的。

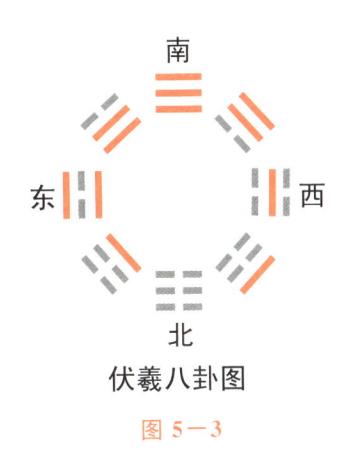

伏羲八卦图

图 5－3

71

实际上，东西南北四面八方在绘图上的方位都是相对的、变动的。但是东南西北之间的位置关系是一定的，有一个固定的格局，不能改变。如果北在上面，东就在它的右侧；如果南跑到上面，东也要相应地换个位置，转移到南的左边。

我们现在绘图的方位是面向北方的，以北为天，以南为地，所以画出来的地图是上边表示北方，下边表示南方，左边表示西方，右边则表示东方（见图5－4）。而中国自古就有"向明而治"的说法，南方为光明之位，所以绘图方向就是以面南而视为基础的（见图5－5），也就是南为天，北为地。由此可以看出，古今两种绘图的差异就在于天地即乾坤的定位不同。

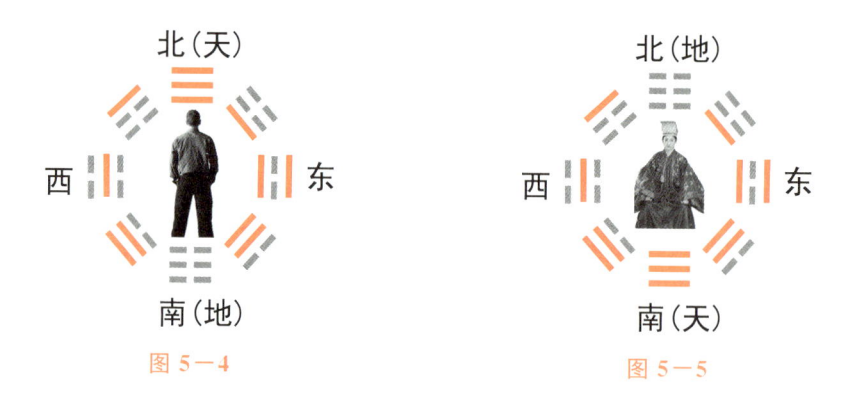

图5－4

图5－5

所以，如果把我们按照上北下南的地理方位画出来的八卦图的乾坤对调（见图5－6），就符合天南地北的乾坤定位了。

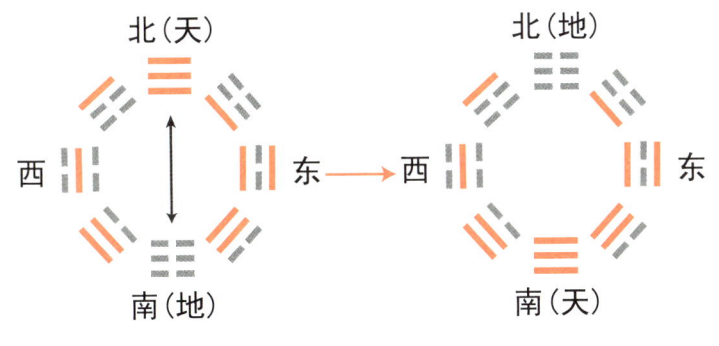

图 5－6

再按照上南下北的方位指向，将各方位及各对应的卦整体对调，南和北、东和西、西南和东北、西北和东南全部对调，伏羲的八卦图也就赫然于眼前了。伏羲先天八卦图与我们现在的地理方位图的关系，也就很清晰了（见图5－7）。

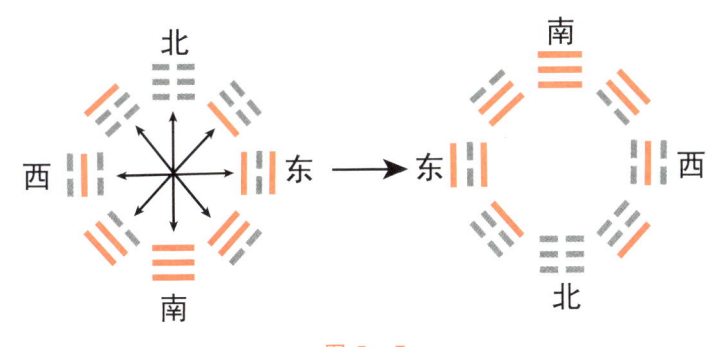

图 5－7

伏羲八卦以南为天，以北为地，所以我们说天南地北，这样我们也就知道为什么孙悟空筋斗云一翻上了天庭，就到了南天门，而不会到北天门。

为什么我们的方位是天南地北呢？我们看北京的四合院，都是坐北朝南。因为中华民族是从北方发展起来的，皇帝背北而坐，眼睛一看就是南，所有子民他都尽收眼底，其他什么事情他都可以不用多管，这样我们就更容易理解什么叫"面南而坐，无为而治"了。中华文化的一切，只为了两个字，叫作教化，而不是政治。孔子所讲的政治，都是讲

73

教化的，如果不能达到教化的目的，政治也没有什么作用。我们的祖先之所以定为天南地北，不是出于政治的因素，而是出于教化的方便。

我们坐的时候，大都会坐在北边，面朝南边，朝南有什么好处？就是冬暖夏凉，所以我们还是归结到一点，一切都以自然作为评判的标准。这句话绝对不要忘记，不管是分善恶、分好坏，还是分对错，都要拿自然作为标准。合乎自然的就是善，不合自然的就是恶；合乎自然就是好，不合自然就是坏；合乎自然就是对，不合乎自然就是错。白天烈日当空的时候，如果要抬着头朝向太阳，一定会很辛苦，所以人白天都是低头，因为后脑比较经得起晒，而且只有低着头才能专心工作，到了晚上，就要平衡一下，抬头去看看月亮。如果一天到晚都低着头，那就驼背了，所以白天低头低久了，晚上就去看看天空，欣赏欣赏月亮，这样阴阳才会平衡，这些事情都是我们自然而然养成的习惯。

既然天南地北，整个方位变过来以后就是这个次序（见图5－8）：乾一、兑二、离三、震四，然后巽五、坎六、艮七、坤八。连接八个卦的这条线，我们把它叫作太极线。现代科学也证明，一切事物的发展都是走曲线的，我们把这叫作曲成。

图5－8

所有的地都是起起伏伏的，所有的河流都是弯弯曲曲的，我们身体的每一个部位，甚至于每一根血管也都不是直的。我们应该去想一想，

第五集　八卦成图

人为什么会那么好看？就是因为人的身上没有一处是直线的。如果样样都是直的，这个人还怎么看呢？头是四四方方的，连帽子都不能戴了。所以，一个人要懂得欣赏弧线，我们称之为曲线美。

> 现代科学技术的高度发达，使人类终于可以飞到宇宙中去看地球。我们发现，地球所呈现出来的，都是美丽的曲线。可是当年伏羲氏画八卦图时，他是无法看到这一切的，那么他是怎么画出八卦图来的呢？

伏羲氏是从仰观天象开始的，现在叫作天文学，也叫气象学。看天象就叫气象学，看天文就是天文学，文就是花样的意思，天上的花样就是天文。中国的天文学一向是世界领先的，以前国家有事情，都有专门的大臣负责观看天象，以预知未来的变化，作为执政的参考。《易经》中说"观乎天文，以察时变；观乎人文，以化成天下"，所以看天象并不是迷信。

天象就是云、雾等的各种变化而已，晚上还有星星，星星的亮和不亮，哪颗是主星，哪颗不是主星，这个要让专家去研究，我们一般人最好不要妄加评论。天象的变化是有征兆的，"观乎天文，以察时变"，我们看天文主要是看时的变动。《易经》最重视的就是时的变动，所以说"时也，命也"，时一变，人的命运也就跟着改变。

一件事情一定要当时去做，否则时间一拖就错过了，明明是好事也会拖成坏事。同样的道理，在时机没有成熟的情况下，硬要去做也不会成功，所以我们中国人知道，一定要守时待命，一切都准备好了还不能动，一定要守那个时，时一到马上就出动，自然很快就完成了。时没有

到就动，别人都知道你要干什么了，你反而干不成事。

时已到当机立断；时未到能拖就拖。不要认为拖就是不好的，时没有到，做了反而不好。

"观乎人文"，人文就是人世间的花样，我们可以通过《易经》看出来，人是天底下花样最多的，整天琢磨的就是这些花样。"以化成天下"这个"化"字，是有一次我跟一位日本大学教授一起吃饭的时候，他亲口给我讲的，那是我第一次听到。他说："曾教授，你们中国人最厉害的是什么？"以我的经验，跟外国人打交道，最好先说不知道，你才能听到他的答案，如果你说知道，你就一无所得了。我说不知道，他就接着说："就是那个'化'字最厉害，一'化'，所有人都比不过你们了。"我回去之后就拼命想，终于想通了，果然是"化"厉害，大事化小，小事化了，化到最后没事了。

> 《易经》的智慧
>
> 时已到，要当机立断；时未到，守时待命才是合理的因应。

现在太多人都是从负面去看我们中华民族，最后是自己吃亏。"化"，就是在不知不觉当中，让大的变小，小的变不见了，这才厉害，自然都是用"化"的，很少用大动作去作为。一块岩石，慢慢地化，化到不见了；"化"，体现在自然上叫风化，体现在人类社会就是教化。我们忘记了教化，只记住了商业化，而商业化会把全人类搞垮，这是人类当前最大的威胁，是非常严重的事情。

伏羲用阴阳两个符号组成了八个卦象，又用这八个卦象组成了流传千古的八卦图。但是伏羲在画卦时，为什么每个卦象不多不少只画了三画？这三画都代表了什么？

伏羲氏画卦，他怎么知道画到三画就要停下呢？我相信只要是人，一旦开始就停止不了。当伏羲氏画了三画卦之后，一定还会四画、五画，这样一直画下去，而且千奇百怪的卦都会画出来，这才是自然。但是伏羲氏最后还是决定用三画卦来传世，一定是有道理的。

人类文化的基因是会遗传的。现在有一项运动，我们的祖先在六七千年前就曾做过的——拔河。拿一条绳子，当中设一个中心点，两边各有一队，然后比试哪队的力气大。为什么会有拔河的游戏呢？是因为六七千年前，人类还没有进入农业社会，而是以狩猎为生，好不容易打到一只很大的野猪抬不动只好用绳子拖回去，后来就慢慢发展成了一项运动。我们参加拔河的时候，怎么喊口号？会不会只喊"一、一、一"？不会。我们多半都会喊"一、二、三，一、二、三"，这个就跟三画卦有着非常密切的关系。

当喊"一"的时候，就是要看准目标，不要乱拔，这时候我们通常会抬头看天，天就出来了。喊"二"的时候，就是要站稳，稍微往下一蹲，就看到地了。喊"三"的时候，人就发力了，这样天、地、人三才就出来了，这些东西都是自然对人类所产生的影响。

当年伏羲氏看来看去，上面有天，下面有地，中间林林总总什么都有，可是看来看去，还是将人作为了代表。伏羲氏体会天地之心，把人定在一个非常重要的位置，替人做好定位。三画卦最伟大的贡献，就是替人类在天地之间做了一个很明确的定位，所以周武王当年才会说"人为万物之灵"。

周武王的这句话也遭到西方很多的批评，说中国人太自大了。其实那是他们不懂，我们是觉得责任重大，而不是自大。如果你认为是责任重大，就会敦促自己做得更好，成为名副其实的"万物之灵"；如果你

觉得自己很伟大，那就是自鸣得意，终究会沦为"万物之贼"，这也是阴阳。

天跟地是一体的，中国人说天就包括地在内，所以天、地、人三才后来就变成了天人合一。因为天地是不可分的，有天就有地，有地必定有天，所以后来干脆就叫天人合一。天发挥它的特性，地发挥它的特性，人则顶天立地，把天地的特性整合起来，使得宇宙越来越进化，这是人的责任。

> 伏羲的三画卦，上画为天，下画为地，中间一画就代表了人，而人在宇宙中的作用是最重要的。伏羲对天、地、人三才的认知，成为后来中国哲学思想的基础。几千年后发展出来的儒、法、道、墨、农等诸子百家，都承继了天、地、人三才的思想。那么三画为卦对于我们现代人能有什么实际意义呢？

从拔河的过程，我们明白了做事有三点最重要：一是方向，二是定位，三是行动。直到今天，所有的管理其实都是以此为依据的——先把远期的目标确定好，然后找准市场定位，也就是公司在同行业里面居于什么样的位置、该做什么样的事情，最后才开始行动。我们中国人几乎都是三步就把事情解决了，很少去讲四、五、六。我们习惯把空间分成上、中、下，把时间分成过去、现在、未来，几乎都是三分法。

领导把部属叫来，告诉他做这件事情第一个要注意什么，他一定会很注意地听，接着领导说第二个要注意什么，他还会注意听。当领导讲到第三点的时候，部属心里就开始有想法了：怎么这么多要求呢？如果领导还不知趣，讲完三个还要再去讲第四个，这时部属即使嘴上不说，心里也一定会想：你讲那么多我怎么记得住？干脆什么都不记算了。

中国人当领导，要有本事把非常复杂的事情归纳成三点，叫作约法三章。我们很回避去讲"四"字，其实跟这个很有关系，只是后来慢慢变成迷信了，其实也不过是谐音而已，很多东西本来是很理性的，后来会变成迷信，就是因为大家不知道其中的缘由。

一是阳，二是阴，三就是变化。所以道生一，一生二，二生三，然后三就生万物了。三代表变化，不是一二三的"三"，也不是固定地表示具体的数字。

我们把一个卦它分成上、中、下，也就是天、人、地。我们看天，是看时的变化——看到太阳当头照，就知道是中午了。天所重在时，所以我们叫天时。地所重在利，叫地利。首先会考虑是否能站得稳当。没有人会把房子盖在斜坡上，除非实在没有办法，无立锥之地，只好盖在那里，但那是很不利的，就是所谓的缺乏地利。天时、地利之后还要人和，人一定要合作，一定要有团队，一定要有共同的目标。

三画卦上面是天，下面是地，两个合起来是自然，当中一画是人位（见图5-9）。人位有阴有阳，所以人可以做万物之灵，也可以做万物之贼。现在越来越多的人不是万物之灵，而是万物之贼——很多物种都被我们搞没了，很多资源都被我们破坏了，整个自然都被我们弄得不像样了。

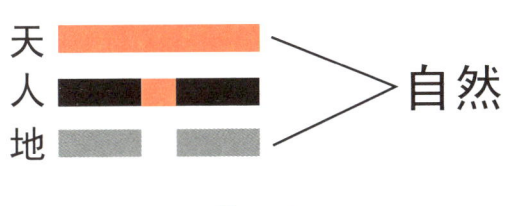

图 5-9

伏羲上观天文，下视地理，中察人世，创造出了既简单又蕴意丰富的三画卦。但是在我们所看到的《易经》中，一共有六十四卦，而每一个卦都是六画。不是说三画而止吗？为什么《易经》中的六十四卦都是六画呢？

做任何事情都是有道理的，没有道理就是不科学的。我们慢慢发现，天有阴阳，人有阴阳，地也有阴阳，这样一来，三画卦就变成了六画卦（见图5－10）。我们前面所讲的"一阴一阳之谓道"，是贯穿于宇宙万事万物的，和现在所讲的天、地、人三才也是不能分割的，天有阴有阳，地有阴有阳，人也有阴有阳，这才叫"一阴一阳之谓道"。

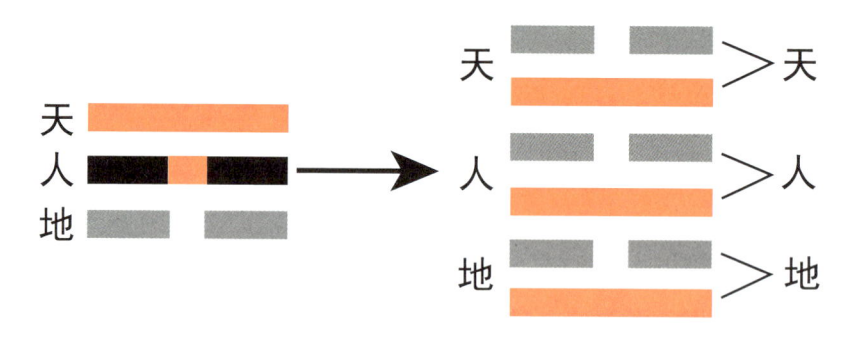

图 5－10

万丈高楼平地起，六画卦也是从下往上数的。地是一和二，它不会怎么样，天是五和六，也不会怎么样，只有人在三和四之间（见图5－11），所以天地之间，只有人会不三不四。

第五集　八卦成图

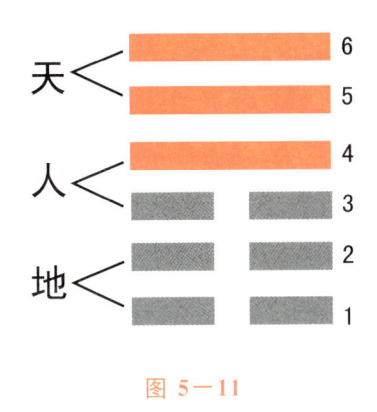

图 5-11

　　其实不三不四就是不仁不义。天有阴阳，地有刚柔，人有仁义。人要有的是仁义，不是技术，人只有技术而不讲仁义是非常可怕的。

　　既济卦（☵☲）是《易经》的第六十三卦，表示完成的意思。但代表着完成的既济卦并不是最后一卦，反而是代表着开始的未济卦才是最后一卦。当一件事情完成的时候，也就预示着又有了新的开始，依然是没有完成，这才是《易经》的道理。当你把一篇文章写完的时候，你就要知道又要开始写下一篇了；当你把这顿饭煮好了，你就要知道很快会被吃光，你又要重新去煮下一顿了。人类永远没有成功的一天，不要骗自己，因为成功就是失败的开始。

　　《易经》将既济卦写得不是很好，叫"初吉终乱"，一开始很吉顺，最后却是乱七八糟。一个人在成功的时候，就忍不住开始要乱讲话了，往往庆功宴那一顿饭就会得罪很多人，周围的人就开始准备要修理他了，这就是事实。当一个人很高兴的时候，往往就要生悲了，叫作乐极生悲。

伏羲一画开天，创造了八卦图。传说后来周文王在被商纣王囚

禁期间，认真研究八卦图，根据阴阳的变化，把八个卦象进行排列组合，就形成了六十四卦。因此我们现在看到《易经》里的六十四卦，每个卦象都是六画，但是曾仕强教授为什么强调说《易经》是三画为卦，而不说是六画为卦呢？

我们很自然地把三画卦变成六画卦，然后有人就开始想挑战这个三，觉得三不如六，要六六大顺才好。幸好我们的祖先还是有比较聪明的人，认为那样的想法不对，并指出六就是两个三，所以我们后来把它叫作重卦，并没有叫六画卦。八个三画卦两两相重，就是六十四卦，这一切都是自然产生的，并没有刻意地设计。例如我们把坎卦和离卦合在一起，就可组合成两个六画卦：离在下坎在上是既济卦，坎在下离在上就是未济卦（见图5－12）。我们将八个三画卦两两相重，就是现在数学所讲的排列组合，最后就是六十四卦，所以六十四卦叫满卦，六十四就是满数。

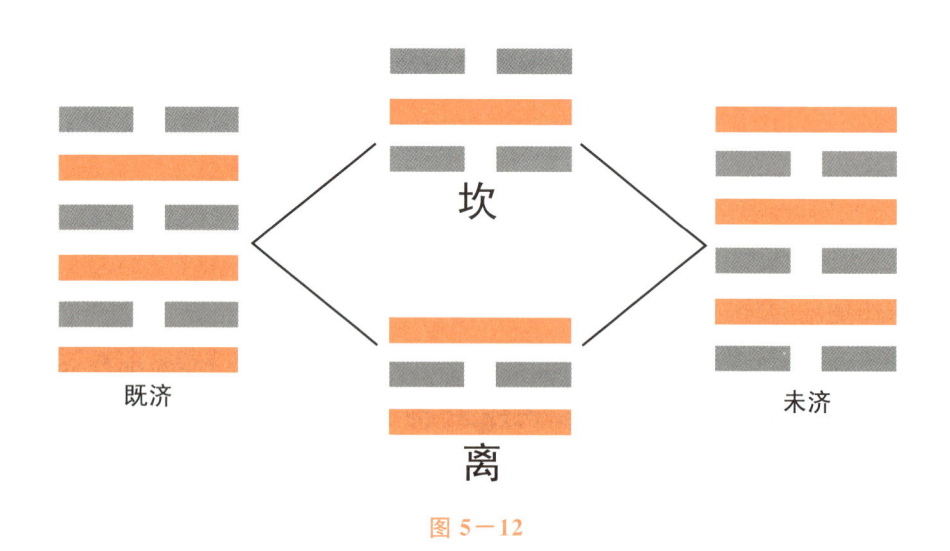

图5－12

《易经》时时刻刻讲求平衡，但是平衡不是阳的归阳。因为阳极就

第五集　八卦成图

开始变阴了，所以它里面一定是有阴有阳，阴阳交错。可是不能齐平，一齐平就不动了，不动就没有变化，没有变化就死亡了。社会如果没有矛盾就不会有变化，没有变化就没有发展，只能死路一条。水如果不动的话，连鱼都活不了，水就是因为会动会变，鱼才能养得活。因此我们还是以三画卦一直传到现在，到今天还都讲八卦，很少讲六十四卦。

西方人关于宇宙的学说，或者是创造论，或者是演化论，其实都不全面。从太极到八卦是创造，八卦以后就是演化，创造和演化是同时存在的。自然把人创造出来以后，人就开始不断演化，并不是每个时代都创造不同的人。西方人只会分，却不懂得合：坚持创造论的，认为一切都是神造的；坚持演化论的，认为根本就没有神，最后两派争得死去活来。

太极生两仪，两仪生四象，四象生八卦，都是创造，之后的十六卦、三十二卦、六十四卦，则都是演化。无所谓什么创造，无所谓什么演化，它们是同时存在的。伏羲氏把卦确定为三画，画出了八卦，周文王将八卦重为六十四卦，后世一直沿用，这是中华民族的大智慧，经得起时间考验的，叫智慧。

曾仕强教授认为，无论是伏羲八卦，还是文王六十四卦，都可能是一种群体智慧的结晶，最后归结到一个人的身上。而《易经》最后定三画为卦，也是因为三画卦揭示出了宇宙中阴阳共存、阴阳互动、阴阳互变的基本规律。那么三画卦是怎样通过卦象的变化，揭示宇宙发展变化的基本规律的呢？

天、地、人三才中，天是变易，人是交易，地是不易（见图 5—

13)，这也是自然产生的。天是变得最快的，天象无时无刻不在变，尤其是春季的天，说变就变。地是不变的，地一变，人就受不了了，六级大地震只是轻轻变一下，几万人的性命就没有了，所以我们慢慢就知道，一切都要变是非常危险的观点。

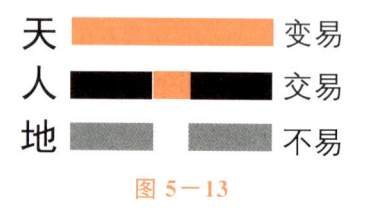

天　　　　　变易
人　　　　　交易
地　　　　　不易

图 5－13

讲到这里，我们已经隐隐约约讲出来，易有三义：交易、变易、不易。但是大家常说的明明是不易、变易、简易，而且简易也有人反对，说应该是易简，这到底是怎么回事？所以接下来我们要来讨论：为什么易有三义？

第六集

易有三义

易有三义，一为简易，二为变易，三为不易，《易经》看起来神秘复杂，但实则简易。而不变的是原则，万变的是现象……

《易经》也称《周易》,无论叫什么,都离不开一个"易"字,那么这个"易"字到底是什么意思呢?曾仕强教授解释说,"易"有三义,第一个是简易,第二个是变易,第三个是不易。《易经》看起来如此神秘复杂,为什么说它是"简易"?而"变易"和"不易"又该如何理解呢?其实不变的是原则,万变的是现象。

　　人们常说世事无常,《易经》能帮助我们掌握未来的变化吗?曾仕强教授指出,《易经》所揭示的,是自然与人类社会变化的基本规律。那么我们应该如何依据《易经》的道理,来把握这变幻莫测的未来世界呢?

第六集　易有三义

"易"有三义，第一个是简易，第二个是变易，第三个是不易。这是一般的说法。既然进入了《易经》的大门，从现在开始，我们看任何事情都要用这样三句话来综合考虑问题：用阴阳的观点，以自然为标准，做合理的判断。

什么叫简易？我们拿一样东西来说明，就是我们天天要用的筷子，这样大家就容易明白了。你要教你的小孩《易经》，也不妨从筷子开始，两只筷子就是一阴一阳，合起来就是太极。我们用筷子，往往是一根不动一根动，不会两根筷子都动或者都不动，拿起筷子，看准目标，两根筷子一个不动，一个动，两相配合，就马上夹到菜了，这就是"一阴一阳之谓道"。

我们天天用筷子，却不知道筷子也蕴含着《易经》的道理。简单明了，方便携带，而且容易操作，这些都是筷子本身的特性，所谓简就是不要把事情搞得太复杂。

筷子的妙处是什么？我们用筷子吃东西，夹得起来的时候就夹，夹不起来可以用筷子叉，有的食物实在是夹也夹不动，叉也叉不了，就把盘子整个端过来，往自己的碗里拨一点。这样的三部曲，就把所有的问题都解决了，哪有那么复杂？

> 看任何事情，都要用阴阳的观点，以自然为标准，做合理的判断。
> ——《易经》的智慧

中国人了解别人，往往都是从细节开始的。我们通过一个人拿筷子，用筷子的姿势，也可以看出他的人品如何。首先，看筷子怎么拿。拿筷子通常会拿固定的地方，不会太上也不会太下（见图6－1）。拿筷子拿下面的（见图6－2），可能是做妈妈的没有用心教他。拿筷子拿得特别往上的（见图6－3），就表示这个人觉得自己很神气，鄙视别人，可能心里在想，这些算什么东西？就这些东西也能请我吃？

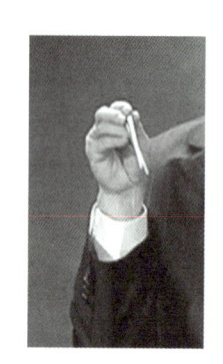

图6－1　　　　　　图6－2　　　　　　图6－3

其次，看什么时候动筷子。有的人在饭桌上，大家还没有拿起筷子，他就站起身去夹别人面前的菜。迟早会轮到你，那么着急干什么呢？我们夹食物，要先夹自己跟前的，不能先夹旁边的或者离我们远的。这样做表示第一我不挑食，第二我尊重大家，第三我的家教还不错，还很守分。一个人的人品会在这些细节中体现得淋漓尽致。

外国人常常讲，中国人用筷子是不卫生的。他们觉得每人单独一副刀叉、一个盘子才比较卫生，而中国人用筷子会传染疾病，其实是他们错了。中国人用筷子夹菜的时候，一般不会挑挑拣拣的，因为一挑拣就难免传染疾病。我们是眼睛看准目标，然后一下就夹上来了，哪里还用挑来挑去，又怎么会传染疾病呢？

第六集　易有三义

另外，我们再讲一样生活中经常见到的东西——毛笔。以前我们用毛笔，只要一支，想画细就可以细，想画粗就可以粗，各种变化一支毛笔就足够了。现在不是，笔拿出来都是一排一排的，选一支，太粗了，再选一支，又太细了，光选笔就要忙死了，毛笔就是简易，结构很简单，但功能却变易无穷。

> 《易经》中的"易"字到底是什么意思，自古以来众说纷纭。曾仕强教授所讲的"易有三义"，即"简易、变易、不易"，来自于《易纬·乾凿度》。我们从中国人特有的筷子和毛笔也可以看出，《易经》的道理看似神秘，但实则简易。那么《易经》中的"变易"和"不易"，又该如何理解呢？

《易经》这本书，最早的时候不叫《易经》，而叫《变经》，因为它研究的就是变化的道理。但是后来我们不敢再用《变经》这个名字了，因为它可能会害很多人。一个人如果总想着变的话，他会变到连根本都没有，连父母都不认得的地步，那还了得？而且有变必有常，因为它们是相对的，变如果是阳，常就是阴，两者是分不开的。

很多人感叹世事无常，然后就开始抱怨，觉得自己好像什么都掌握不住，这么想就错了。要知道变只是现象而已，变的背后一定有不变的东西，宇宙再怎么变，它还是宇宙。我们在想到变的时候，一定要想到不变，想到不变的时候，一定要想到变，这才叫作"一阴一阳之谓道"。变与不变两者是合在一起的，是分不开的，没有不变，哪里有变？没有变，哪里又有不变呢？

> 变只是现象而已，变的背后一定有不变的东西。
> ——《易经》的智慧

先拿自己来说，你觉得你自己变了没有？大家肯定会想，我还是我，哪里变了呢？实际上现代医学证明，人身体里所有的细胞，每七天就全部变掉了，所以没有不变的，人不变就活不了。

我们再从时间来看，时间有过去、现在、未来。过去很明显是不变的。你能改变你的童年吗？显然是不可能的。比如你在哪里出生，一辈子就是那个地方，这是不能变的。过去的事情，是谁也没有办法改变的，所以孔子说过去就过去了，不要再计较，后悔没有用，最重要的是未来。但是未来是不可测的，不是变不变的问题。而现在呢？现在是变还是不变？答案只有一个，有的变，有的不变。很多人觉得变的学问很复杂，其实也没有什么。我们所能掌握的只有现在，但现在是最麻烦的，因为现在可变可不变，有变有不变，亦变亦不变，变也挨骂，不变也挨骂，变也死，不变也死，对人生最大的考验就是现在。

> 《易经》的智慧——对人生最大的考验就是现在。

> 现在就是过去和未来的交接点，过去的一切已经无法改变，但是未来的一切还都在千变万化之中。所以人们常说世事无常，就是觉得未来非常难以把握。那么《易经》是否能够帮助我们看清这变幻莫测的未来世界呢？

很多人都说世事无常，实际上世事怎么会无常呢？任何事情都有一定的脉络，有一定的规则是可以推理的。如果连理都推不通，那人就没法活了。你最起码知道，你今天中午有饭吃，晚上回到家，你的床还在。要不然你在外面干什么事都不安心。我们之所以能够安心，就是我们知道有些东西是不会变的。小孩子安心什么？就是知道自己的爸爸妈妈不会变。

如果小孩一回家，发现连爸爸妈妈都变了，那他就不知所措了。

所以，我们不要相信"一切一切都在变，只有变是不变的"，这种话听起来很好听，但却不堪一击。家是不会变的，否则你不安定，世道是不会变的，否则人们还努力干什么？人事全非，但是江山仍旧在，虽然一直在变，却总是有不变的东西存在。我们现在就是忙于应付这些变，所以搞得自己紧张忙碌，最终却一无所得。一个人看到变的时候，要去掌握后面那个不变的常则，那就是自然规律。

太阳一定从东方升起，这是我们都知道的自然规律，谁都变不了，你再怎么创新都没有用；太阳一定从西方落下，用原子弹都阻止不了。人的力量很伟大，但也有局限性。当我们看到变的时候，不要老在变里面打滚，而要学会去掌握那个不变的东西。现在的人可怜就可怜在老是在变里面打滚。

太极（见图6-4）就是万事万物，万事万物都是太极。太极是有阴就有阳，阴是不易的，我们把它叫作常，哲学上叫作本体；阳是变易的就是非常，哲学上叫现象（见图6-5）。本体永远不会变，现象是瞬息万变的。但是人们往往只相信自己的眼睛，只相信自己看得见的东西，可是我们所看得见的东西没有一样是不变的。而且眼睛所能看到的东西是非常有限的，很多东西我们根本看不见，我们又怎么能否定自己眼睛看不见的东西呢？

图 6-4

阴　　　　　　　阳

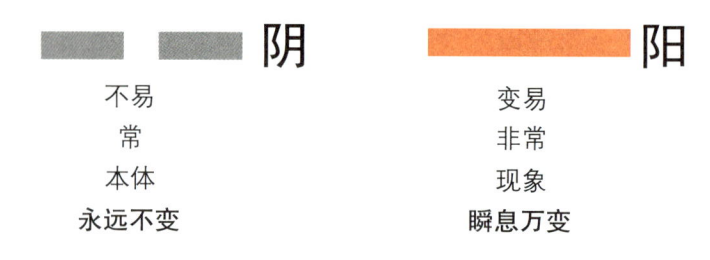

不易　　　　　　变易
常　　　　　　　非常
本体　　　　　　现象
永远不变　　　　瞬息万变

图 6－5

我们所看到的都是假象，真相是永远看不见的。假象就是那些变来变去的东西，而真相是本体，是实质，它内藏于事物之中。所以太极就是有所变有所不变。有人理解太极是有一部分变，有一部分不变，其实不是这样。太极中变跟不变是同时存在的，你看它变，它好像没有变，你看它没变，好像又在变。变中有不变，不变中有变，才叫作阳中有阴，阴中有阳。一张桌子，桌面看上去是平的，但是你放大来看，就会发现它也是凹凹凸凸的。世界上没有一样东西是平的，直线也是虚拟出来的概念。

所以从现在开始，看任何事情都要把它看成是一个太极。太极里面是亦阴亦阳，因为阴阳是没有办法切割的。但我们现在脑海里总有切割的观念，好坏、善恶总喜欢分开来看，这就糟糕了。我们要明白事物是亦好亦坏的，人也是亦善亦恶的——有时候会变善，有时候又会变恶。我们找不到一个纯善的人，因为这样的人活不了；我们也找不到一个纯恶的人，因为别人根本就容不下他，所以说纯善容不了自己，纯恶别人容不了你。

《道德经》开宗明义讲了六个字："道可道，非常道。"它告诉我们，宇宙有两个道，一个叫"常道"，一个叫"非常道"。"常道"是不可说的，凡是你说得出来的，就不是"常道"，只是"非常道"而已。

第六集　易有三义

《易经》是中国哲学思想的源头，无论是代表儒家的孔子，还是代表道家的老子，他们的哲学理论都来源于《易经》。了解了《易经》，就会明白儒道相济的道理。老子认为，所有能说出来的道理，都是非常道，那么那个常道，究竟指的是什么呢？

用今天科学的话来讲，"常道"叫作绝对宇宙。绝对宇宙是圆的，圆代表圆满，是理想状态。但是在月亮圆的那一刹那，我们就知道，它马上要开始缺了。人求圆满，实际上是跟自己过不去。但是人又非求圆满不可。所以孔子才说：取法乎上，得乎中。也就是说，人要有理想不能放弃，要尽最大的努力去做，就是尽人事听天命，我们如果不懂《易经》，就很难理解孔子的话。

绝对宇宙就是《易经》里面所讲的不易，它一点变化都没有，永远是那样绝对圆满、绝对自由、绝对平等、绝对光明的状态。但是那种状态会使我们很难接受。因为绝对平等，就是你我不分，就好比一笔钱放在这里，你会不会去拿？这就看你有没有"分"的观念。如果这钱在谁手里，最后的结果都是一样的，你绝不会去拿；如果你伸手去拿，就证明这个东西是可以分的，你据为己有，别人就要不到了。人会伸手去拿东西，就是因为知道这个东西是可分的。没有人会去抓月亮，因为那是不可能私有的东西，只有在绝对状态下，才有百分之百公有的东西。所以我们一旦生而为人，落入这个地球，就一定要觉悟：我们只能获得相对的自由、相对的平等，只能享受相对的光明，一定有黑暗面存在。

柏拉图有他的理想国，陶渊明有他的桃花源，但那都是不可能实现的。现在我们推出一个香格里拉的概念，就是人间乐土。香格里拉在哪

里？答案其实很残酷，香格里拉在人没有到过的地方。因为人只要一去，这个地方就被糟蹋掉了，就不是香格里拉了。人是什么？破坏香格里拉的就叫人，这是人类的不幸。世界上很多国家都是开放一个香格里拉，过一阵子就被毁坏了，现在香格里拉跑到中国来了，但是我们很担心它能保持多久。

我们现在都想追求绝对的自由，实际上绝对的自由只有在一种情况下才会有，那就是人死后，人死之后才是绝对自由，才能有绝对的平等。人们就是被这些很奇怪的名词，把脑袋箍得死死的，盲目地追求这些根本不可能和不存在的事情，那不是很冤枉吗？

世界上有变就有不变，它们是同时存在的，不可分割的。而且变的当中就含有不变，不变的当中就含有变，这就是《易经》当中变易和不易的意思。

有一句话很多人不会相信，甚至听了会很愤怒：人类最高的智慧就是以不变应万变。不变的是原则，万变的是现象，我们要用不变的原则，来应对万变的现象。一个人里面一定要有原则，而且要坚持，但是外面要磨成圆的，才有办法去跟别人妥协、协调，最后达到一个大家都能接受的方案。内圆外圆的人是小人，因为他完全没有理想，没有目标，唯利是图，有洞就钻，这种人是可耻的。内方外方也不好，外圆内方的人才是可贵的，有句话很重要：能妥协却不能放弃立场，才叫圆通。

因此我们得到一个结论：站在不变的立场来变，才不会乱变。

中国人有跟没有合在一起，要跟不要合在一起，好跟不好合在一起，善跟恶合在一起，都是不能分的，一分开就完了。我们不要认为这样的人糊涂，不负责任。在中国社会，立场太分明就得不到群众的支持。我们明明不喜欢的,也都说"好"、"没关系",然后再想办法慢慢地把它一个个否定掉,而绝不会一开始就全盘否定。这样大家才知道,为什么美国的小孩子一做错事情,爸爸一定要问谁对谁错,然后只骂错的,不骂对的。

我有两个儿子,他们一吵架,我就两个都罚站。我首先教他们两个,对是没有用的,不要以为你对就没事了。等到兄弟两个站了五分钟以后,我就把弟弟叫来,对他说:"今天你没有错,就是哥哥一个人的错,不要以为爸爸糊涂。可是既然你没有错,我为什么罚你站?"弟弟说:"这样比较好。"我说:"你不高兴就说不高兴,不用拍爸爸马屁。"他说:"我真的没有不高兴。"我问为什么,他说:"有一次不晓得为什么,你只罚哥哥站而没有罚我,结果事后我被哥哥打得好惨。"我说:"哥哥打你,你就告诉我好了。"他说:"不告还好,告了打得更惨。"我说:"那我要怎么样呢?"他说:"就像这样好了,不管我有没有错,都罚我站,事后我会安全些。"这其中的道理,很多外国人一辈子都想不通。

然后我又把哥哥叫来,问他:"今天是谁的错?"他说:"是我的错。"我又问:"弟弟有没有错?"他说弟弟没有错。我说:"你这不是知道得很清楚吗?"他说:"当然了,是非我总还是知道的。"我们看中国人是表面没有是非,但心里一清二楚,叫作心中有数。我又问哥哥:"那为什么我还要罚弟弟站?"他说:"你是给我面子。"我说:"我干吗给你面子?"他马上说:"你是要我以后更加爱护弟弟。"我就说:"你知道这些就好了。"这样一来,兄弟两个今后会减少很多的争执和不快。

> 很多正直的人都认为，心里想的和嘴上说的应该一致才对，但是当我们懂得了《易经》的道理，就会明白什么叫"难得糊涂"。其实糊涂的是表面，清楚的是内心。但是现代社会发展变化得很快，我们到底要不要变，又该怎么变呢？

到底要怎么变？这是中国人一生一世都要面对的难题。我们提出三个原则，按照这三个原则去做，你就可以应付得非常妥当。

第一个原则，叫作权不离经。权就是权变的意思，经就是经常的守则，不可以变的规矩。不管怎么变，都不能超越这个规矩，要有原则地应变，不可以没有原则地乱变。一个人如果变来变去，变到没有原则了，别人都会厌恶你；一个人如果死守原则，不知道变通，那谁都怕你。这样我们才知道，中国人讲外圆内方是非常有道理的，再怎么变，规矩不能变掉。我们用现代话来讲，每一个人都可以变通，但是不能变得太离谱，这样就叫权不离经。每一种改变，都应该看它合理不合理。合理是检验的标准，你变得合理，我们就同意，你变得不合理，我们就摇头。

第二个原则，叫作权不损人。所有的权变不可以损害别人，损害别人的事不叫变通。使既得利益者受到很大的伤害是不公平的，遭受到抗拒也是合理的。任何人都不能凭借自己手中有权，爱怎么变就怎么变，这种心态是大家都无法接受的。

我们来看一个实实在在的案例。一家公司有位朱小姐，她在甲单位，希望调到同一个公司的乙单位去。人事部门首先征求朱小姐直属上司的意见，上司说："没有问题，我尊重她的选择，我们都是同一家公司，没有关系。"人事部门又去征求乙单位经理的意见，乙单位的经理

第六集　易有三义

也说:"没有问题,我们欢迎。"然后,总经理一批准,调令一公布,就生效了。

这本来是很简单的事情。可是调令公布以后,乙单位的经理却跟人事部门说不能接收朱小姐。人事部门的干部说:"你不能这样啊,我事先征求了你的同意才签准的,现在命令发布了,你怎么能说不同意呢?"但是乙单位的经理偏偏说:"你不要问我理由,我不同意就是不同意,如果朱小姐真的要来,那我就只好辞职了。"可是乙单位的这个经理是个很好的经理,把他逼走对公司会是不小的损失。

大家来看这件事谁不对?我不觉得有谁不对。只是这里面一定有个系统,叫程咬金系统,就是半路上出现的问题。外国人做事,很少会碰到程咬金系统,但中国到处都是程咬金系统,总是无端端杀出一个人来。我就对人事部门的干部说:"我们想事情要这样子想:这位乙单位的经理是个太极,有阴有阳,他平常讲不讲信用?答应的事情会不会反悔?"人事部门的干部说:"他平常很讲信用,答应的事从来不反悔。"我说:"那就好了,那这次肯定是例外,这其中一定有他说不出来的苦衷。根据我的判断很可能是这个经理的太太不同意,而不是他本人不同意。"人事部门的干部就去问这位经理是不是他太太不同意。这个经理大吃一惊,说:"你怎么知道?"大家看我一猜就对了。有人说读《易经》会算,其实不是会算是会推理而已。

人事部门的干部就问这个经理,说你太太为什么不让朱小姐来?这个经理说,我太太不是对朱小姐有意见,她根本不认识朱小姐,而是三年前我升任经理的时候,我太太就跟我讲,不许没结婚的女同事调到我的单位来。三年过去了,我都忘得一干二净了,没想到她还记得。

人事部门的干部给我打电话,说问题果然是出在他太太身上,问我

应该怎么办。我说那很简单,然后给他分析有几条路可走:第一,请总经理收回成命,但是这样肯定不行,总经理朝令夕改,在整个公司的公信力就没有了。第二,勉强乙单位的经理接收朱小姐,但那会逼走一个好人才,也不行。既然两条路都走不通,唯一的办法就是,你带一篮水果去见那个经理的太太,说事先不知道有这个规矩,如果知道,一定不会让朱小姐调来的。但是现在总经理的命令已经下发了,马上收回不行,所以总经理特地叫我来拜托你帮他一个忙,让这个调令维持两个月,两个月以后我们再把朱小姐调走。总经理要我拜托你,这两个月好好看管你先生,不要让他出事。

人事干部照我说的去做,结果经理太太说:"这个可以商量。"你给别人一定的弹性,让人家有回环的余地才好商量。

两个月以后,人事部门的干部再去问经理太太,要不要把朱小姐调走,经理太太说:"不用,这两个月也没有怎么样,就让朱小姐留下来好了。"如此为难的一件事,就这样轻松地化解了。这个不是解决,而是"化解"。《易经》是讲"化"的,中国人是大事化小,小事化了,最后什么事也没有了。

《易经》曾经被称为《变经》,因为宇宙的一切都在变化之中,《易经》所表示的就是变化的规律。而变化有三个原则,第一个是权不离经,第二个是权不损人,那么第三个原则是什么?而这些变化的原则和道理,对于我们现代人又有什么实际意义呢?

第三个原则,叫作权不多用。常常变就表示原来的很不成熟,就说明你的规矩有问题,要不然为什么会常常变呢?比如穿衣服,一个人摸索一阵子以后，知道自己穿哪种衣服最合适，就穿那种衣服好了，如果一会儿穿成这样，一会儿又穿成那样，就表示他根本穿哪种都不合适。我们今天最大的毛病，就是喜欢求新求变。要记住变有百分之八十是错误的，天下事不如意者十常八九。我们好不容易找到一个规矩，不要乱变，但今天我们大多都是乱变。设计个水龙头，你就顺着拧开就好了，但是他们偏不，一会儿用压的，一会儿又用提的，各式各样，千奇百怪。结果去住旅馆就会发现，水龙头拧也不出水，压也不出水，提也不出水，你一生气，踢一脚，水反倒喷出来了，弄得你浑身都是，这算什么设计呢？

中国人设计房子，都是先设计里面，把每一个房间都设计得方方正正的，然后再设计外面。风水是非常科学的东西，跟迷信没有关系。同样一个东西，不懂的人就是迷信，懂的人就是讲道理，是依据科学的道理。

有例行一定有例外，这一点我们承认，但是例外比例行还多，就不对了。例外比较少，例行比较多，经常是这样办，偶尔会那样办，这样才合理。

喜欢讲求新求变还有一个很大的问题，就是会使人们觉得，新的就是好的，旧的就是坏的，这是个最可怕的观念。为什么新的就是好的？实际上新的常常不如旧的。你看我们现在很怀念以前的东西，就是以前的东西简单明了。我们要说清楚，求新求变本身没有错，是人搞错了，认为新的一定比旧的好，这是错误的。你认为旧的再好也要换掉，那就叫喜新厌旧，一个人如果喜新厌旧，那这个人就没有指望了，迟早连自己的太太也要换掉。

老子说："不知常，妄作，凶。"（《道德经》）一个人不知道常规，

就开始乱变，最后结果只有一个字——凶。人一味乱变，变到最后，自己连立锥之地都没有了，这是多可怕的事情！一个人对父母孝可以变吗？对朋友信可以变吗？这是不能变的，如果变了，亲人朋友之间的信任感就没有了，就产生了疏离感。人与人之间本来没有疏离感，就是人这样一点一点造成的。

所以，我们一定要记住这三个原则：

第一，权不离经。所有的变不能离开规矩。

第二，权不损人。所有的变都不可以损害别人的权益。

第三，权不多用。偶尔用大家没有意见，常常用就表示你的规矩要改。一个人如果变到连根本都变掉了，那是最可怕的。

谈到这里，我想大家心里都有一个问题，就是《易经》到底能不能占卜。这是个不能避免的问题，因为《易经》本来就是一本可以占卜的书，我们要面对这个问题，躲来躲去不是办法。所以我们下面就要谈一谈：为什么孔子说"不占"？

第七集

善易不卜

占卜的目的不是告诉我们结果，而是给我们做人做事多一种参考，这样理解和应用《易经》，才是懂得占卜的人……

《易经》的四大功能，就是象、数、理、占。什么是象呢？天文、地理都是象。而《易经》中的数，并不是人们常说的定数，它是活的。理又是什么意思呢？理就是推理，它跟科学最接近。那么占卜是不是一种迷信呢？

曾仕强教授指出，不管信什么，信到差不多就好，过分相信就是迷信。自古以来，《易经》一直被认为是一部占卜的书，但是占卜对未来的预测为什么有时候灵，有时候不灵？我们又该如何正确理解占卜的作用呢？

第七集　善易不卜

《易经》有象、数、理、占四大功能，这是谁都不会否认的。

第一个功能是象。我们中国人很喜欢看象，是有道理的，因为天文、地理都是象，天文是天的象，地理是地的象，看天文、看地理都是看象。天有天文，地有地理，同样，人有人相，这个相是假不了的。因为人的相是由心来决定的，心决定相的转换，叫作相随心转。心转了，人的相就跟着心变了，所以人的相貌是时时刻刻在变的。不要以为自己的舌头伸出来就一定很直很正，你可以拿镜子对着自己，伸出舌头看看，能够伸得很直就不错了。很多人一伸出来，不是歪左边就是歪右边。这种舌头伸出来就歪的人，心已经不正了，他已经变了，要靠自己来调正，不可能靠医生。你要正正心，调一调，正心很重要，心一正，五官就都正了。由这些你就明白，看相不是迷信；不会看相的人乱讲，或者会看一点点的人，用它来骗财骗色，那才叫迷信，这个观念大家要搞清楚。

第二个功能是数。《易经》的数，不是数学，数学是死的，《易经》的数是活的。如果说一切有定数，大多数人听了会很反感，会说这是宿命论，其实错了，定数是指最后的结果。比如，考试最后只得60分，那这个60就是定数，老师给的成绩定了就是定数，谁也不能改，所以定数是结果，而不是过程。过程怎么会定呢？任何过程都是变化的。经

过一个学期的学习，加加减减，总成绩及格了，这是最后的定数，不及格也是最后的定数，所以说，定数是讲最后，不是讲过程。

第三个功能是理。《易经》的理是推理，其实它跟科学最接近。一个人按照道理去推，他就可以未卜先知，不需要占卜就知道结果是什么样。因为那个"理"是固定的，所以照着理去做事的结果也应该是固定的，这没什么神奇，而是理所当然，势所必然。形势到这里，结果就一定是这样的；顺着道理去走，最后就是这样子，这是很容易的事情，并不难。

第四个功能是占卜。《易经》里面有很多"吉"、"凶"的字样，那就是占卜的用语，可能占出来是"吉"，也可能占出来是"凶"，所以很多人就认为《易经》主张命定论，其实他们都错了。《易经》不主张命定论，它里面最常用的字是"如"。"如"是假如、如果的意思：如果这样，你会怎么样；如果那样，你会怎么样。《易经》的吉凶是有条件，是可以变动的，会占卜的人不会铁口直断，凡是铁口直断的都是不太会占卜的人。可是我们现在就喜欢那种铁口直断的人，因为占卜时搞得神神秘秘的，然后铁口直断地说结果就是这样，就可以收钱了。但是你按照《易经》的道理讲，如果这样做结果会是吉，如果那样做结果会是凶，大家就认为你不过是讲道理而已，谁还肯交钱呢？这就是一般人错误的观念。

古人云：不学《诗经》不会说话，不学《易经》不会卜卦。自古以来，《易经》就被定位成一部占卜的书。因为人们对占卜的盲目相信，《易经》不仅被蒙上了一层神秘的色彩，也背上了封建迷信的恶名。那么《易经》为什么会成为一部占卜的书呢？

我们把历史翻开来看，在夏、商、周的时代，民智未开，《易经》被用来占卜，这是很自然的事情。但是当时的占卜是有条件的。

第一，只能占国家的大事。占卜国家要不要战争，今年会不会风调雨顺，会不会国泰民安，会有什么变故，这个可以。但不能占你的这个股票会不会赚钱，不可以占自己的私利。

第二，没办法决定的时候可以卜。古代的时候，当大臣们深思熟虑，想尽一切办法，最后还是不能下决定的时候，可以占卜。如果有明确的意向和决定的方向，是不可以占卜的。

第三，占卜完以后不一定要听。如果占卜完了，就完全百分百地听信占卜的结果，那就是命定论。

姜太公是辅助周朝建国的军师，当时武王想要伐纣，犹豫不决，就去占卜，结果卜了一个不好的卦。姜太公劝说武王不可以相信那个卦，因为整个情势对西周是有利的，不能因为占卜的结果而丧失良好的机会。最后周武王出兵，果然把商纣灭掉，建立了周朝。姜太公的时代离现在已经有三千年之久了，他当时就说，占卜是用蓍草，是用龟壳，人不靠自己的脑筋去想，而去相信这些龟壳和蓍草，那不是很奇怪吗？姜太公当时就明白这个道理。

当秦朝几乎把所有书都烧掉的时候，我们很庆幸《易经》这本书没有被烧掉。为什么？因为有人告诉秦始皇，说《易经》这本书不值得烧，因为它是占卜的书，让老百姓用一用也无妨，何必烧它呢？秦始皇就说，既然是没有用的书，那就不要烧了。正是因为《易经》逃过了秦火这一大劫，所以更多人就认为《易经》真神，能算到自己可以躲过秦火这一劫。这是后人演绎的说法，在民间流传得很广，但是我们劝各位不要相信这些。

汉代以后，《易经》就分成两派，一派是讲易理，就是把《易经》哲学化，把《易经》看成是一种哲学。我们可以把它称为自然哲学，因为它取法的对象就是自然，是从自然里面归纳出的道理。另一派是讲相术，就是专门来算卦或者占卜的。

在中国历史上，记载了许多关于占卜的故事，无论是帝王将相还是平民百姓，遇到事情总喜欢卜一卦。可是卜的卦有时候灵，有时候就不灵。既然卜卦的结果并不一定正确，人们为什么还要卜卦？卜卦的真正目的又是什么呢？

占卜的目的是什么？一般人都会说，占卜就是要知道结果，这就全错了。

一个人做事情，不能问结果怎样才去做。一个男人要娶一个太太，可不可以先想一想娶到她就可以得到女方三千万家产？不可以，决不能动这个脑筋！可不可以考虑娶她是因为将来她会帮你成功？也不可以，这些动机都是不对的。

一个人不能为了结果才去做事情，因为一问结果，做事的动机就不纯正了。一个人应该做的事情，就算不能赚到钱，也要去做，这样才对。如果只是有利可图才去做，那就已经是小人了。从这点来分析，我们就知道现在社会中的很多观念，其实是不合乎《易经》的道理的，也就是不合乎自然的道理。

一棵树它能长就长，从来没有想到长大以后会怎么样。如果树想到长大以后会怎么样，那它就宁可不长了，因为长大后一定会被砍掉。任何人只要想到结果，就什么事情都不要做了，因为人生的结果是一模一

第七集　善易不卜

样非常平等的，就是一口棺材而已。我们一出生，就有一个共同目标——一步一步走向死亡。人生就是一步一步走向死亡的历程，有例外吗？好像没有。如果你想得很长远，想到最后都是死，那就什么都不要做了。这样是死，那样也是死，那干脆现在就死了算了，这种观念显然是不对的。

我们中国人不以成败论英雄，最典型的例子就是关公。关公没有成功，但是我们却拜他，我们中国人崇拜什么样的人？崇拜做有价值事情的人。关公给我们树立了一个忠义的楷模，我们拜关公是拜他的忠义，不是拜他的丰功伟绩，所以会拜关公的人是用自己的忠义跟关公的忠义互动。我们只不过是借由拜关公，激发出自己的忠义，让自己向忠义的方向去努力。

我们尊重每一个人的选择，但是不管你信什么，信到差不多就好了，再信下去就是迷信了。迷信是程度问题，而不是说哪个东西是迷信。天底下哪有迷信这种东西？人信得超过了应有的度就是迷信，信到差不多就不叫迷信。

《易经》把宇宙所有的事情划分成六十四种代表情境，就是六十四卦。当你卜到某一个卦时，你就知道自己现正处在什么样的情境中，再去查那个卦，它会告诉你，在这种情境下你要注意哪些，然后你就照那样去做，知所警惕，当然可以趋利避害，所以《易经》是用来查的，而不是拿来预知结果的。用占卜来学习每一个卦，是正常的，用占卜来给自己做人做事多一种参考，也是合理的，占卜以后就绝对听它的，这种态度不对。占卜的目的不是告诉你结果，而是给你一个可能的结果做参考，这样理解

> 占卜的目的不是告诉你结果，而是给你多一种参考。
> ——《易经》的智慧

和应用《易经》，才是懂得占卜的人。

> 《易经》中有六十四卦，每一卦都有相应的爻辞。学者们认为，这些爻辞所讲的都是治国育民的道理。而用《易经》来算命的人则说，这些爻辞就是你未来的命运。那么我们应该怎样理解这些爻辞呢？

《易经》里面多次提到一句话："自天佑之，吉无不利。"大部分人都解释错了，认为是有来自上天的保佑，所以做什么事情都很吉祥，都不会不利。

说实在话，老天不会保佑任何人。老天就是自然，自然怎么会保佑任何人呢？它如果保佑了这边，就保佑不了那边，自然就是这边该下雨就下雨，那边该干旱就干旱，它跟仁不仁完全没有关系。老天如果保佑任何人，那就是偏心，就是不公平，老天是该下雨就下雨，该出太阳就出太阳，该刮风就刮风，不管你有什么反应。

不要认为老天爷会保佑你，绝对没有这种事情。那个"自"不是"来自"的意思，而是指"自己"，这句话是说"你自己努力，老天就会帮助你"，要把人跟天联系起来，我想这也是孔子最大的贡献，就是把人跟天联系在一起，叫作天人合一。老天只帮助应该帮助的人，不会帮助不应该帮助的人，这叫自然规律。老天绝不会因为你多拜就保佑你，那样跟贿赂有什么两样？如果连老天都可以送送礼就被打动，可以多拜几次就保佑你，那老天算什么呢？贪官污吏而已！所以老天是不会做这种事情的。老天会说，你好好做，我就按照自然的道理帮助你；你不好好做，我也会按照自然的道理收拾你。我怎么会有私心呢？

天底下只有一个道理，就叫自然律，人顺着自然的道理去走，就能吉无不利；不按照自然的道理去走，迟早有凶有祸，这是必然的。所以说，很多书上把"自天佑之"解释为"来自上天的保佑"是不对的。上天凭什么保佑你？老天又没有手没有脚，也没有嘴巴。自然是各种现象的一种循环往复、一种变化，并没有神在里面。你自己争气，自己走正道，自己守规矩，自己遵照自然的道理，老天会在旁边帮助你，这不是老天对你好，而是顺着自然律在走。就像你搭上这班火车，自然会到达成都，你搭上那班火车，自然会到达西安一样，是同样的道理。

《易经》的主张非常清楚：每一个人都应该为自己的所作所为负起全部的责任。以前的大家庭，生很多小孩，按照现在家长对孩子的态度，怎么照顾得过来呢？其实养一个小孩很困难，但是养五六个小孩反而很容易。因为一个小孩一生病，好像天大的事情一样，但是如果养了五六个小孩，很奇怪，心情就不一样了，好像死一两个无所谓。所以过去的小孩有什么病痛，大人就会想，小孩病痛是正常的，休息几天就好了。现在不是那样了，现在如果小孩一生病，全家人都紧张得要命，这也是不对的心态。人一定要经过不同的历练，什么病都得过，也就不会怕了，百病成良医了。最怕的就是那种从来没有生过病的人，那是最要命的，因为一病就起不来了，所以很多观念要靠自己去调整。

人不管做什么事，自己都要慎重，如果不慎重，自己就要承担相应的后果。你走这条路，结果一定是这样；你走那条路，结果一定是那样，这是必然的是自然律，自古以来都没有例外。摆在你面前的永远有两条路，都是你自己去选，如果你要走这条路，就往这边走，如果你要走那条路，就往那边走。不管如何选择，走完这段路，接下来还是会有两种选择，周而复始，永不例外。

> 孔子在读完《易经》之后，肃然起敬，大加赞赏，并为《易经》作了《十翼》，后来被称为《易传》，对后世影响深远，几乎可以和《易经》并举。研究易学的学者们认为，《易传》是研究和学习《易经》的必读之物。那么孔子对占卜是什么态度呢？

我们以为《论语》最能代表孔子的学问，其实错了，孔子最大的学问是在《易经》上。

孔子很晚才读《易经》，他读了《易经》，就好像得到宝贝一样，全心全意地把它整理出来，这是孔子对中华文化的重大贡献。孔子将《易经》发展成为非常严肃的哲学，而不是相术。但是孔子排不排斥占卜？他不排斥。

我们来分析一下，以孔子的个性，他说"不占"（"不占而已矣"——《论语·子路》），就表示他会占，而且常常占。如果一个人不会占卜，又从来没有占过，怎么会有资格去否定占卜呢？

孔子体悟到占卜是有道理的，但是不能完全相信，因为有时候准，有时候不准。今天我们用数学的概念来看，就很容易理解，就叫作概率，可能有30%的概率，也可能有70%的概率。所以如果想占卜，必须先经过深思熟虑，大概有一个答案以后，才可以根据这个答案去卜，卜出来的结果会引导你去想这些问题。多一个卦，就让你多一个思考的方向，所以，多看几个卦以后，你就会比较周到地去考虑问题，这才是占卜的目的。荀子讲"善《易》者不卜"，是说真正懂得《易经》的人会占卜，但是却没必要去卜。一个人要常常提醒自己用理智去指导感情，而不要让情绪来左右理智。人都有情绪，但是不能情绪化，一旦情绪化，最后倒霉的只有自己，只要大多数的行为都是用理智来指导感情，这个人就很了不起，犯错的几率就很小。

《易经》告诉我们，任何事情都是有条件的。要达到一个目的，会有几条路可走，但每条路都是有条件的，并不是说你选定的这条路就一定好走，天下绝没有这回事。因为从《易经》的观念来看，任何一条路都有顺有逆——顺里面有顺有逆，逆里面也有顺有逆。用阴阳的观念来看，太极里面有阴阳，阳里面又有阴阳，阴里面也有阴阳，阴阳同时存在，时时刻刻会变化。

我们讲一个现实问题。今天的气象台设备那么精良，人员那么专精，但最后经常测错：预测说会热，结果很冷；预测说会冷，结果很热，可见连气象台都会测不准。我们不要想歪了，认为是气象台的工作人员不用心，或者是气象台的仪器不精密，不是这样的。近代物理学有一个很重要的定律，叫测不准定律。因为测了以后情况还会变，今天测的是 16 度，明天一下变 8 度了，一夜之间状况整个变了，这能怪谁呢？因为测完以后，自然状况又发生了变化。我倒希望各位想想，既然测不准，还要不要测？我的答案是，测不准才要测，测得准就不要测了，躺在那里等着就好了！

> 无论是古代还是现代，人们卜卦的目的都是为了预知未来，如果这种预测是不准的，那么预测还有什么用呢？如果预测是没有用的，又为什么说学习《易经》可以使人趋吉避凶呢？

占卜是有条件的。

第一，资讯不足，数据不全，才可以占卜。我在美国时，美国的朋友问我，既然你会占卜，那你预测一下明天是下雨还是出太阳？我说这

个你打电话问气象台就好了，问我干什么？凡是可以问科学仪器的，就问科学仪器好了，干吗还要占卜呢？当资讯不足、数据不足的时候，你要不要做决策？当然还是要做决策的，如果不做决策，后面的路怎么走？比如你要出门，就会考虑走哪条路可能不会塞车，可是就算你对这些路很熟悉，也往往会搞错。你算准了那条路不会塞车，走上去结果塞死了，这是什么道理呢？就是因为当很多人都认为那条路不会塞车的时候，全都挤到那里去了，结果就挤死了。所以大家都去预测，往往就不准了，这是很清楚的道理。再比如股票市场里面，有人告诉你某一支股票今天会涨停，这有没有效？答案非常简单：你相信它，它就有效；你不相信它，它就没有效。这又是什么道理呢？因为所有人都相信，都去买那支股票，那它一定会涨停，这不是他测得准，而是因为大家都买，才把它买到涨停的。如果他说这支股票会涨停，没有人相信，没有人买，那它当然涨不起来。

孔子不反对占卜，因为它只是个工具，不是可以绝对相信的东西。你可以把占卜当做参考，但你不能把它当做一个非这样不可的决定。我们占卜之后，不要放弃自己的努力，还是要去寻找破解的路。该做的事情，遇到再大的困难都要想办法去化解，这才是正确的占卜观念。

第二，犹豫不定，想来想去拿不定主意时，可以占卜。即使没有资讯，也没有数据，但是你有很明确的主见，那也不要占卜。你为什么会有这么明确的主见？因为你有第六感。

我们往往很相信五官的感觉，却忽视自己的第六感。实际上五官经常在骗我们：你亲眼看到的，有时候会看错；你自己摸到的，有时候会摸错；你亲耳听到的，也会有听错的时候。老实讲，一句话经过十个人传，恐怕已经不是原来的话了，五官是最会骗人的，但是我们最相信五官。有一种我们不重视，但是不会骗人的感觉，叫第六感。女性的第六感比男性还灵光，所以你不要看女性很少参与外面的事，有时候她讲的话很对，就是因为她的第六感灵敏。占卜的过程就是在引发你的第六感，然后去选择一个对应的卦，代表你目前的处境。所以你把第六感引发出来了，你就有主见了，有了主见，反而不必占卜。

第三，每次占卜只问一件事。每事一卜，不能一次卜好几件事情，那样是得不到答案的。你不能问老天说："我以后会怎么样？"老天只能说："以后就是死，还能怎么样？"问这么笼统的问题，你让老天怎么回答呢？占卜必须问得很明确、很具体，我这件事情会怎么样？这样才会把你的第六感引发出来，才会得到一个可能的结果做参考。前面这句话我加了一个"可能"，因为《易经》都是讲"可能"的。

第四，占卜要诚心诚意。诚心诚意不是迷信，一个人只有诚心诚意，才可以引发自己的第六感，否则引发不出来。其实第六感都在自己的脑海里面，当你静下心来，不受外面的干扰时，第六感就出来了。平常太忙的人是没有第六感的，忙到自己没有第六感，那是自作自受。

> 如此说来，卜卦其实就是一个充分引发自己潜能的过程，同时可以寻找更多的资讯，作为自己判断事物，做出决定的参考。但是为什么孔子在认真研读《易经》之后，却说"不占而已矣"呢？

孔子说"不占而已矣"，他有三个原则。

第一个，如果相信占卜，就违背了伦理的立场。因为人应该凭良心，不应该问了结果再做事。遇事必占卜，就是相信结果而违背良心。本来应该做的事，一占卜结果不好就不做了，这样的人还有良心吗？完

全相信占卜，就会跟自己的伦理立场相违背，这是孔子说这句话的第一个主张。

第二个，人应该只问耕耘，不问收获。你一占卜就是在问收获：这件事能赚钱我就做，不能赚钱我就不做，这基本上是不对的。比如商业是要服务顾客的，你口口声声为顾客服务，不赚钱就不做了，那叫服务吗？我们的公共汽车有很多线路，有些路线是赚钱的，有些路线是亏本的，那铁定亏本的线路就不运营了吗？不可以。应该用赚钱的线路去补贴亏本的线路，这才叫作为商之道。

第三个，我们做人做事的动机要很纯正。一件事，还没有做，就先想到占卜，你的动机就不纯正了。

从现在开始，归根结底一句话：只问应该不应该，少问结果会怎样。应该做的事，纵然有万难，也要想办法去排除，纵然最后会很凄惨，也要坚持去做，因为那是你的责任！以前的文天祥、史可法，他们都可以逃掉的——快马一上就逃了，很容易的事。可他们为什么不逃呢？因为他们都认为不应该逃，所以选择了壮烈牺牲。做任何事情，动机比结果重要，过程也比结果重要，可我们现在完全陷在结果论里面，这是每一个人都要好好反思的事情。

春秋时期以前，我们中国人是很迷信的，春秋时期以后，大家慢慢走向理性，这是孔子的功劳。《论语》里面有一句话，叫"子不语怪力乱神"，就是这个意思。"不信苍生信鬼神"，如果大家都不信苍生，而去信鬼神的话，我们人类会怎样？我们要重视活着的人，不要完全被那种看不见的鬼神所牵引。

我们说一下孔子对鬼神的看法。儒家所重视的，是人跟鬼神有没有感应，这个比较重要。鬼神到底存不存在？鬼神穿什么衣服？鬼神会怎样？这些都不用管。我们拜祖先，好像祖先就在面前，就是跟祖先有感应。至于他会怎么样，你不要管，因为那是死无对证的事情，所以我们做人要理性一些，不要全盘否定，也不要全盘肯定，因为我们没有这个能力。

孔子的态度是"敬鬼神而远之"（《论语·雍也》）。尊敬鬼神，但是跟鬼神保持一定的距离。你不可以天天去拜祖先，那样他也会很烦：我都死这么久了，你还天天找我，烦不烦啊？但是一年总要有几次，特别是清明节，要去祭祀祭祀。实际上，中国人为死人做的事情，都是做给活人看的。清明节扫墓全家大小都去，你用不着直接说，你的行动就是在告诉子女：将来我埋在这里，你们也要都来，不能不来啊！这样的话，一代又一代传承下去，我们就不会忘记自己的祖先了，更重要的，是不会忘记祖先做人做事的可贵精神。仅此而已，没有别的，别的都是假的。

那么孔子画不画卦？我先说答案，孔子是画卦的，不然他学《易经》干什么？所以我们下一讲要来谈一谈：卦有何用？

第八集

卦有何用

《易经》中的六十四卦代表了宇宙人生六十四种情境。每个人的命运掌握在自己手里，每个人的卦也是由自己来画……

孔子学习《易经》之后，说："不占而已矣。"荀子也说："善《易》者不卜。"由此可见，真正读懂《易经》的人，是不用它来占卜算卦的。但是卦是《易经》这部书中的主要内容，"卦"这个字就是悬挂起来的意思。那六十四卦又代表了什么？曾仕强教授说，这是我们的祖先把宇宙所有的事情归纳起来，概括成的六十四种代表情境。

那么《易经》中的六十四卦对我们的人生究竟有什么作用呢？就是当我们遇到事情的时候，能够按图索骥，明白自己的处境，知道自己应把握的基本原则，清楚怎么去应对。每个人的命运掌握在自己手里，每个人的卦也是由自己去画的。那么孔子的一生都画了什么卦？对我们的人生又有什么启发呢？

第八集　卦有何用

什么叫作"卦"？"卦"就是悬挂起来的意思，就像我们去照个相，然后用相框装起挂在墙壁上，卦的意思就和这个过程是一样的。

为什么要挂？因为人的眼睛是往外长的，我们看别人很容易，看自己却永远看不清楚。别人脸上有灰，我们可以马上看出来，自己脸上却看不到，所以说"旁观者清，当局者迷"。因此我们就把自己的像挂起来，好好看一看，就像跳出事外看别人一样，对自己会有一个更清楚和清醒的认识。

宇宙万象永远是联系在一起的，每个个体都不是孤立存在的。就像摄影时，我们一定是站在某个位置，选取某个角度，从一大片景色中拍摄出一张照片。换句话说，同样的景色，每个人取景的方向不一样，所拍到的照片就会有很大不同，这样就不难理解，每个人的卦也会有所不同。

卦，有两个关键字，第一个是"爻"（yáo），卦当中的每一个符号都叫一个爻。整部《易经》就是两种不同的符号，阴的（--）叫阴爻，阳的（—）就叫阳爻。乾卦（见图8-1）所有的爻都是阳爻，坤卦（见图8-2）所有的爻都是阴爻。

图 8-1

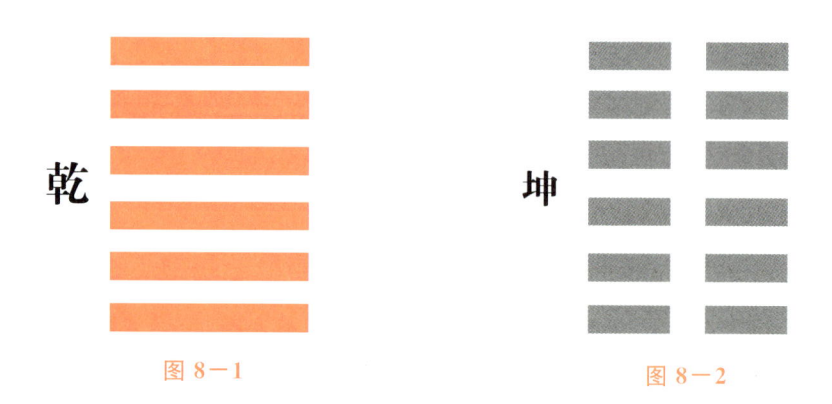

图 8-2

卦的第二个关键字是"六"，即每个卦都由六个爻组成。这就告诉我们要把一件事情分成六个阶段，一个阶段一个阶段去调整。各位想想看，当你碰到一件事情的时候，你要做分析，但如果把它分析成一百个阶段或步骤，结果一定会乱掉；如果只分析成三个阶段或步骤，也太简单了，把它划分成六个阶段，然后考虑每个阶段怎么样去调整，基本就差不多了，就会走得很顺了。

六十四卦（见图8-3）中，六爻都是阳的，只有乾卦这一卦，六爻都是阴的，也只有坤卦这一卦。其他还有六十二卦，都是有阴有阳，有阳有阴。这就告诉我们：世界上纯阴的不多，纯阳的也不多，杂七杂八的最多。所以真正的好人很少，真正的坏人也很少，坏中有好、好中有坏的人最多。

第八集 卦有何用

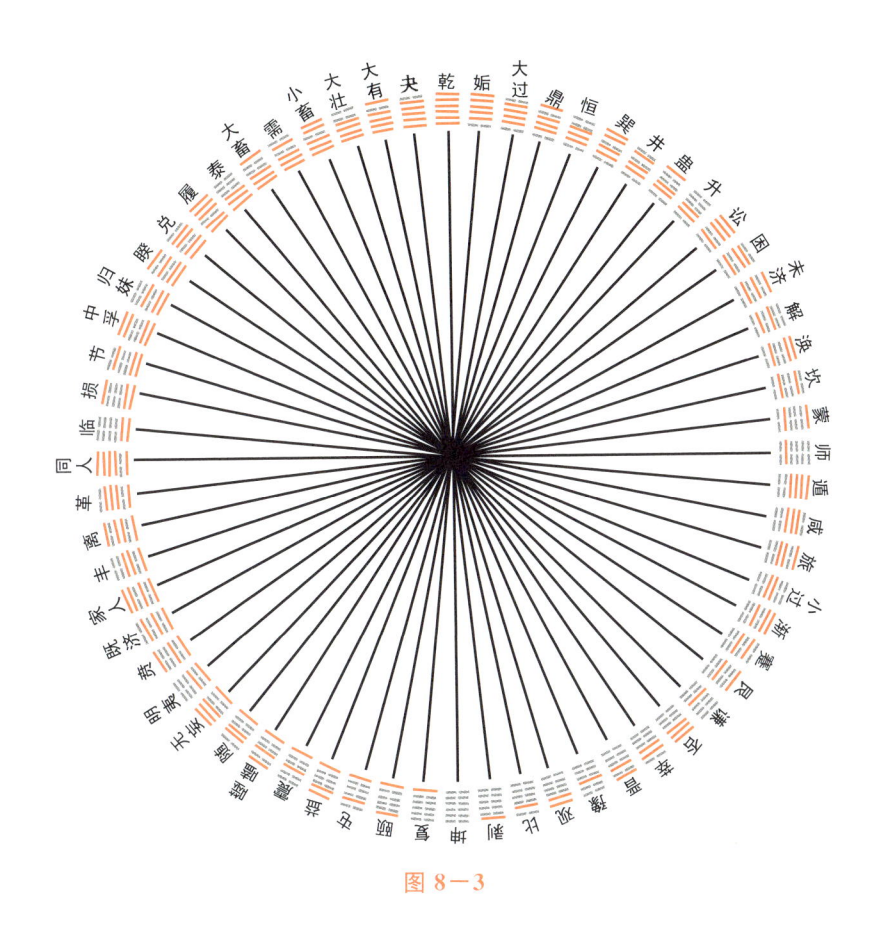

图 8-3

前面说过阴阳是合一的，阴阳分开就没有办法生生不息。要想生生不息，就需要交易，所以交易就成为《易经》里面一个很重要的概念。生生不息是交易的成果，只要停止交易，这个生意就做不成了。我们今天社会上所用的词，大概跟《易经》都有关系，我们日常很多时候也都是在讲《易经》的话。因为《易经》已经融入到中国人的血液里面，变成我们的文化基因，没有办法改变，也不需要改变。

《易经》中共有六十四卦，这是什么意思？就是我们把宇宙所有的事情进行归纳概括，最后演变成了六十四种代表情境。我们之所以把《易经》当做人生的宝典，就是碰到什么事情的时候，可以从《易经》

中寻求对应的情境，一查我们就明白了：在这个处境里面，要把握这几个基本原则，要这么去应对，这样我们就可以趋吉避凶了。

当然，只说《易经》是让人趋吉避凶的，这样的层次也不够高。实际上《易经》读到最后，是没有什么吉凶的概念的。读《易经》要一层一层去领悟，不可能一下子就把《易经》参透。

> 《易经》中的六十四卦，代表了宇宙人生中的六十四种情境。大自然虽然千变万化，但是有着一定的规律，人类社会千变万化，也有着一定的规律，而历史经常会惊人地相似。我们的人生也是有一定规律的，而《易经》就是一部了解宇宙人生的宝典。但是代表着各种情境的卦象，是怎么形成的？我们又如何才能看懂卦象的意思呢？

这里有一个六十四卦的排列组合表（见图8-4）。上卦一共就八种，下卦也不过是八种，上下一组合，一个卦就出来了，所以这个表很明了，一共有六十四个卦，一点不难。我们的老祖宗排来排去，发现只有这六十四种不同的组合方式，一个不多，一个不少，这也就是现代数学所讲的排列组合。

第八集　卦有何用

象爻卦 上象爻卦▶ 下象爻卦▼	乾 天	坎 水	艮 山	震 雷	巽 风	离 火	坤 地	兑 泽
乾 天	1 乾为天	5 水天需	26 山天大畜	34 雷天大壮	9 风天小畜	14 火天大有	11 地天泰	43 泽天夬
坎 水	6 天水讼	29 坎为水	4 山水蒙	40 雷水解	59 风水涣	64 火水未济	7 地水师	47 泽水困
艮 山	33 天山遁	39 水山蹇	52 艮为山	62 雷山小过	53 风山渐	56 火山旅	15 地山谦	31 泽山咸
震 雷	25 天雷无妄	3 水雷屯	27 山雷颐	51 震为雷	42 风雷益	21 火雷噬嗑	24 地雷复	17 泽雷随
巽 风	44 天风姤	48 水风井	18 山风蛊	32 雷风恒	57 巽为风	50 火风鼎	46 地风升	28 泽风大过
离 火	13 天火同人	63 水火既济	22 山火贲	55 雷火丰	37 风火家人	30 离为火	36 地火明夷	49 泽火革
坤 地	12 天地否	8 水地比	23 山地剥	16 雷地豫	20 风地观	35 火地晋	2 坤为地	45 泽地萃
兑 泽	10 天泽履	60 水泽节	41 山泽损	54 雷泽归妹	61 风泽中孚	38 火泽睽	19 地泽临	58 兑为泽

图 8－4

《易经》六十四卦并不难，难是难在每一个爻都有它的代号。

每一卦最底下那个爻叫初爻，往上依次是二爻、三爻、四爻、五爻，最后一爻叫末爻（见图8－5）。初跟末代表时间，《易经》最重视的就是时间，任何事情，时间一变，整个情况就变了，所以中国人都讲"随时"，就是随时要改变。

初、二、三、四、五、末，说的是六爻的时间顺序。还有一个说法，下、二、三、四、五、上（见图8－6），是表述六爻的位置，位比空间还厉害，位包括你的身份，包括你的地位，包括不同的场合，也包括环境的变化。

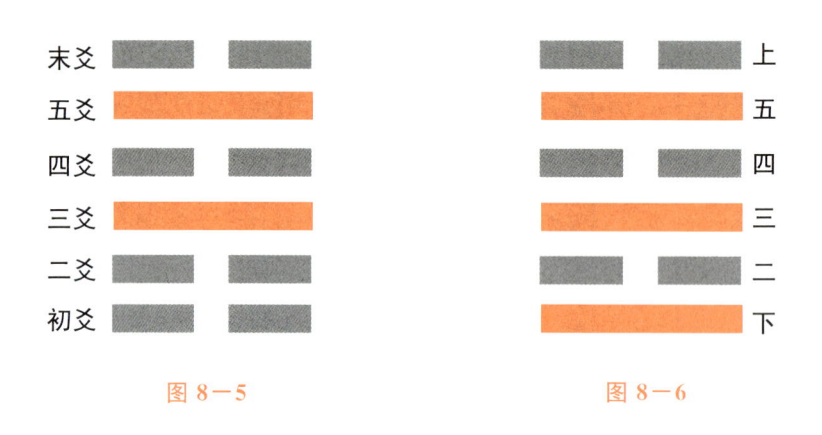

图8－5

图8－6

除了时间和位置，爻的阴阳怎么表述呢？很简单，凡是阴的都叫六，凡是阳的都叫九（见图8－7）。男人为什么怕九？因为阳到极点就叫九，九就是阳极。《易经》有个概念叫物极必反，无论什么人走到"极"了，往后一定是反的，所以你不能说替爸爸过五十九岁生日，那样对他是很不利的。五十九了，赶快做六十大寿，把九避掉。这一点我们从物理学上很容易理解：一个物体一旦到抛物线的顶点，它一定往下走没有例外。

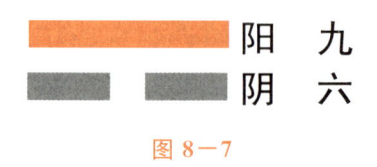

图8－7

由此我们就可以看出来，《易经》中的卦分三路，一路是讲时，一路是讲位，第三路讲性质：阳的用九，阴的用六。可是这三样如果用三个字来

第八集　卦有何用

表示很麻烦，所以我们的祖先把它简化成两个。去掉哪一个呢？"初"留下来，"下"不要了；"末"不要了，"上"留下来。这样你就看懂《易经》了，翻开《易经》，初九，就是第一爻是阳的（见图8-8），六二，就是第二爻是阴的（见图8-9）。我们看到数字就能把相应的图像画出来，看到图像就能把代表数字想出来，这跟今天的数字时代没有什么不同。

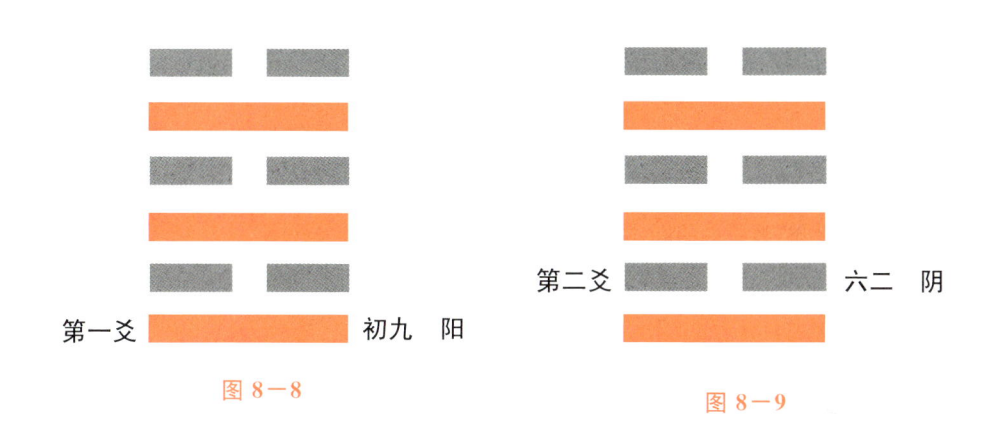

第一爻　　　　初九　阳

图 8-8

第二爻　　　　六二　阴

图 8-9

可是为什么用"初"不用"下"，用"上"不用"末"呢？原因很简单，事情刚开始的时候，"时"比"位"重要。一个人出生的时间很重要，产房的护士大多会说几月几日几时几分几秒生了一个什么性别的孩子。但是一个人死的时候，死亡时间不重要，死了什么人比较重要，死者的身份和地位比较重要，所以一件事情到最后，结束的位比较重要，时不重要，刚开始的时候，时很重要，位却不太重要。

一家商店要开张，会去看吉日，可一家商店要倒闭了，还会去看吉日吗？如果有人说要找个好日子关张，那不成笑话了吗？商店开张要选个好日子；商店倒闭了，看看还剩下多少财产，也就是经营到最后的结果比较重要。可见一直到今天，我们都不知不觉地照着《易经》在做，只是我们没有意识到而已。所以，开始的第一爻，我们用表述"时"的

"初",而不用表述"位"的"下",到最后一爻,用表述"位"的"上",而不用表述"时"的"末",当中就用六、九代表阴、阳。

由此可以看出来,两个数字,我们代表三样东西:一个是时,一个是位,一个是性质。

《易经》中的爻只有两种,就是阳爻和阴爻,因为宇宙万物万象的变化,都是阴阳互动的结果。而六十四卦中的每一个卦,都是由六个爻组成的。除了乾卦都是阳爻,坤卦都是阴爻之外,其他的六十二个卦都是有阴有阳。但是为什么要用数字九来代表阳爻,用数字六来代表阴爻呢?

为什么阳叫九,阴叫六?这当中也是有道理的。

坤(见图8-10)是纯阴,是六画,所以阴叫六。可能有人就此想到阳是三画,应该叫三才对,怎么叫九呢?因为阳是创造,阴是配合。天底下,只有创造没有配合,只能是空谈,完全是空想,最终理想不能实现。有人要全力配合,可是没有创造,那么到底往哪里走不知道。因此,讲阳的时候一定把阴带上,叫作阳统阴(见图8-11)。

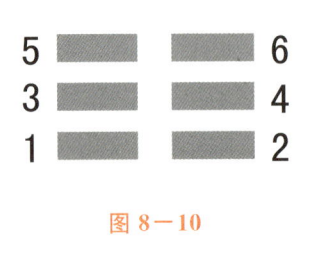

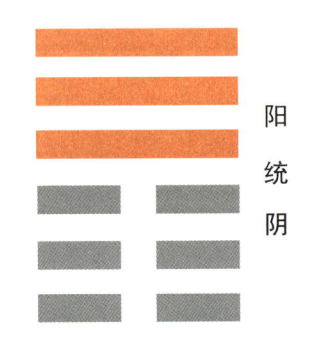

图8-10

阳统阴

图8-11

第八集 卦有何用

阴阳不能分开，所以《易经》的第一组卦就是乾和坤。一个懂得中华文化的人，千万记住，当我们说天的时候包括地在内，讲男的时候包括女在内，我们是不会分开的。我们尊称别人为先生的时候，是男女不分的，男的叫先生，女的也叫先生。我们对男女是同等看待的，但是后来人们却解释成男尊女卑，我觉得很奇怪。

男人能做的事情，女人都能做，可是女人有一件事情，男人怎么做都做不出来，就是生小孩。你说男人很伟大，你让男人生个小孩给大家看看，他就生不出来，能有什么办法？那到底是男人重要还是女人重要？我们对自然了解得非常透彻，知道只有阳没有用，一定要带上阴，所以说"孤阴不生，独阳不长"。阴阳一定要同时存在，才会生生不息，我们看阳（见图8－12），上下相加就是九，所以用"九"来表示。这样来分析，就很容易了解了，根本不必死记硬背，理解了，记住的东西才不会忘，这也是自然。

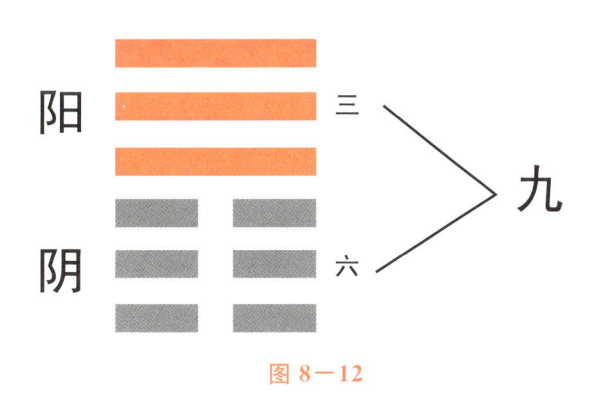

图8－12

我们以乾卦为例来标注一下六爻（见图8－13），大家又会发现一个问题：第一爻叫初九，第二爻为什么就叫九二，而不叫二九呢？前面我们说过，因为刚刚开始，时比较重要，所以第一个九，把初放在九的前面，称为"初九"；最后的时候，结果比较重要，所以把上放在九的前

面，称为"上九"。至于中间的过程，就像人生下来以后，男女性别就重要了，所以把中间的四个九分别称为：九二、九三、九四、九五。

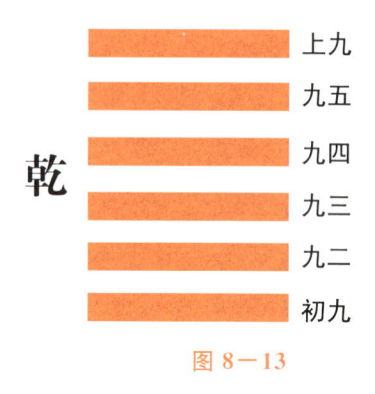

乾

上九
九五
九四
九三
九二
初九

图 8－13

这样《易经》就告诉我们，教男子的教材跟教女子的教材不应该一样。女孩子可以多让她去学一些艺术、音乐、烹调，这对她是有好处的。但是尽管女人比较会烹调，可真正好的厨师一定是男的。这就是阴中有阳，阳中有阴，阴阳是不会分开的；否则极阳极阴，最后就变成两种人类了，阴阳一定是交叉的。我们看 DNA 的图片（见图 8－14），它的双螺旋结构也是交叉的，其实科学越发达，越能证明《易经》的正确，而且很多的科学知识可以帮助我们更加方便地去了解《易经》。

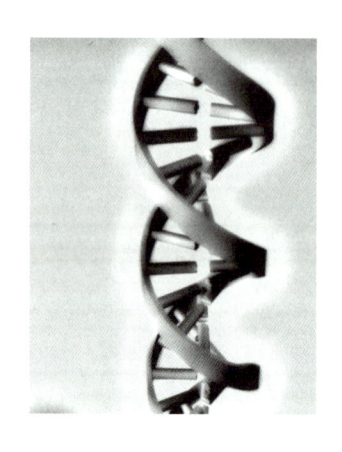

图 8－14

第八集　卦有何用

人生每一个阶段都要做出不同的调整。每一个卦有六个爻，这六个符号告诉我们，要学会把一件事情分成六个阶段，然后一个阶段一个阶段地去调整，人也应该把自己的一生分成六个阶段，然后根据这六个阶段的不同要点去调整，这是《易经》对我们最大的功用。

> 曾仕强教授一再强调，学习《易经》，就是要掌握《易经》基本的道理，在人生的不同阶段，知道应该如何调整自己。每个人一生的命运，其实都是掌握在自己的手中，人一生的卦象，都是自己画出来的。那么孔子在读了《易经》之后，是否给自己画了卦？他又是怎么画的呢？

孔子不但读《易经》，而且他还体会到，每个人的一生都是在画自己的卦。有的人一辈子只画一个卦就走了，有的人画两三个卦才走，每个人画出来的卦，用现在的名词叫作自画像。孔子终其一生，画了一个卦，叫作什么？叫作人生奋斗的总纲领。这个卦对每一个人都是很重要的参考，因为只要把这个卦看清楚了，也就知道自己人生的道路该怎么去走了。

这个卦写在哪里？写在《论语·为政篇》："吾十有五而志于学，三十而立，四十而不惑，五十而知天命，六十而耳顺，七十而从心所欲，不逾矩。"这段话相信大家都背得出来。

"吾十有五而志于学"，这句话点出了十五岁是孔子人生的第一个阶段（第一爻）。大家可能会想，孔子怎么到了十五岁才"志于学"？难道十五岁以前就不用学了吗？当然不是。一个人从小就要开始学习，可是如果没有到十五岁，最好不要立定自己的志向，因为那还为时太早。很

多小孩子早早就说将来要怎么样，那只是讲着好玩而已。现在十五岁正好处于什么时候？初中毕业。初中毕业的时候，就要做出决定，想好以后要学什么东西。

孔子的这一句话，告诉了我们很多的东西：十五岁是人生的第一个阶段；"志于学"，就是应该明白自己这一辈子是要干什么的，要朝哪个方面去学习，不能再犹豫不定，浪费光阴了。

第二句话大家更熟悉，就是"三十而立"。一个人十五岁的时候确定了自己的志向，然后朝这个方向摸索前进十五年，大概就可以归纳出自己这辈子的几个原则了。人生原则这样的事，在太年轻的时候不可太过坚持；但是到了三十岁还没有，那无疑是更可怕的事。择善固执，也是这个阶段所要尝试和坚持的。然后是"四十而不惑"。根据三十岁确立的原则不断去尝试和实践，然后看成效怎么样，要再过十年，你才可以说，好了，我这辈子大概就这么走下去了。

"四十而不惑"并不是说到了四十岁就什么都不迷惑了，不惑是对个人的原则不惑，对其他的事情当然还有"惑"的地方。孔子主张活到老学到老，如果四十就不惑了，那岂不是什么都不用学了？没有迷惑的人就是圣人了。

我们读《论语》太粗心大意了，很多时候只是按照文字去理解，并没有参透理解孔子的本意，这是很遗憾的事情。人到四十，对自己人生的目标、人生的方向和所要坚持的原则，应该做到不惑。

> 十五岁，决定学习的方向。三十岁，确定自己一生的原则。四十岁，对自己人生的原则不再动摇。
>
> ——《易经》的智慧

第八集　卦有何用

> 曾仕强教授认为，孔子的一生就是一个完整的卦象，卦有六爻，孔子的一生正是分成了六个阶段：一，十五而学；二，三十而立；三，四十不惑；四，五十知天命；五，六十而耳顺；六，七十从心所欲，不逾矩。那么五十所知的天命指的是什么？人生的命运又是谁来决定的呢？

人活到五十岁回头一看，会发现自己一路走来，好像都有一只手在安排，非这样不可，其实之所以会这样，都是自己从小到大点点滴滴累计起来的结果。

每一个人，要替自己负百分之百的责任，《易经》告诉我们，一个人每二十年会变一次，我们说社会的世代交替，差不多也是二十年一次。你现在三十岁，就要替将来五十岁的时候负责任。一个人到了五十岁，就知道不怨天不尤人，一切都是自己造成的。

五十岁我们就知道一句话：我们一生的努力就在证明自己有什么样的命！即使证明到最后自己是不成功的，不成功就不成功，心安理得就好。为什么每个人都要成功呢？每一个人这一辈子来到世上，是要跟别人过不一样的生活，想不一样的事情，不是每一个人都要一样，更不可能每个人都会一样，这个在心理学上就叫作个别差异。世界上的你是唯一的，没有第二个人完全跟你一样，这就是个别差异。既然这样，那我们干吗还要学别人呢？那是浪费时间，因为永远学不像，最终还是要做自己。

命是谁造的？是自己造的，自己造出自己这样的命运，又能抱怨谁？认了。能不能重来？没有办法重来。人生最奥妙的，就是你永远没

> 一个人现在的处境，就是自己从小到大累计起来的结果。
>
> ——《易经》的智慧

有办法重来！所以"六十而耳顺"。

为什么要耳顺呢？因为这个时候会碰到很多根本不了解你的人，却在你面前指指点点地讲一大堆，你听也不是，不听也不是，听了会发脾气，不听也会发脾气，那怎么办？耳顺就是听了跟没有听一样：你不是我，你怎么知道我呢？怎么能对我乱批评呢？有什么好批评的呢？

"七十而从心所欲，不逾矩"，就是自由自在，可是还有所约束。"不逾矩"的意思就是说，一个人从小到七十岁，规规矩矩，几乎已经变成他的生活习惯，大概不会有太大的差错，也就可以放心去做了。

孔子一生分成两个阶段，一个是四十岁以前，一个是五十岁以后。所以孔子讲了一句话，说一个人到了四五十岁，还搞不清楚自己是干吗的，大概这一辈子也就算了。孔子讲得很清楚，四十岁到五十岁是人生最重大的关键。

一个人四十岁以下，让他上达很难，只能叫他下学。下学而上达，四十岁以上的人才有办法上达，上达什么？上达天命。下学什么？下学就是一般的学问。孔子最后综合成一句话，六个字，叫作"尽人事，听天命"。记住五十岁以前要"尽人事"，排除万难，不管别人说会不会成功，应该做的，你就全力去做。可是到了五十岁以后，你要听天命。我有这个成功的命，我自然会成功，如果没有，我也不强求。强求干吗，那么辛苦干吗？所有的名跟利最后都是空的。

> 五十岁，明白命运是自己造就的。
> 六十岁，听到什么都不会发脾气。
> 七十岁，怎么做都不超越规矩。
>
> ——《易经》的智慧

曾仕强教授认为，孔子一生不只画了一个卦，孔子更重要的卦，是对自己一生在六个阶段中完全不同的人生感受。那么孔子在

第八集　卦有何用

自己人生的六个阶段中，都有些什么样的人生感受？而这些人生感受，对于我们的人生，又有什么启发呢？

很多人没有注意到，孔子的一生还画了一个更重要的卦，这个卦分上、下两部分。

第一个，出现在《论语》的开篇《学而》中，"学而时习之，不亦说乎"，这句话与"十有五而志于学"是对应的。

"十有五而志于学"是孔子人生的一个理想和计划，而"学而时习之，不亦说乎"就是他实践的成果。这个"习"绝对不是温习、复习。我们现在的老师搞错了，叫学生拼命温习、拼命复习，以至于学生产生厌学的情绪。"习"是习惯，只是学了并不算数，还要养成习惯，这样才会快乐。学了以后只是记在脑子里，不会操作，成了记忆的负担，这有什么快乐呢？只是应付考试而已。孔子的意思是，学了以后要赶快在生活当中实践，并养成习惯。当我们发现学习会带来这么好的习惯，而这些好的习惯又给我们带来这么多的收获，这多喜悦呀！

第二个是"有朋自远方来，不亦乐乎"，这就是"三十而立"的成果。一个人到了三十岁，跟所有人来往都有了基本的原则，不乱来，朋友才会乐意跟你交往，才会一有时间就大老远地来看你。那这个原则是什么？就是要将心比心，站在朋友的立场来想事情，不能只顾自己不想别人。

"四十而不惑"的成果是什么？就是"人不知而不愠"。"愠"就是小小的生气。因为你对自己的原则已经不惑了，可是别人会惑，人家会说："你干吗这样子？"遇见这种情况，你一点都不必生气，因为别人没有办法了解你，你生气做什么？"人不知而不愠"，对我们来说是非常难做到的事情。今天许多人跟孔子所讲的刚好相反，是人不知而大怒："你不知道我是谁吗？瞎了眼了！"完全与孔子背道而驰。

其实"隔行如隔山"，所有的运动明星里面我只知道姚明，其他的我都不认识，因为姚明的个子特别高。为什么电影明星我都不认识？因为没有必要。那你就可以想象，你在你的行业里面再优秀、再特别，但别的人还是会不认识你，这也是很自然的事情。你自己不迷惑就好了，别人怎么想，别人怎么看，那是别人的事情，你完全没有必要生气。

"五十而知天命"对应哪句话？这句话大家也是很熟的，叫作"发愤忘食"。这样你才知道，人不能小时候就发愤忘食，因为那时候志向没有定下来，原则没有定下来，更因为那时也没明白自己这辈子是来干什么的。在这一切都没有确定的时候发愤忘食是很危险的，发愤忘食干什么？看言情小说，完了；交朋友，也完了；上网吧，更完了！

发愤忘食是有条件的，只有当你知道这一辈子要做什么的时候，明确了自己这一辈子的目标以后，才可以发愤忘食地全心全意去做。这个时候不能再计较了，更没有什么可犹豫的了。

"六十而耳顺"的成果，孔子用四个字，叫作"乐以忘忧"。乐以忘忧是什么意思？如果一个人明明身陷忧愁的处境，却还乐得出来，这种人就是糊涂，就是麻木不仁。乐以忘忧是说要把所有的忧愁都当做乐趣来看：这件事对别人算是忧愁，但是对我就是乐趣，因为这是我要做的事情，这就是我的命，别人觉得我辛苦，那是别人的事。

一个人在自己的工作当中，还有忧，还有惧，还有虑，还有很多阻碍，就是表示自己还没有发愤忘食，还没有全力以赴。一个人找到自己要做的事，就会忘记辛苦，但这只是初步而已。以后还会

第八集　卦有何用

有很多人打击你，会有很多人在背后议论你，甚至公开向你挑战，想抓你的小把柄，而你抱着"无所谓，本来就是这样"的态度，一笑了之，这才叫作乐以忘忧。同样的事情，如果发生在别人身上，他们会觉得很忧虑；但是在你看来，这是一种乐趣，因为接受有具体目标的挑战，本来就是一种乐趣，这才是《易经》有阴有阳的一种变化。

"七十而从心所欲，不逾矩"的成果，孔子也用一句话来表述，"不知老之将至"。孔子从来不觉得自己年纪大了，因为他根本没有年纪大的观念。一个人怎么做都很自在，都没有苦恼困扰，怎么会觉得自己老了呢？

人要服老，不要认老。生理年龄是谁都逃不过的，但是精神、心理的那种状态每个人都不一样。孔子永远保持年轻，就是因为他有这样一个具体实践的结果，这些都在《论语》里面（见图 8－15）。我读完《易经》以后，重新去看《论语》才知道，孔子真是了不起！

> 人要服老，不要认老。
> ——《易经》的智慧

不知老之将至	第六爻	七十从心所欲,不逾矩
乐以忘忧	第五爻	六十而耳顺
发愤忘食	第四爻	五十而知天命
人不知而不愠,不亦君子乎	第三爻	四十而不惑
有朋自远方来，不亦乐乎	第二爻	三十而立
学而时习之，不亦悦乎	第一爻	十有五而志于学

图 8－15

孔子画了很多卦，其实每个人一辈子都在画很多卦，所以我们要来看看《易经》里面的卦。

《易经》是以八卦做基数，所以讲《易经》时，八卦就代表六十四卦。但是既然是六十四卦了，我们就要给每一卦一个代号，叫作卦名。有乾卦、坤卦、既济卦、未济卦、泰卦、否卦……每一卦有一个卦名。可是卦名出来以后，大家是不是就很明白了呢？还不一定，因此还要有卦辞。卦辞就是解释为什么要取这个卦名的。

卦是代表大的环境，每个大的环境里面还有不同的阶段变化，就叫作爻。一个卦有六个爻，就告诉我们，任何一件事情最好把它分成六个不同的阶段，然后再去探究它阶段性的变化，大概就能八九不离十地知道它最后的结果会怎么样。既然有六个爻，我们就给每个爻一个不同的爻辞，来说明这个卦处于这个阶段的特性是什么，要注意什么事项，这样一来，当我们看到一个卦的时候，从整体的环境到部分的操作，都会非常清楚了。

六十四卦里面，除了卦辞和爻辞以外，还有"用九"和"用六"。凡是有阳（—）出现的时候，你就知道它是用九；凡是有阴（- -）出现的时候，你就要考虑到用六。

用六比较简单，就是说如果是阴爻的时候，你只有一个原则，那就是对你的人、对你的事要忠诚到底。因为阴是配合的，配合的人不能有太多的主见、太多的主张，而是要全力配合，忠贞到底。

当阳出现的时候，你就知道它是创造性的，跟阴是不太一样的。一个有创造性的东西，不能乱变，所以用九告诉你，虽然你是阳，虽然你要创造，但是你要完完全全把握住不同阶段的特性，不能只想到创造，否则到最后就是乱变，就会祸患无穷。所以对用九要非常小心，要告诫自己，就算是阳刚十足，就算是创造力无穷，也要注意一句话，叫作阶段性的调整。因此同样是龙，有的龙可以飞，有的龙还是不能飞，要看自己在什么位置，是什么特性，不能随便地表现。

要看《易经》里面的卦，当然得从乾卦开始说起。所以我们下一讲就要说说：乾卦说了些什么。

第九集
解读乾卦

乾卦是《易经》的第一个卦,我们应该根据乾卦的六个密码——潜、现、惕、跃、飞、亢,来调整自己的人生……

《易经》的六十四卦，代表了宇宙人生的六十四种情境，也告诉我们，在人生的不同阶段，我们应该如何调整，如何应对。所以要解开《易经》的奥秘，从其中具有代表性的卦象入手，逐一玩味，应该是不二法门。

《易经》的第一个卦，就是乾卦。乾卦的爻辞是：初九，潜龙勿用；九二，见龙在田，利见大人；九三，君子终日乾乾，夕惕若厉，无咎；九四，或跃在渊，无咎；九五，飞龙在天，利见大人；上九，亢龙有悔。用九，见群龙无首，吉。这些话都代表着什么意思？我们又应该如何通过学习乾卦，来调整自己的人生呢？

第九集　解读乾卦

宇宙人生有很多密码，《易经》将其归纳成六十四个。那么第一个密码是什么？就是乾卦。把乾卦六爻逐一解开来看，乾卦这个密码给我们的就是六个字而已：潜、现、惕、跃、飞、亢（见图9－1）。记住，《易经》的卦爻要从底下往上看。

乾卦

上九	亢龙
九五	飞龙
九四	跃龙
九三	惕龙
九二	现龙
初九	潜龙

图9－1

乾卦六爻都是龙，可是处境却不一样，所以又特别提醒我们：群龙无首。即使这六条龙是同样的龙，但是在不同的阶段，也要有不同的表现，不可以只有一种方法，"无首"就是指不固定的方法。

"群龙无首"这句话写在什么地方？写在一个非常特别的地方，叫作"用九"。看过《易经》就应该知道，整本《易经》六十四卦中，除了乾卦有"用九"，坤卦有"用六"之外，其他卦都没有"用九"或"用六"，所以要讲乾卦，应该先把"用九"搞清楚。

乾卦的"用九"是"见群龙无首，吉。"这句话的意思是说，当你表现得群龙无首的时候，你就大吉大利了。这不是很奇怪吗？我们平常想到或者听到群龙无首的时候，都是指负面的，贬义的，表示一个团体没有人领导，乱七八糟。可见是几千年来，我们传来传去传错了。因为群龙无首如果解释成一个团体没有好的领导，大家乱成一团，那就不可能是吉。

群龙无首的意思是，就算你是龙，你很了不起，但是处在不同的阶段，你也要有不同的调整，不能因为自己是龙，就一路走到底，否则会死得很惨。用现代话来讲，"见群龙无首"，最好解释成人生在不同的阶段，要做出不同的调整，所以我常常写一句话送人家：人生就是阶段性的调整。

> ——《易经》的智慧
>
> 人生就是阶段性的调整。

人生做好阶段性的调整就是"见群龙无首"。所以有时候，我们把文字误解了，或者扭曲了，这是很可怕的事情。

乾卦把人生分成六个阶段，一个阶段差不多是20岁。当然，20岁只是个参考而已。有的阶段就几年，有的阶段可能好几十年，有的人可能到了第三阶段就不见了，这些情况都有。

这六个阶段用六个字来代表，从底下算起：

第一个阶段叫潜。就是潜藏起来，暂时不要表现。

第二个阶段叫现。中国人通常不会马上表现出来，都是先藏一藏，等到合适的机会才表现出来。

第三个阶段叫惕，警惕的意思。如果你不表现，偶尔不警惕倒还无所谓；一旦表现了，再不警惕，那么你所有的缺点都会慢慢暴露出来。记住一句话，你只要一表现，四面八方的打击就可能都来

第九集　解读乾卦

了，所以一定要提高警惕，防范打击。

第四个阶段叫跃。就是你要想办法，找机会去跃登龙门。一生一世就等这个机会，看看跃不跃得过去。一登龙门，就身价百倍；要是跃不过去掉了下来，也就算了，就准备离休好了。

第五个阶段叫飞。这是人生的一个转折点，跃上去，飞龙在天，不得了，所以叫作飞。

第六个阶段叫亢，警惕意味很重。飞龙在天，很荣光，可是《易经》劝我们，当发展到第五个阶段的时候，大概要适可而止了，不能再过分了，再过分就是高亢，所以第六个阶段叫作亢，"亢龙有悔"。如果你的事业已经经营得很平稳，那就不要再盲目地强求做强做大，再下去可能会因为过度扩张而倒闭，最后一定是"亢龙有悔"。

> 乾卦第一爻的爻辞是："潜龙勿用。""潜"的意思很明白，就是说，在人生的第一个阶段，人的能力还很有限，需要先潜藏。但是"勿用"是什么意思呢？是说不要表现你的才能，还是说不要使用你的才能呢？

一个人潜是要做好充分的准备，而不是卧在那里干脆就不表现了。有能力的人才需要潜，没有能力的人，根本无所潜。

第一阶段，潜龙勿用（见图9-2）。这个"勿"字不是"不"的意思，不是说在潜龙的阶段就不要用，勿用不是不用。非礼勿视，你要不要看？非礼勿言，你要不要讲？"勿"跟"不"是不一样的，"勿"其实含有

——《易经》的智慧

勿用就是站在不用的立场来用。

143

"要"的意思，勿用就是站在不用的立场来用。

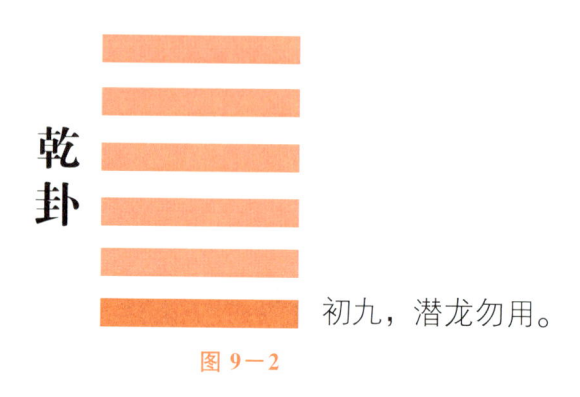

乾卦

初九，潜龙勿用。

图 9—2

这样大家才知道，中国人有意见，都会先说"我没有意见"。如果你说你没有意见，人家也不再问你，那就表示即使你讲，人家也不听，那你还有讲的必要吗？很多时候，领导问部属有没有意见，部属多半说没有。领导说："有就说啊！"你还说没有，领导再坚持让你说，那你就要说了。第三次还不说，要到什么时候才说呢？

为什么中国人一定要"推、拖、拉"？很多人不太了解，"推、拖、拉"是推给最合理的人，而不是把时间推掉，也不是把责任推掉。责任是绝对推不掉的，推脱责任只会浪费时间，真正会推拖，是推来推去，推给最合适的人。

开会的时候，第一个发言的人经常是没有人听他讲什么。我经常有机会与一些公司的老总接触。有一次，我坐在一位总经理旁边，旁听他们开会，会议一开始，总经理说："我们大家都很忙，抽出时间开会，大家有话就要说，不要客气。"然后有人就举手，第一个开始讲话。可是总经理却一直跟我讲话，我很不好意思，跟总经理说："老总，你叫人家讲话，人家讲的时候你又不听，一直跟我讲话，这样不好吧？"他说："怎么不好？有什么不好？我告诉你，他讲的话没有一句可以听的，这种人讲话我再注意听，那我不是鼓励坏人吗？我跟你讲话没有别的意思，就是在暗示他不要再讲了，再讲我要给他难堪了，可是他连这个都不懂。"

所以通常开会的时候，我们都会先听别人讲，听来听去，他的意见还不如我的，那我就要讲了。这时再不讲，像话吗？如果听来听去，他的意见比我的好，我就想，幸亏我没有讲，如果我讲了，那就贻笑大方了，这是多有利的事情！为什么一定要争先呢？我们现在都说要争先，实际上是误解了老子的意思。

老子说："后其身而身先，外其身而身存。"你慢慢去体会，老子是要争先的，道家也是很积极的，但是他是站在不争先的立场来争先。"潜"的意思就是站在不要的立场来要，才不会乱要；站在没有意见的立场来发表意见，才不会乱说话。

以后当你讲话的时候，下边有人叽里咕噜，你就知道他不想听。既然他不想听，你还讲什么？那纯粹是浪费时间。

你要第一个讲可以，但不要举手。你先看看别人，一圈看过去，有人看你，你就请他先讲，他一定说不要，而且会请你先讲。你再请其他人先讲，所有人都不肯，你再站起来讲，没有人会嫉妒你，因为你已经谦让了那么多人，这时候就应该当仁不让。如果你连一个都不让，自己就站起来讲话，那就表示你完全是目中无人，谁愿意听你讲什么呢？

中国人会"推、拖、拉"，是有用意的，就是我对你有礼貌，我尊重你，你要先讲，我一定不跟你抢；但是你们都不肯先讲，那抱歉，我先讲，这时候才叫当仁不让。所以同样是第一个讲，会收到两种截然不同的效果，其实就这么一点点差别而已。

我希望各位了解，"潜"就是为了要表现，"潜"如果是什么也不要，那就连潜都不要讲。《易经》讲"不"就是"要"，因为它是"一阴

一阳之谓道","要"跟"不要"是连在一起的，不会分开。

诸葛亮潜了二十七年才"现"，所以他一出山就有非常不得了的表现。如果他只是穷耕南阳，整天只是在那里种菜，过不问世事的日子，刘备请他出来有什么用？所以我不认为是刘备自己去三顾茅庐的，那根本就是诸葛亮设的一个局：他先使自己给世人一个好印象，然后就有人在刘备面前夸奖他，弄得刘备不得不来。刘备哪里是自动来的？可是我们都说是刘备自动去的，所以诸葛亮就是做到了让人家来找他，而不是自己推销自己。

今天的人动不动就说要推销自己，那就是自我作贱，把自己当商品了，我们是商品吗？当然不是。今天有很多事情根本就是做错了，但是我们不知道，只要懂《易经》，我们就能调整过来。

你准备好了，还要再观望观望，真的没有人比你更好，你才表现。你准备好了，可是发现自己还是不行，那就干脆不要表现了，至少不会出丑。你不表现是不会出丑的。你不开口，人家真的搞不清楚你有多大内涵；可是只要你一开口，五脏六腑都被人家看得清清楚楚了，所以，一定要做好充分的准备，才能站起来讲。

一个人做好了充分的准备，还要看时机，如果时机不对，就要潜。诸葛亮老早准备好了，但是时机不对他不出来。如果时机对他不出来也不行。倘若刘备三顾茅庐，诸葛亮还不下山，那他一辈子就默默无闻了，历史上就不会记载他，我们也就不知道有他这个人，他就白活一生了。老实讲，诸葛亮下山的时候，他知道自己这辈子是不会成功的，只是因为看到刘备那么诚恳，这才同意下山的。诸葛亮最伟大之处就是，知其不可为而为之，他不是有成功的胜算才下的山，因为他知道，人对了，可是时不对，而时不对，人对也没有用。

第九集　解读乾卦

"潜龙勿用",既有做好充分准备的意思,也有蓄势待发的含义。其实无论是人的一生,还是一件事情,开始的时候都需要做好充分的准备,而不能冒冒失失地就表现出来。那么当一个人开始表现的时候,需要注意些什么?乾卦的第二爻,"见龙在田,利见大人",又是什么意思呢?

"潜"是做好充分准备,以蓄势待发,在此基础上,一旦看准时机,就要充分地"现"。不现则已,一现就"见龙在田,利见大人"(见图9-3)。什么叫作大人?大人跟圣人有什么不同呢?

乾卦

九二,见龙在田,利见大人。

图 9-3

其实最懂什么叫大人、什么叫圣人的是老百姓。老百姓叫大人的时候是什么样子?"大人啊",下面一定是"救命啊"。喊救命,才跟大人连在一起。有谁听到有人说"圣人啊,救命啊"?圣人怎么会救命呢?圣人只会教训你,怎么会救你的命?会救你命的人叫作大人,会教训你的人叫作圣人。一个人不管他的官职多小,他只要管到你,他就是大人。圣人是摆着好看的,虽然很有学问,但是救不了人;圣人的道德修养很好,很会讲道理,但是他救不了人。如果圣人能救人,那么普天下老早已经太平了,自古以来有多少圣人,可就是救不了世人。

"利见大人"有两个意思：

第一个，就是你要表现出像大人一样的风范，不是小里小气的。一个人不表现则已，一表现就要让人感觉到你这个人胸怀很宽广，是要照顾所有的人，不是自私的。如果有这种表现，大家就可以让你一路上去而不予阻挡。有的人一表现，就让别人感觉到他完全是为自己，完全是只顾眼前，想把别人压下去，那别人当然非干掉他不可。表现也是有阴有阳的，表现得受人家欢迎叫"利见大人"，表现得引起人家嫉妒，引得人家非要整你，要报复你，要把你整下去，那就是小人。所以引起人家嫉妒，自己也要检讨，不完全是别人的原因。

你自己问心无愧，表现得有大人风范，能让人家都觉得你这个人有一套，那自然会"利见大人"。但是前提是不会伤害到大家，如果你有一套，但是会伤害到别人，那么别人就会趁你现在不成气候，先干掉你。太多的年轻人，一进社会就受到很大的打击，于是从此对社会失去了信心，变得比谁都坏，这是非常可怜的。

第二个，就是你要得到大人的赏识。"九二"的表现只要没有得到"九五"的赏识，是成不了气候的。上面那个重要的领导赏识你的作风，你能获得领导的栽培，你才能有所作为，因为每个领导喜欢的作风是不一样的。

领导最起码有两种：一种是用眼睛的，他不太用耳朵，你跟他讲什么，他根本听不懂，你拿给他看，他看得很清楚；一种是用耳朵的，他不太用眼睛，你写了半天，他却觉得很烦，你讲给他听就好了，这就叫阴阳，所以当干部的人，首先要摸清楚自己的领导喜欢哪一种；如果他是比较喜欢用耳朵的，那你就口头报告。如果他是比较喜欢用眼睛的，你报告没有用，他前面一听，后面就忘了，然后再问你，你再讲吗？肯

第九集 解读乾卦

定不能再讲了，干脆写给他，他就会觉得你这个人很不错。

只有上面的"大人"才能救你的命，上面说打击得对，你一下就被打下去了，上面说你是被冤枉的，你就被提上来了。

"利见大人"，一方面是指自己；一方面是指上面。

乾卦告诉我们，只有做好了充分的准备，才可以开始表现出自己的才能。但是当要开始表现的时候，就要非常谨慎警惕了，所以第三爻是：君子终日乾乾，夕惕若厉，无咎。意思就是说，只有谨慎警惕，才可以避免灾祸。曾仕强教授认为，人生所追求的，就应该是无咎，而不是什么大吉大利，这其中的道理又是什么呢？

第三个阶段（见图9－4），需要高度地警惕。我们知道，诸葛亮一下山就面临着各种严峻的考验，关公不服他，张飞也不服他。他们心想：我们跟刘备是结拜兄弟，你算老几？坦白讲，就连刘备一开始都没有很重用诸葛亮，刘备刚开始只是把他当做一个顾问而已，是后来他表现得非常好，关公、张飞都很服他以后，刘备才正式拜他为军师的。

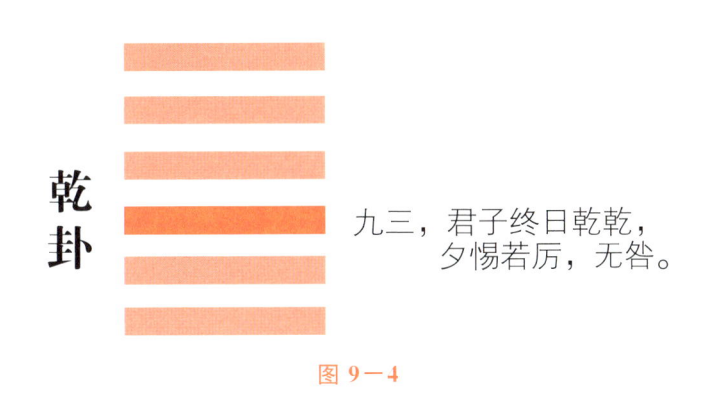

乾卦　　九三，君子终日乾乾，
　　　　　　夕惕若厉，无咎。

图9－4

一个人不表现则已，一表现你就要承受来自四面八方的打击。试想一下，如果你要出手打人的话，你是打弱小的人还是打强大的人？你打弱小的人，那就是欺负弱者，所以要打就要打强的。他表现好，就要打击他，他表现不好，打击他干什么呢？这是人之常情，不要认为这个不好，这跟好不好没有关系。

我们专门喜欢打击老板赏识的人，打小报告也都是打那些老板看好的人。老板看不起他，你打小报告干什么？根本没那个必要。有些人觉得很奇怪，明明自己做得这么好，怎么老受打击呢？其实一句话就讲完了，那么多人打击你，就表示你做得好。如果没有一个人打击你，就表示你根本是在混日子，很多事情我们要反过来想，不要想得太片面。

乾卦的第三爻，出现了"无咎"两个字。大家要注意，《易经》追求的就是"无咎"，而不是所谓的大吉大利。

大吉大利有什么用？吉的后面一定是凶，因为吉凶是连带的。当你得到某些好处的时候，也定会失去一些东西，不可能只占便宜，而不吃一点亏。比如你做生意，如果生意很好，那你就很忙，根本没时间看电影；如果生意不好，那就赚不着钱，但却有时间看电影。这就看你自己要选哪一个了，不可能是什么好事你都要，而所有不好的事都跟你无关，有一得必有一失。

《易经》的最高追求叫作"无咎"。很多人都认为"无咎"就是没有过错，那是不可能的。人怎么可能没有过错呢？人活着，只要眼睛没有永远地闭起来，你就永远有过错，只是大小不同而已。"无咎"，就是你只要行得正，做得正，就算有点小过错，大家也很容易谅解你，也不会有什么凶祸。

一般人都喜欢大吉大利，但是我们更应该知道，大吉大利跟凶险祸患是一体的。当人家把你捧得越高的时候,你就知道,掉下来是越惨的。无缘无故爬那么高干什么?爬得低一点,万一掉下来,了不起摔痛了一点。但如果爬得高一点,骨头就摔断了,再高一点,就摔死了。人有没有必要爬那么高?这个需要个人自己斟酌,顺理成章,该爬高就爬高,倘若不必要,那就适可而止,到哪里都很快乐,有这样的修养就对了。

不勉强追求任何事情,但是要尽力,这两个合起来,就是我尽力,我不勉强。很多事情都应该是这样的态度,包括读书在内。你去读一门功课,读到最后好像很吃力,学来学去很辛苦,那我劝你还是不要学了,因为事实已经很明显,你不适合学这个东西,干吗一定要学呢?现在我们出了个姚明,很多妈妈就鼓励儿子长大要当姚明,那你不是要害死自己儿子吗?姚明只有一个,没有第二个,因为他那个时机,他那个身高,正好碰上了。你现在又要养一个比他还高的试试看,连出租车都塞不进去。

千万记住,此一时也,彼一时也。时一变整个情势就都变了。我们读《易经》,最重要的是要读一个"时"字。孔子是"圣之时者"(《孟子·万章下》),他的特点就是随时随地把"时"调整得很好。

乾卦用九:"见群龙无首,吉。"这句话是非常重要的,哪怕你是龙,哪怕你一切条件都很好,你也不能很固执地坚持一路走到底,否则会死得很惨。该潜就潜,该跃就跃,该停就停,该看就看,你就很愉快了。这句话,我们后来把它演变成大家都很熟的一句话,叫能屈能伸,作为一个人,一定要能屈能伸。目前情况对我不利,我就委屈一下,先不要吭气;对我有利的时候,我就吭气,但吭气的时候要小心,以防人家打击我。话要说得小心谨慎,不能说得太满,当你把话说得很满的时

候，马上就有人传给你的老板听。那么你的老板就可能会想：是我给你机会的，你今天却这样，我下次不给你机会了，祸从口出，一旦老板不给你机会，那你就完了。

人一旦开始有了成功的感觉，往往就开始自满，一自满，讲话就会伤人，伤人的话很快会传出去，最后只会是伤害自己，我想太多人吃过这个亏，只是大家不知道为什么会这样而已。

警惕警惕，白天晚上都要警惕，那岂不是终日紧张兮兮吗？其实不是，警惕是再充实、再准备，准备下次再跳，要不然准备干什么？

> 乾卦接下来的三个爻辞是："九四，或跃在渊，无咎；九五，飞龙在天，利见大人；上九，亢龙有悔。"大意是说，只要能跃过龙门，就可以飞龙在天了。但是再往上走，就可能会有灾祸。那么飞龙在天之后，为什么会和灾祸相连？在这三个阶段当中，又应该注意些什么呢？

乾卦分两部分，一部分是上乾，一部分是下乾（见图9-5）。第一爻代表第一阶段，第二爻代表第二阶段，第三爻代表第三阶段，这三爻叫作下乾。第四爻到第六爻，叫作上乾。很多人还没走完下乾就没命了，也有很多人稍微有一点表现，就遭受别人打击，于是就紧张兮兮，这个不敢做那个不敢做，一直到退休什么作为都没有。

第九集　解读乾卦

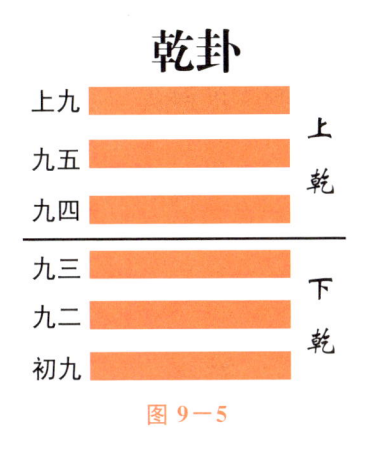

乾卦

上九
九五　　上乾
九四
—————
九三
九二　　下乾
初九

图 9－5

要走到上乾就必须要更充实，更有毅力，下一次要表现更好，所以第四阶段（见图9－6），"或跃在渊"，有一个"跃"字。鲤鱼跃龙门，就看跃不跃得过去，一跃过去，身价完全不同；跃不过去，则如落深渊，掉下去摔得很惨。

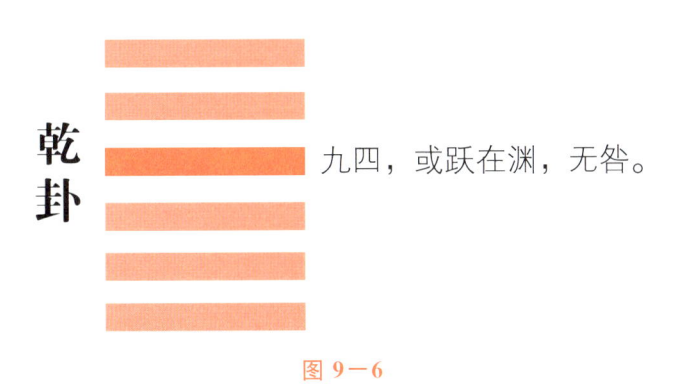

乾卦　　九四，或跃在渊，无咎。

图 9－6

第四爻，"或跃在渊，无咎"；第五爻，就是第五阶段（见图9－7），"飞龙在天，利见大人"。一个是"飞龙在天"，一个是"或跃在渊"，我们把这两个对比来看，正好是"飞"和"跃"，"天"和"渊"，所以我们后来有成语叫作"天渊之别"。就差那么一点，飞上去了，不得了，完全不一样了，在人的一生当中，最神气、最了不起的就是第五阶段，叫作九五之尊。

153

乾卦　九五，飞龙在天，利见大人。

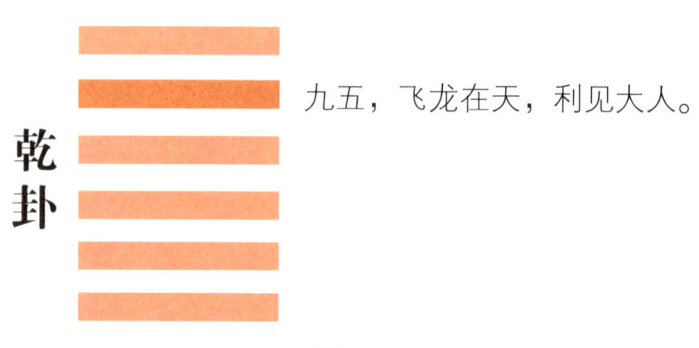

图 9-7

第五爻的这个"利见大人"，一个是自己要表现得有大人的风范，第二个是跟底下的干部要心连心。否则下面第四爻的人会经常拿你当目标，看你的笑话，总有一天要把你拉下去。

九五看起来是"飞龙在天"，实际上也很难做事情。九五一发号施令，所有人都听他的，那他就要负全部责任了。人家不听他的，他还可以说"都是你们不听话"；人家都听话，他就要自己扛起来，那就责任重大了。九五说了话，自己一看不对，赶紧改了，就会有人说他是朝令夕改；九五说"让我想想"，那就是犹豫不定；九五马上表现，一定有人认为他是刚愎自用。到了九五这个位置，就真的没有那么容易的事了。身处九五尊位，可能会觉得自己很神气，当了大领导，想怎么样都行了，实际上根本不是那么回事，往往是椅子还没有坐热，人就不见了。

到了"飞龙在天"的时候，你就要衡量一下自己的所作所为是不是为公而不为私，因为那时候地位很高，所有的人都看得到你，叫作十目所视，十手所指。只要你稍微有一点点动静，所有人都看得很清楚。不用讲，你一动一静，人家就知道了你在玩什么把戏，骗不了任何人，所以要坐稳九五的位子，第一个就是自己要表现出大人的风范。

第九集　解读乾卦

第二个，你底下要有得力的干部，他们所做的事情只有一个，叫作巩固领导中心，你要底下的人来巩固你，老靠自己一个人怎么行？但是你要适可而止，因为上面还有一个上九，叫作"亢龙有悔"（见图9－8）。

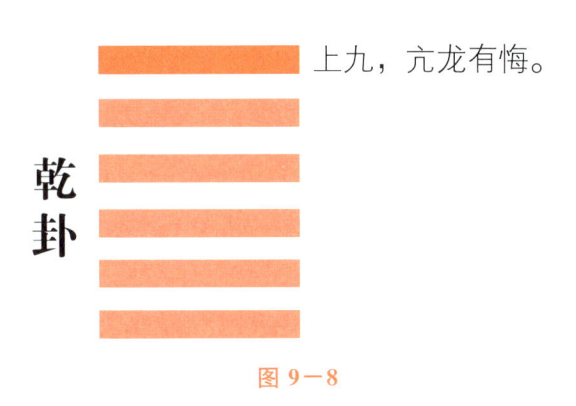

上九，亢龙有悔。

乾卦

图 9－8

如果把九五叫作老大，那么上九就叫大佬，老大上面还有大佬。每个人都要记住，天外有天，人上有人，最好适可而止，不要认为自己什么事情都可以决定，可以说了算。否则一旦"亢龙有悔"，结果是很凄惨的。

乾卦上三爻叫上乾，下三爻叫下乾。这两部分当中是有条线的，很多人一辈子只走了下乾，根本没有机会走上乾，人生最高的期望就在上乾的九五——飞龙在天。我们一辈子的努力，一辈子所有的希望，都寄托在有朝一日能够"飞龙在天"。但是实际上只有百分之二十的人可以飞龙在天，百分之八十的人一辈子都不可能做到。即使如此也没有关系，因为虽然九五这辈子没有希望到达，但还有一个九二是可以让你表现的。所以我劝很多人，不要把目标摆在九五，因为那样太辛苦了。

你现在如果是潜龙，一定要记住"潜龙勿用"不是不用，而是要先

充实自己，准备周全，找到好时机，然后好好表现一下，这样就进入九二了。人要不要表现，一定要看时机，永远没有时机，那你表现有什么用？《易经》的道理需要好好去参，参透了以后自然会用。

《易经》的思维随时随地都是非常管用的，乾卦告诉我们，只要遇到不同的情况，你就要做合理的调整。

《论语·为政》记载了孔子讲的一句话："君子不器。"作为一个君子，不能把自己固定下来，如果坚持"我就是这个样子"，现实会让你付出惨重的代价。你必须要随时改变，有时候是这样，有时候是那样，才是有弹性的，才能适应各种不同的情况。

> 只要遇到不同的情况，你就要做合理的调整。
> ——《易经》的智慧

我们中国人赞美一个人，常常会说"这个人了不得，有两把刷子"。中国人最起码要有两把刷子，这两把刷子就是"一阴一阳"之谓道。而且这两把刷子还不能固定，不能这把刷衣服，那把刷鞋子，因为君子不器，一固定下来就没有弹性了。

孔子之所以被称作"圣之时者"，是因为他最懂得什么叫作时间：时间就像水一样流淌，永远不停息，而且一旦消逝，就永远不能回头。所以孔子告诉我们，一切一切，"时"最重要。

"时"决定一切，时势造英雄，形势不利的时候，就算你很了不起，最后也是徒劳无功。诸葛亮下山，不得其时，最后也是没有结果的。"时"用现在的话讲，就叫与时俱进，与时俱进是什么意思？就是你要随时去调整你的步伐，随时改变你的身段，随时用不同的方法来应对不同的情况。

《易经》是解开宇宙人生奥秘的一部宝典，现在我们知道了乾

第九集　解读乾卦

卦对于人生不同阶段的分析和提示。那么乾卦对于自然社会能够有什么作用？乾卦中的道理，是否可以运用于自然社会中的事物呢？

如果《易经》讲来讲去都只是在讲人，那《易经》有什么用？了不起就是引导我们把人做好而已。《易经》能解开宇宙人生的奥秘，这是它的功能，所以《易经》能够应用到一切人、事、地、物。

我们以乾卦的初爻"潜龙勿用"为例，科学研究要不要"潜龙勿用"？当然要。一名科学家，做研究一定要铭记"潜龙勿用"，发明出一样东西，不能立刻把它呈现出来，而要先看看它对人类是有用的还是有害的。如果是有害的，就赶紧销毁它，不能让它生产出来危害人类。如果不管有害无害都弄出来，祸患是难以预料的。我们现在普遍都在用的塑料袋，就是非常典型的例子。奥地利一个名叫马克斯·舒施尼的工程师研发出塑料袋以后，首先就跟公司说暂时不要生产，因为这个东西还没有分解的办法，一定要等他找出分解的办法再生产。他是个有良心的工程师，但他的老板唯利是图，当面跟他保证不会生产，可是转过身就投入生产了，这就是商业化的结果，后来那个工程师自杀了。

当今社会每研发出一样东西都要有卖点，然而卖点拿出来，还要考虑一下会有什么后遗症，有什么不能解决的问题，用久了会不会害人等等。

从这些事例不难看出，凡事如何拿捏分寸是最困难的。《易经》的乾卦告诉我们，科技也好人生也好，我们处理事务时拿捏的分寸尤为重要，而"潜龙勿用"就是第一道考验。

> ——《易经》的智慧
>
> 《易经》告诉我们，无论是科技还是人生，潜龙勿用是第一道开关。

157

学习乾卦从"潜龙勿用"开始学起,在以后的人生中知所警惕,必定有所收获。而乾坤两卦是《易经》的门户,它们是分不开的,一分开就错了。所以接下来我们要解读坤卦。

第十集

解读坤卦

坤卦的六个密码是履霜、不习、含章、括囊、黄裳、龙战。这对于我们做好领导的得力助手以及我们的人生具有指导意义……

《易经》的六十四卦中，只有一个纯阳卦，那就是乾卦，也只有一个纯阴卦，那就是坤卦。乾卦代表天，坤卦代表地，而乾卦和坤卦就好像天和地一样，既是完全相反的，又是永远离不开的。如果我们把乾卦理解为应该怎样当领导的话，那么就可以把坤卦理解为如何做好领导的得力助手。

坤卦的爻辞是：初六，履霜坚冰至；六二，直方大，不习无不利；六三，含章可贞，或从王事，无成有终；六四，括囊，无咎无誉；六五，黄裳元吉；上六，龙战于野，其血玄黄。用六，利永贞。这些爻辞都是什么意思？而坤卦对于我们的人生，又有哪些启示呢？

第十集　解读坤卦

有一句话大家非常熟悉，叫作"百姓日用而不知"。对于《易经》而言，实际上我们每一个人天天都在用，只是我们不晓得我们在用它而已，坤卦的卦德是什么？就是我全力地配合你，诚心地支持你，还有一点更难得的，就是我满怀高兴地成全你。

乾卦有"用九"，坤卦也有个"用六"，但是坤卦的这个"用六"跟乾卦的"用九"不一样。因为乾卦是发散的，是向外的，所以它要变，就是时时刻刻要成为变色龙，才能适应环境。而坤卦"利永贞"，它是不变的，乾坤两卦并列在一起，一个变一个不变，才符合阴阳的道理。倘若两个都不变，那就固定了，僵化了，而两个都变，那就乱套了，令人无从掌控了。所以乾卦用九"见群龙无首，吉"，坤卦用六"利永贞"，二者是非常合理的配合。

坤卦的"利永贞"，意思就是你时时刻刻都要对自己的老板忠诚，这一点不能改变。作为部属，不管玩什么花样，用什么方式，对自己的老板一定要忠心耿耿。

乾卦很自动、很风发，是向外拓展，是创造的。而坤卦则刚好相反，表现得内敛、含蓄，是向内收缩，是积极配合的。因为如果所有人都创造，没有人来配合，人人都各自为政，各行其是，人类的正常秩序就乱了。红花也要绿叶来陪衬，这一句话非常重要。满园都是红花，一

片叶子都没有，好看吗？当然不好看。

每一个人的性格都不一样，应该根据各自不同的性格特点，扮演不同的社会角色。我的性格不适合当领导，那我不走乾卦，走坤卦好好地去配合人家总可以吧？

其实做人最好的办法就是把功劳统统都给别人，这样一个敌人都不会有。只要你有功劳，你就有敌人，非要招来敌人干什么呢？《易经·系辞》说："乾道成男，坤道成女。"如果把坤卦和乾卦合在一起，你会觉得乾代表男，坤代表女，坤道一定是女性才对吗？其实也不见得。我们的历史上把坤道发扬得最好、操作得最有效的人是谁？这个人不是个女人，相反他是个男人，就是明朝的郑和。可能有人会说，难怪他根本不像个男的，因为他从小就被阉割了。其实也不见得是这样，郑和把坤道实践得最好，跟那个无关。《易经》告诉我们，阴、阳是不分的，内在和外在缺一不可，但不能太执著于外表的形象。

郑和一生得益于一句话而已："公道自在人心。"他从小受尽委屈，受尽羞辱，就是凭这句话支撑着自己。羞辱是你自己的感觉，当你没有这种感觉的时候，你就不会有羞辱感。正是凭借着这样的信念，郑和不辱使命，七下西洋，而且不居功自傲。他把坤道的每一爻都发挥得非常之好，所以本来地位很卑贱的他，后来的成就非常辉煌。

坤卦的第一爻，我们称为初六爻（见图10-1），爻辞是："履霜坚冰至。"意思就是，当我们脚踩到霜的时候，我们应该想到今年的冬天会很冷，提前就要做好准备，不要到时候来不及。老天的好处就是不会一下子冷到令人措手不及，在初冬的时候会霜降，就是警告我们天气慢慢地冷了，该去做过冬的准备了。

第十集　解读坤卦

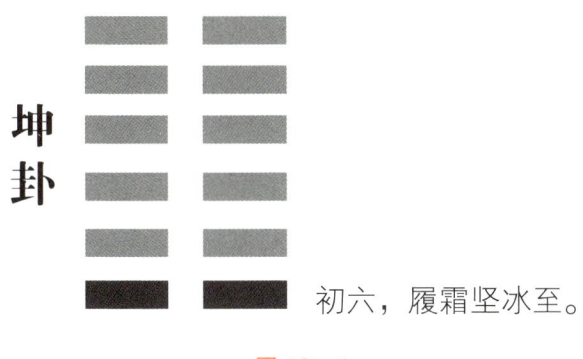

坤卦

初六，履霜坚冰至。

图 10－1

郑和做得非常好，虽然他地位不高，甚至可以说很低，但是最后他的主子并没有把他当太监使用。因为他很争气，他把坤卦的每一爻都操作得非常好，做到了当他躺下来的时候比站着的人还高。

坤卦和乾卦是相对应的，也可以理解成是下级对上级领导的配合。坤卦告诉我们，要想做好配合工作，第一步就是要有高度的警觉性，见微知变，踩到霜就要想到坚冰将至，从而做好抗寒的准备工作。那么在这样的基础上，第二步又应该做些什么呢？

第二爻（见图10－2），"直方大，不习无不利"。"直"就是向上，你的气要向上，要去支撑你的老板，不要老去支撑旁边的人。"方"就是站的位置，你的立场要很坚定，要搞清楚自己的任务和职责是什么。"大"就是度量要宽广一点，别人有什么好意见，怎么去跟老板讲，你都不要害怕，有什么好害怕的呢？如果你觉得他的意见比你的好就非要压过他，那就可能引起内斗，最后因小失大。

坤卦

六二，直方大，不习无不利。

图 10—2

下面一句话更难解释，叫"不习无不利"。什么叫"不习无不利"？就是你不学习，你就没有坏处。那难道不能学习吗？记住有些事情是不能学习的，学错了不如不学。

很多人一辈子在第二爻就死了，因为在第一爻时他警觉性很高，所有事情都做得很好，上级就对他另眼看待了，而他就此得意忘形，那就完了。当年郑和的主子一下把他提拔起来，他如果就开始认为自己很神气了，很自信了，那他也一定会在第二爻死掉。

第一爻顺利通过以后，到了第二爻，你就要小心，以"直方大，不习无不利"作为警惕，不要染上得意忘形的那些劣习，你才会持续保持精进。坤卦的第二爻告诉我们，当你小有成就的时候，以你的年龄，你会承受不了。你赞美一个老人家无所谓，他根本不在乎，但是年轻人是经不起称赞的。为什么很多歌星最后会跳楼自杀？为什么很多人要吸毒？就是因为他长期活在掌声当中，没有了掌声就活不了，于是就自杀了。观众是很现实的，今天给你掌声，明天就把掌声送给别人，就不给你了，为什么要依赖别人的掌声而活呢？

你当一个基层的主管，做得很好的时候，很多人会来巴结你，请托你，送你礼物，在公开场合吹捧你。可是你通常不觉得那是吹捧，会觉得他们说得很对，觉得自己本来就很出色，能力很强，所以就很享受，

第十集 解读坤卦

然后就完蛋了。记住，功劳永远是老板的，你作为一个部属，是永远没有功劳的。铭记这一点，你才会不断地有机会。如果你觉得自己有成就、有功劳，那领导就不会再给你机会了，有了小成就，就没有大成就了。像我们这个年龄，小时候就是一直被骂，这样到最后，我们才勉勉强强有点东西，这就是激励的结果。

《三国演义》里的杨修是个绝顶聪明的人，他是曹操手下的一个谋士。曹操最喜欢用聪明的人，可是杨修在历史上是非常有代表性的一个例子，表面上看是曹操杀了他，实际上杨修是被自己的聪明一步一步逼上死路的，曹操是非杀杨修不可的，只是一直找不到理由而已，最后找到理由杀他的时候，杨修说自己早知道会有今天。可见他对自己的结局是很清楚的。一个聪明人，千万不能把别人的心思完全都猜中，所有人站在你面前，都好像没有穿衣服一样，那他们不是很尴尬吗？所以人要装迷糊，这是有道理的。该装迷糊的时候要装迷糊，该很清楚的时候要很清楚，该认真的时候要认真，该马马虎虎的时候就要马马虎虎，但是我们现在都不能接受这样的话。

作为一个社会人要配合别人，就需要地的本性。天归天，地归地，是地就应该保持地道，也就是地的本性。我尽我的本分，把自己的本性发扬得非常好，自然能够进入到六三（见图10－3）。

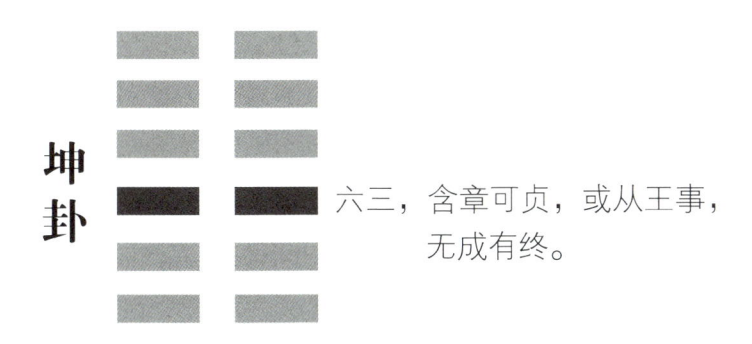

坤卦　　六三，含章可贞，或从王事，无成有终。

图 10－3

坤卦的第二爻提醒我们，当你有了一点成绩的时候，一定不能沾沾自喜，得意忘形，而是要认识到，配合上级领导做好工作就是你的本分。只有做到这一点，你才可能进入坤卦的第三爻"含章可贞，或从王事，无成有终"。这几句爻辞是什么意思？在人生的这个阶段，又应该注意些什么呢？

六三是"含章可贞，或从王事，无成有终"，这个"含"字很了不起。一颗糖果，一下吞下去和嚼碎了吃，都是不会吃糖果的人。只有含在嘴里，你才能慢慢享受糖果的滋味，所以第三爻，最要紧是那个"含"字。含是内敛的意思，你很有能力，但是一定要内敛。我们一直告诫大家要深藏不露，很多人不理解。深藏不露是很有能力的人才有资格讲的话，一个人没有能力，一共就这么多，统统露出来也没有什么，还有什么可以深藏的？我们读书总是从字面上去解释，这是很糟糕的事情。深藏不露就是告诉我们，要先想一想自己到底够不够深，如果不够深，就要进一步提升自己的能力，不能只想显露自己，因为也根本没有什么可以露。

天生我材必有用，没有错，但是凡事永远是有阴就有阳。当前这些问题，有的是你可以解决的，有的是你解决不了的，有的明明你可以解决，可是你却不能去解决，因为轮不到你。一切都在变化，没有人能够百分之百完全掌握，就是因为阴中有阳，阳中有阴。

世间的纯阴和纯阳是很少的，如果真的碰到，那是你的运气，而不是你的能力。我们常常分不清楚能力和运气，能力是可以掌握的部分，运气是风险性的部分，任何事情一定有风险性，只是多少不同而已。所所以如果一个人完全否定运气，那这个人也是自大狂妄、不现实的。

"含"是一个功夫。你要讲话，要先含在嘴里面，不能想到就说。一个人，不能存心讨好，讨好任何人都是死路一条，讨好所有的人，你就讨好不了任何人。我们今天就犯了这个毛病，总是想要讨好任何人，讨好所有人，看到女孩子就叫"美女"来了，最后弄得没有一个美女了，因为大家对美的欣赏力被搞乱了。以前只要听到说美女来了，大家就会眼睛一亮，现在不是，一听说美女来了，都是皱眉头的，心想这算什么美女呢？当所有人都滥用这种赞美的名词以后，美就毁掉了。我们现在常说要存好心，要说好话，但什么叫存好心、说好话？心里头只有两个字——合理，嘴巴只有两个字——妥当，其他都不存在。合理地判断，然后妥当地表达，就是存好心、说好话。

"含章可贞"，是说虽然你很有内涵，但是也要时刻提醒自己：人上有人，天外有天。而且一切都有风险性，一切都在不断变化中，你所知道的永远是很有限的。

"或从王事"的"或"，不是或者，而是疑惑的"惑"。办公家的事情时充满了疑惑，你才会用心去想。但是很多人都是觉得自己很内行，然后就按照自己一贯的方法去做，结果却把事情搞砸了。为什么？因为时间一变动，整个情况都变动了。你以前是那样做的，而且做得很好，但现在还照以前那样做却不一定行得通，因为时间改变了，很多变数就出来了。凡是按照旧例，按照以前的规则去办事的人，都是不动脑筋的。明知道有很多新的变数出来，还要照旧去走，那是负责任的吗？一个有困惑的人，要想办法解除困惑，才会没有惑；而一个自认为没有困惑的人，却会制造出很多困惑，这就是"一阴一阳之谓道"。

一个人要记住：无成有终。我把老板交待的事情从头到尾做好，我是没有成就的，因为我做的都只是一小部分而已，所有的成就都要归于老板。任何人所做的，都是整个群体里面的一小部分而已，这才是现实。

坤卦最主要的特点就是配合，所以第三爻告诫我们，在做事情的时候，既要谦虚谨慎，又要尽心尽力，无论取得多么大的成绩，都不可以去争功劳。只有明白自己的位，守住自己的分，才可以把事情做得有始有终。那么第四爻"括囊，无咎无誉"，是什么意思？又为什么说，每一个卦的第四爻，都是最关键的呢？

坤卦的第四爻（见图10－4），"括囊，无咎无誉"。

什么叫括囊？"括"是收束，"囊"是口袋。我们的口袋是什么样的？口袋的口要小，袋子要大，装的东西才不会掉出来，而且才可以装比较多的东西，这就代表口风一定要紧。

坤卦　　六四，括囊，无咎无誉。

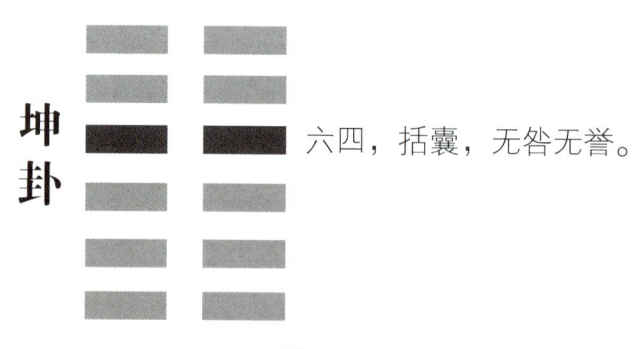

图10－4

任何事情总有主角和配角之分，不可能大家都当主角。唱戏的时候，你喜欢当主角，还是喜欢当配角？如果让我选，我比较喜欢当配角，因为主角都是挨打的，配角通常不会。主角一碗面端起来，还没有吃，就开始打了，旁边的配角却可以一直吃完，这个大家要好好去体会，当配角多愉快，为什么非要当主角呢？当然大家都希望自己当主角，我们也不反对。其实《易经》告诉我们，该你当主角的时候，你不要推辞；该你当配角的时候，也要心安理得。

一个人当配角当得很好，当幕僚当得很成功的时候，就有很多人来跟你打听消息，这是很难办的一件事情。因为你给他消息，你就会得罪人，你不给他消息，你也得罪人。他问你："哎，老板对我有什么看法？"你讲，老板不高兴，你不讲，周围人不高兴，这是你必然要遭遇到的现实。你不说不行，说多了你就自己倒霉，所以你必须要做到对不一样的人，给他不一样的答案，这不是撒谎。任何事情，只有一个答案，但是你要分出层次，逢人只说三分话，这个"三"是代表多的意思。我看到这个人只说两分，看到那个人会说五分，看到另外一个人，我会一分都不说，这样才叫作逢人只说三分话。

到了六四以后，最大的苦恼就是六五会给你一些消息，但是你要知道，他是让你去放风声的，不是当真的。领导跟你说他想把某人从外地调回来，你要不要把这句话传出去？你不传，他讲这话给你听干什么？你传出去，他会一口否认，甚至说是你自己编造的谣言。这种情况下，你左右为难，不知道该怎么办，所以人为什么要精进？就是因为当你越来越往上走的时候，你的境遇会越来越艰难。

其实人生就是一步一步走向艰难险阻。从我们一出生，摆在我们前方的就是艰难险阻，而最后的结果也都跟孔明一样，死而后已。每一个人都是这样，没有两样。职位低的人，他回家还可以老酒一杯，还可以看看电视；到了中层就不行了，回去敢看电视吗？要赶快看报纸，看完这个看那个，还要上网看；到了高阶层，别说看电视，就连看报的心情

也没有了，整天忙得团团转。人必须要精进，从基层到中层，再到高层，这是必然的精进过程，所以一个人，要想办法把自己修炼好，才能去担当重大的任务。我们现在很多人都是没有准备好，就去挑那个担子，挑得自己精疲力竭，然后就开始抱怨社会不公平，抱怨社会对他太苛刻，那是不对的。只有到了领导层，才可能会面临人家要灌你酒，用女色引诱你这些情况。六四是领导器重的人，同样面临着各种各样的诱惑，各种诱惑都是有目的的，女色不会引诱基层的人，专门引诱六四，只要抓住六四，她就抓到了很多东西。所以到了六四这个阶层，最重要的是口风要紧，口风紧不是不说话，而是说适当的话，说妥当的话。

坤卦的第四爻，就是告诉我们要多听少说，才不会惹来麻烦。俗话说"祸从口出"，我们不应该说假话，但也不能把所有的实话都说出来，我们应该做的是说妥当的话。如果第四爻可以顺利通过，那就可以进入坤卦的第五爻了："黄裳，元吉。"这是什么意思？又应该注意些什么呢？

到了六五（见图10－5），当了高参主管，就更要小心了。六五爻辞："黄裳元吉，"说到"黄裳"，有人不禁要问，为什么我们要把我们共同的祖先叫作黄帝？为什么用黄龙旗？这是有道理的，因为在所有颜色中，黄色无论跟哪种颜色都能协调。

第十集　解读坤卦

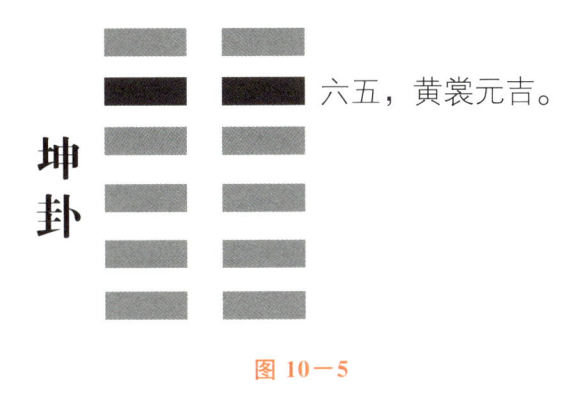

六五，黄裳元吉。

坤卦

图 10－5

　　"黄"代表协调，作为主管，你不需要有太多的意见，要善于协调，尊重所有人的意见，让他们自己摆平。你千万不要说谁对谁错，谁好谁坏，这个时候你要无为，无为就是你不要制造问题。很多人解释无为是什么都不做，如果什么都不做就可以把事情办好，那连话都不要讲了。

　　无为就是不要制造问题。很多事情都是主管制造出来的问题，只要主管说谁好谁坏，那就制造问题了。主管的评价是一把双面刀，一面是钝的，一面是利的，你不要只看到一面，这叫作"一阴一阳之谓道"。这一点在家庭里面也有很一致的表现。以前每个家庭小孩都很多的时候，你只要当着所有小孩的面夸谁，私下里所有兄弟都会打他，哪怕他是哥哥，其他三个也会打他一个，这完全是家长惹的事。

　　心里一清二楚，嘴巴含含糊糊，这才是中国人。我什么事都不做，我尊重所有的人，但是我很会协调。只要一步一步操作得很理想，自然可以"黄裳元吉"。郑和从一个受尽屈辱的小太监，一步一步走到地位非常高的内官，后来被委以重任，七下西洋，都得益于明成祖朱棣的赏识。明成祖怎么放心一个太监做这种事情呢？可见明成祖是一关一关地考验过郑和，直到发现别人都不如他，除了他以外没人能够胜任，才放心让他去做的。所以像明成祖跟郑和就可以说是绝配，没有明成祖那个

乾，光郑和这个坤也没有用，而没有那个坤，这个乾也乾不起来。当乾（明成祖）能够"飞龙在天"的时候，坤（郑和），就可以"黄裳元吉"了。

"黄裳元吉"的意思是说，你的功劳很大，但是不会引起老板的猜疑。汉代的韩信被他的主子杀掉了，明代杀功臣的案例也有很多。一个人一直奋斗，做配角做得很好，可最后被杀掉，那就表示功亏一篑，说明修炼得还不够，因为不是每个功臣都一定会被杀掉的。如果每个功臣都会被杀，那就没有人敢当功臣了。幸好这都是不一定的。现在很多人鼓励大家要学魏征，我认为也没有必要，唐太宗真的那么好，看到魏征就恭恭敬敬？其实唐太宗几次都想杀他，如果不是唐太宗的夫人几次救魏征，魏征早已经死掉不知多少次了。

所以乾坤是要配对的。乾坤在家里面就叫夫妻，在社会上就叫君臣。有人会问，现在哪里有君臣？这就是把自己局限得完全没有弹性了，现在怎么没有君臣？总要有人当主角，也要有人当配角，主角叫君，配角就叫臣，这是现代的一种君臣关系。一个团体，每个人都一样大，谁也不听谁的，那就糟糕了，就什么事情都不要做了。但是如果每个人都不拿主意，那也完了，所以团体里无论如何总要有一两个出头的，那就是乾。有些人个性就是乾的，有些人个性就是坤的，但是这都不是厉害的人，真正高明的是该我乾我就乾，该我坤我就坤，能屈能伸才是最高明的。

历史上能够"黄裳元吉"的，除了郑和以外还有谁？三国时代那么多了不起的人物，真正把坤卦做得最好的是贾诩。曹操这个人是翻脸无情的，基本上真正的龙都是翻脸无情的，因为龙本来就是翻云覆雨的，不然怎么叫龙呢？要不要跟随这样的龙，也是个人自己的选择。伴君如伴虎，连这点都不知道，那就是找死，其实帮助曹操最大的人叫荀彧，但他最后却被曹操杀了。曹操杀荀彧太简单了，只是送了一个空盒子给他。丞相送来礼物，荀彧打开一看是个空盒子，他就明白什么意思了，然后就自杀了。可能有人会说他何必那么敏感呢？一个空盒子而已，何必要自杀呢？但是他如果不自杀，等到被曹操杀，那会死得更惨！曹操送他一个空盒子，就是告诉他一句话——一切都是空的；现在我们已经没有缘分了，你自己看着办吧，曹操这样一个举动，已经把意思表达得非常清楚了。

曹操为立嗣之事犹豫不决，不知道到底应该让哪个儿子来继承自己的王位，于是就开始问幕僚。听了有些人的回答，曹操很不高兴：都是我的儿子，你们为什么偏心呢？当然也没有人敢反问曹操："都是你儿子，你为什么问我呢？"如果谁敢这么问，那就死得更快了。

一问就回答，曹操会说幕僚偏心，但是如果不回答，曹操又会说他们不关心将来的新主人，怎么回答曹操都不满意。最后曹操问贾诩："你看我把大业传给哪个儿子比较好啊？"贾诩站在那儿若有所思，半天不吭声。曹操有些生气了，说："我问你话，你为什么不回答呢？"这时贾诩才说："我正在想刘表、袁绍的事情。"他这一句话就很巧妙地回答了曹操。因为刘表、袁绍就是废长立幼，结果惹出很多乱子，曹操是何等聪明的人，听了贾诩这句话，当即就做出了决定。一个人不讲出来而能够让人家知道，这才是最会沟通的人，讲了半天人家还听不懂，有什么用？不过是浪费唾液、磨损口舌而已。老实讲，要元吉不是那么容易的，但是历史上也有很多人做到了。

《易经》每一个卦有六个爻，你一辈子能走到第几爻，那要看你的造化，并不是每个人都能把六爻全部走完。当然最好是走到第五爻就死了，那是最愉快的，因为走到第六爻的，最后都非常凄惨。

《易经》中每一个卦的六个爻，可以说是代表了人生或事物的六个阶段。从第一爻往上，应该是一步比一步高，一步比一步好，但为什么曾仕强教授说第五爻是最好的，如果到了第六爻，将会非常凄惨呢？那么第六爻"龙战于野，其血玄黄"是什么意思？又怎么能够避免呢？

坤卦第六爻（见图10－6），我们称它为上六，爻辞是："龙战于野，其血玄黄。"

上六，龙战于野，其血玄黄。

图 10－6

坤卦从初爻到五爻没有出现一个"龙"字，怎么上六突然出现一个"龙"呢？物极必反，坤卦到了第六爻，就开始要"乾"了，上六突然间变龙，就是柔到极致变成刚了。有一句话女同胞听了会很不高兴，但是我们要解释一下，不能回避，叫作最毒妇人心。为什么说最毒妇人心而不说最毒男人心呢？这不是男女不平等，而是因为女性同胞她一直很柔，但是到关键时刻她比男的还刚。

物极必反，事物一旦发展到极致，就开始反向发展了。当乾卦走到

第十集 解读坤卦

极点，就会走向坤卦。现在坤卦已经快走到终点了，龙就出来了，于是乾龙跟坤龙就要交战了。当领导和军师对立起来的时候，你想想看，一定非常惨烈，所以"其血玄黄"。黄是地龙的颜色，玄是天龙的颜色，我们都说天龙地虎，这个老虎也会变成龙，不是天龙，而是地龙。"亢龙有悔"、"龙战于野"，就是天龙跟地龙斗，乾龙跟坤龙争斗谁都解救不了。任何事情都要适可而止，不要过分苛求，这永远是自然的真理。

孔明到最后也是遭刘备猜忌的，这是不可否认的。刘备在白帝城托孤，他跟诸葛亮说："我儿子你可扶就扶之，不可扶你就取而代之。"这就开始有了"龙战于野"的味道了，所以，诸葛亮赶紧跪地磕头，磕到头都出血。实际上以诸葛亮当时的身份，他没有必要这样，他可以只讲一句话："你多虑了，不会这样。"但是如果他说"你多虑了，不会这样"，就表示他有这个野心了，那就是老三老四，所以大家读历史，要深深去体会它背后的道理，否则只是看热闹，看半天什么都没有得到，

> 任何事情都要适可而止，不要过分苛求，这永远是自然的真理。
> ——《易经》的智慧

就没有意义了。戏剧演出来的只是故事情节，不会直接说出其中的道理，道理永远是背后的东西，我们所看到的都是现象，都是数据，现象、数据后面更重要的东西，从来没有直接讲出来过的，叫作道理。

清末重臣曾国藩是有能力造反的，但他就是不造反，因为他知道"龙战于野"的恶果。他已经过了"黄裳元吉"的阶段，当他的声望开始威胁到皇帝的时候，他只好拼命写家书。一个人写家书，有必要让大家都看得到吗？那还算什么家书？从这一点我们就知道，曾国藩的家书不是写给他家里人看的，而是写给皇帝看的。曾国藩能上奏皇帝说自己有实力，但是绝对不会造反吗？当然不能，如果他写了这个奏表，那就

表示你动了造反的脑筋，所以曾国藩不能讲这个话，于是他就拼命写家书。老实讲，皇帝看了曾国藩的家书以后才放心，相信他没有造反的心，这才放过他，要不然他也会很惨。

年羹尧战功赫赫，最后却"龙战于野"，硬是被雍正杀掉了，他没有守住"黄裳元吉"这一关，就是因为他让雍正皇帝感觉到了威胁。年羹尧打了胜仗归来，雍正真的很感谢他，于是到城门去迎接。当他看到年羹尧的士兵虽然打仗归来，但是一个个精神抖擞，非常整齐，于是就说："请稍息。"可是他说了这句话之后，没有一个士兵动，这时候年羹尧千不该万不该讲那句话，他说："他们只知道有将令，不知道有君令。"雍正当场没说什么，但是他心里想：好吧，试试看吧。所以年羹尧非死不可。

乾卦不能单独发挥，因为红花也要绿叶来陪衬。坤卦没有办法单独操作，因为你一定要找到好主人，才可以全力去配合，否则你配合谁呢？因此我们要看《易经》，最好把两个相应的卦合起来看，不要单独去看。所以接下来我们要讲的是乾坤人生，看看应该怎样把乾坤合起来看。

第十一集

乾坤人生

《易经》六十四卦中，乾卦是纯阳卦，坤卦是纯阴卦。当这两个卦象合在一起看的时候，乾坤是绝配……

乾卦和坤卦是六十四卦中最特殊的两个卦。乾卦是全阳的，坤卦是全阴的。当这两个卦象合在一起看的时候，我们就会发现，乾坤是绝配，历史上有许多著名的乾坤绝配，但为什么有的乾坤配流芳青史，而有的乾坤配却留下千古骂名呢？

《易经》通过自然的原理，推论出人生的哲理，就是水深火热的循环往复。《易经》中的六十四卦，既代表了宇宙中的六十四种情境，也代表了人生中的六十四种状况。这六十四种状况虽然完全不一样，但有一种共同的规律，这种规律是什么？对我们的人生又有什么警示作用呢？

第十一集　乾坤人生

我们曾经讲过,《易经》是解开宇宙密码的一部宝典。我们的祖先把宇宙的密码归纳成六十四个,乾卦是其中的一个密码,坤卦又是另外一个密码。我们又知道每一个密码里面,都还包含六个小密码,乾坤两卦各有六个小密码,加起来一共有十二个小密码,正好一打,世界上所有的事情都以这十二个密码做基础,不断地变化。

乾是纯阳,所以乾卦的密码我们都用一个字来代表。

乾卦的第一个密码是"潜",就是能够潜伏在里面。

第二个密码是"现",潜到适当的时候,时机成熟了,就要现出来。

第三个是"惕",你潜在里面,人家找不到你,也就不会把你当目标,可是一旦你显现出来,就可能让别人看着不顺眼,就会干扰到别人,于是各方面的打击就来了,所以你要好好警惕。

第四个密码是"跃",就是准备要一跃升天。人生最关键的就是这一跃,跃得上去就飞龙在天了,跃不上去那就等着退休了,就这么简单。

第五个密码是"飞",真的飞龙在天了,面临的挑战就更加严峻,所以这时候需要特别小心。

第六个密码是"亢",这个很难逃得过。任何东西到了高亢的地步,就会物极必反,走向另外一个方向,所以要怎么样去因应就更为关

键了。

乾卦的六个密码是潜、现、惕、跃、飞、亢。因为坤卦是纯阴的，所以坤卦的六个密码我们都用两个字来代表。

坤卦的第一个密码是"履霜"，就是当你的脚踩到霜的时候，就应该做出相应的准备。

第二个密码是"不习"，就是不要学一些不好的习气，要保持原来那种很纯正的态度。

第三个密码是"含章"，你越来越有学问，越来越有才华，就更要小心，保持谦虚的态度，因为内在美永远是超过外在的。

第四个密码是"括囊"，因为这时候你知道很多讯息了，人家一定跑来跟你打听，你的嘴巴一定要越来越紧。年轻人乱讲话，人家骂骂就算了，到了现在这个地步还乱讲话，没有人会原谅。

第五个密码是"黄裳"，到了黄裳就要守了，就要适可而止了，因为再继续向上就是龙战。

第六个密码就是"龙战"，天龙地龙交战，那个结局是很惨的。

大家一打开《易经》就会看到，乾也好，坤也好，它们的卦辞都有四个字，叫作元、亨、利、贞（见图11－1），而且这四个字在整部《易经》中也经常出现。那么元、亨、利、贞，到底讲的是什么呢？

图 11－1

第十一集　乾坤人生

> 《易经》六十四卦中，只有乾卦是纯阳的，坤卦是纯阴的，但是这两个完全相反的卦象，却有四个共同的字，这就是元、亨、利、贞。那么，为什么乾坤两卦中都会有这四个字呢？这四个字又代表什么意思呢？

我们有理由相信，元、亨、利、贞，在当时是非常通俗的用语，否则周文王用很艰涩的文字写这些卦辞爻辞给谁看呢？周文王的用意是要普及《易经》的道理，让大家都按照道理过快乐的日子，所以他一定会避免用艰涩难懂的文字。可见元、亨、利、贞在当时是很通俗的，只是因为年代久远，后人渐渐不知道它原本的意思了，所以，你会发现在很多书中，关于元、亨、利、贞这四个字，有着很多不同的解释，目前看到的至少有十四种。当然没有必要把这么多种解释完全搞清楚。

元是开始的意思，任何事情都有个开始，所以叫元始。中国最古老的神就叫元始天尊；我们到任何一个地方去，只要那个庙是最旧的，就一定叫开元寺。亨就是亨通，一件事情开始时一定会亨通吗？这个值得我们思考。实际上，很多事情开始时并不亨通，一家店铺好不容易开张了，没过三天就倒闭了，一件事情开始时好好的，但很快就一团糟了，这样的情况并不少见。可见元要亨，就必须要把元做得很好，叫作固本培元。

任何事情都是有条件的这个很重要，所以说一开始就会亨通，这种话我们最好不要相信。准备得很充实，顾虑得很周到，时机又很合适，方方面面都准备得很妥当，在这样的情况下，当然一开始就能亨通。亨通以后，一定会获取相当的利益，因为皇天不负苦心人，一分努力，一

分耕耘，就会有一分收获，这时一个最大的考验就出来了，就是那个贞字。贞是正的意思，当你获利的时候，你就要小心，要分清是正当利益，还是不正当利益。因为利益一定也有阴阳两种，一种是正当的利得，一种要么是暴利，要么是邪利，要么是不法的利益。如果获得的是正当的利益，就会贞下起元，就可以把事情做得更大更好。

元、亨、利、贞也是循环往复，不断向前发展的。刚开始是小规模的，元、亨、利，到贞，只是一个小圈圈。通过了贞的考验，下次元就会做大，亨利贞也就更大，然后一圈一圈都是元、亨、利、贞，元、亨、利、贞……（见图11－2），整个事业就这样大展宏图。

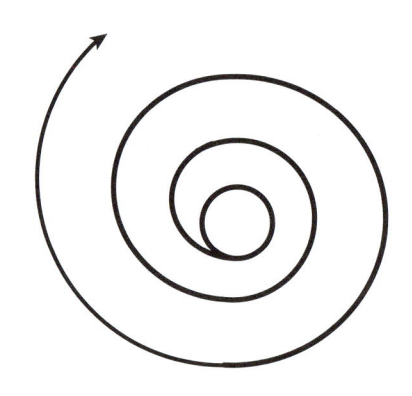

图 11－2

一年四季也是元、亨、利、贞的循环往复。春天就是元，夏天就是亨，秋天有收获了，就是利，冬天要好好储藏，就是贞。如果今年冬天没有好好储藏，或者秋天收获以后就赌博输掉了，那么来年春天连种子都没有了，还能做什么呢？一个人要记住，一切都是周而复始、循环往复的。但是这个过程可大可小，你的努力到底是要使它大还是使它小，都是自作自受，怨不得别人。

我们也可以把一天看成元、亨、利、贞，清晨是元，慢慢到了中午就是亨，下午把一天的收获做一个归纳即是利，到晚上好好休息，就是贞了。第二天精神抖擞，又开始了下一个元、亨、利、贞，所以孔子认为，元、亨、利、贞是四种美德，元就是慎始，我们做任何事情都要慎始，亨是追求正当的利益，利是把正当利益所得好好地储藏起来，贞即是该用的时候用，以备贞下起元，下一次才能有更好的发展。

> 《易经》利用大自然中的原理，推论出一种人生的哲理，这就是乾坤配的密码：元、亨、利、贞。无论是人生还是事业，开始的时候要谨慎，在发展中要追求正当的利益，才有可能不断地取得成功。那么是不是每一个卦象，都有元、亨、利、贞这四个字？我们又应该如何理解和运用元、亨、利、贞这四个字呢？

实际上，《易经》中并不是每一个卦都有元、亨、利、贞四个字。也就是说，当人类碰到不同的情况时，不要认为样样都是可以元、亨、利、贞的。坤卦的卦辞是元、亨、利，下面就加上个"牝马之贞"（见图11－3），多了几个字，就是多了一些限制，多了一些条件。

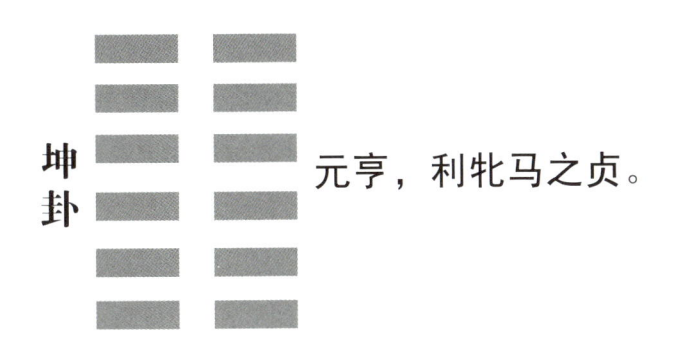

坤卦　元亨，利牝马之贞。

图11－3

用来开创的叫作乾元，而用来配合人家落实理想的，就叫坤元。所以天有理想，地就全力配合，我们把乾坤两卦合起来看，就会发现这两个卦是非常好的组合，叫作乾坤的绝配（见图11－4）。

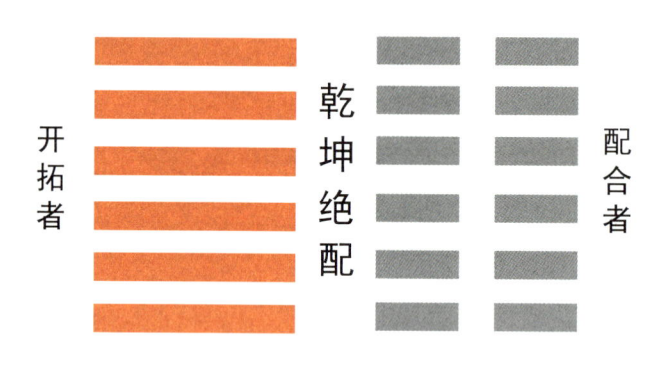

图11－4

如果说乾卦代表了一个成功的开拓者，那么坤卦就代表了一个优秀的配合者。历史上可以例举出许多乾坤的绝配，但是为什么有的乾坤配为人们所称赞，而有的乾坤配却留下了千古骂名呢？

历史上乾坤绝配有很多，我们前面提到过的明成祖与郑和就是典型的乾坤配，《三国演义》里面最脍炙人口的除了桃园三结义以外，那就是刘备跟孔明的绝配。孔明如果没有碰到刘备，那他这一生的才华就埋没了，所以尽管孔明受了很多的罪，尽管他最后是死而后已，好像没有完成心中的宏愿，但是他辅佐刘备父子鞠躬尽瘁的精神会流传下去，会永远留存在我们的心中，所以孔明的一生非常有意义。当然如果刘备没有孔明的话，他也就是带着几个兄弟闯荡江湖，也可能会兴起些风雨，但是最后不会有什么大成就，所以刘备和孔明这组绝配是各得其所。

另外有一组乾坤绝配是非常可笑的，就是乾隆跟和珅。乾隆就是乾，然后隆起一点点就叫乾隆；和珅更妙，他的珅就是坤加上一横，本来叫和坤，加上一横就变和珅了。乾隆跟和珅配得好还是不好？和珅把乾隆服侍得服服帖帖，巴结得他非常高兴，但是对社会来讲，却祸害无穷。这样我们就可以知道，配得好不见得有好结果，还要看到底是怎么配合，怎么运作，这个才更重要。

我们平常都说，一个成功的男人背后，一定有一个贤明的女人，这也是乾坤配。如果家里面没有一个让你安定、让你没有后顾之忧的人，你怎么可能专心做外面的事情呢？一个男人，领导叫他出差，他说："不行，我小孩生病了。"叫他晚上加班，他又说："不行，我太太在家会怕。"这样他还能做什么？干脆什么事都不要做了。为什么说要家有贤妻？就是说作为妻子，要让丈夫能够专心把外面的事情做好，让他没有后顾之忧，就是这么简单而已。

现在很多人讲《易经》都是从管理、政治等方面来讲，以至于让大家认为读《易经》就好像要从政或者当领导，实际上并不是这样。我们今天就来说一说，《易经》理念在教育方面的应用。

乾坤用在教育方面，就是龙马精神。乾是龙，因为乾卦六爻都是龙，从潜龙开始，现龙，惕龙，跃龙，然后飞龙，乃至亢龙，全都是龙。坤卦爻辞没有一个马字，但是卦辞告诉我们，"利牝马之贞"，牝马就是母马，不是公马。为什么《易经》特别指出是牝马？就是要我们学习母马善于配合，协调的精神。公马跟母马有什么不同？公马是领头的，母马永远追随公马，公马跑到哪里，母马就跟到哪里。牝马就是要做一个非常好的配角，这就是《易经》特别指出"利牝马之贞"的道理。

我们教自己的孩子，都是望子成龙，这个当然没有错，可是还要方法对才行。龙就是马，马就是龙，这是非常重要的观念。但是，我们的教育就是这一环搞错了。

> 几乎每个孩子的父母都望子成龙，都希望自己的孩子将来能够飞龙在天，很少有父母愿意培养孩子去当一匹脚踏实地的马。实际上龙就是马，马就是龙，这是为什么呢？为什么说我们的教育，就是在望子成龙这个问题上搞错了呢？

龙就是马，马就是龙，到底应该怎样理解呢？要知道，当太阳很亮的时候，阴影的部分会不见，到处都很明亮，那就是乾卦；当光线慢慢微弱，显出阴影的时候，就是坤卦了。影子是永远存在的，灯光很亮的时候，影子是隐而不现，却并没有消失，它还是存在的。有物体就一定有影子，这是自然的规律。灯光稍微一暗，影子马上就会出来。这样我们就不难理解，乾中永远有坤，坤中也含有乾，也就是阴中有阳，阳中有阴，阴可以变阳，阳可以变阴，阴阳是不可分的。

既济和未济这两个卦象都是阴阳交织在一起，只是位置不同而已（见图11－5）。既济和未济，永远只差一步：这一步是既济，下一步就是未济，再进一步又是既济，下一步又是未济，既济——未济——既济——未济……两者永远循环存在。

第十一集　乾坤人生

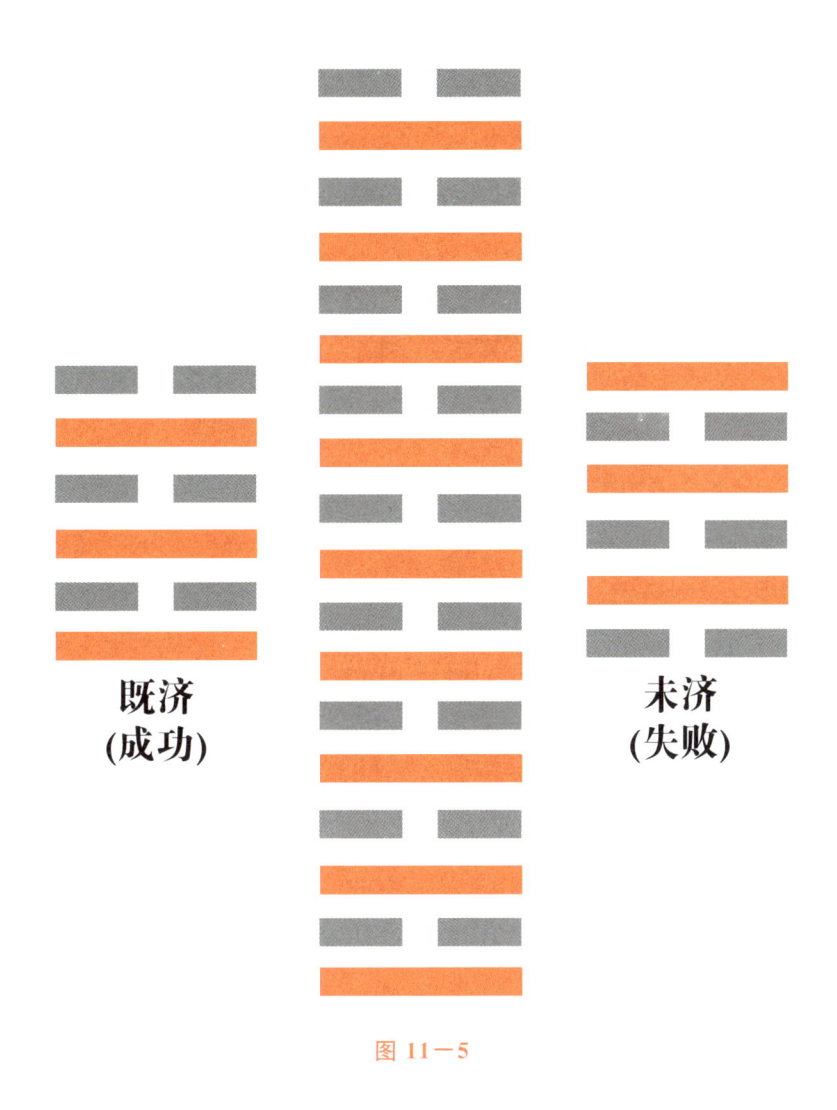

既济
(成功)

未济
(失败)

图 11－5

　　既济和未济这两个卦都是水和火的组合（见图11－6），一个是水在上火在下，一个是火在上水在下，所以我们说，人生就是水深火热。人生就是这么简单：刚刚从火热跑出来，就掉到了水深，刚刚从水深浮起来，又碰到火热，永远都是这样的。孔子告诉我们，所有一切都是你一定要去经历的过程，由不得你喜欢或者不喜欢。水来就水来，火来就火

187

来，面对一切都要心安理得，因为这是人生必须要经过的一些检验，谁都跑不掉。

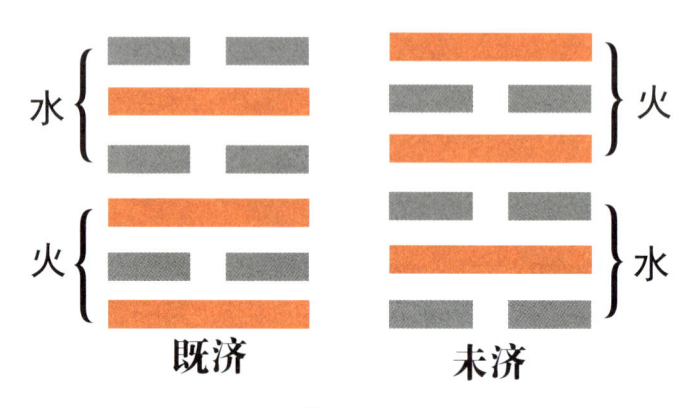

水 { ☵ } 既济　　火 { ☲ } 未济
火 { ☲ }　　　　水 { ☵ }

图 11-6

龙就是马，马就是龙。一匹马很能干，当它可以飞到天上去的时候，如果你说它是飞马，别人一定会笑话你：马怎么会飞呢？那是龙！所以一匹马飞到天上去的时候，它就叫龙。反之，即使是龙，如果一辈子飞不上天，一直趴在地上，那就连马都不如。所以即使做不成龙，只能做马，最起码也要做良马才行。

如果参透了乾坤两卦，我们就会知道，做父母的，望子成龙应该是放在心里头的，不能说出来。要教育孩子，应该先把他当马来培养。把他培养成良马，有一天他实力够了，飞上天去，那就是真正的龙。如果一开始就把孩子当龙培养，整天只想飞上天，最后眼高手低，连像马一样在地上奔跑驰骋都不会，岂不是耽误了他？所以培养孩子应该先从坤卦的第一爻培养起，教他学会履霜坚冰至。

举个例子，你带小孩出去的时候，心里就要知道，他一定会吵着买玩具，尤其今天玩具成山成海一大堆。他今天要这个你买给他，下次又想要那个，你不给他买，他就躺在地上跟你闹，让你很难堪。如果家长连这个都想象不到，还算什么家长呢？这种情况下，作为家长，就应该通过简单的事情来教育孩子。下一次你要带小孩出去，知道他一定会吵着买玩具，在没有出门的时候就要事先问他："今天我们出去会看到很多玩具，你想不想买啊？"他一定说想。你问他想买几个，他当然说想买很多很多。这时候你就说："那你自己出去好了，妈妈钱不够，没有办法买那么多。"他就知道不能想买多少就买多少了，然后你再问他到底要几个，他说三个。你再告诉他："三个也太贵了，买回来你也一时玩不了。如果要买三个，那就拿一个回来自己玩，其他两个送隔壁。"他一定说不要，这时候再问他买几个，他就会说只要一个。履霜坚冰至就这样一步步显现出来了，这种方式可以对孩子的思维方式产生重要影响。

但是小孩子还不懂得该怎样挑选，怎么知道要买哪一个呢？所以家长就要告诉他："当你看到玩具店里有很多玩具时，我教你怎么挑选，这是别的小朋友不一定懂的。"听家长这样说，他就很愉快，就会很注意听你说。"你先看一遍，才会知道你想买哪些。你心目当中有五个要买的也没有关系，有十个也没有关系。你第二遍再看这些里面你想要哪个，选出三个，再来一次，选定一个，你就可以买了。"这个方法行之有效，孩子不但不会哭，也不会闹，更不会怪爸爸妈妈不给他买，而且还会很开心。家长提前告诉孩子该怎么样，这一步就叫元，孩子出去挑选满意的玩具就是亨，然后拿着"战利品"高高兴兴回来就叫利，看看他回到家的表现，就知道贞或不贞，这是非常简单的事情。

但是现在的大人根本不教小孩这些，只是给小孩很多的引诱，弄得他自己根本控制不了，却又开始骂他不好，这就是我们教小孩子的一套。履霜坚冰至，先把孩子当马看待，然后把他教育成龙，不是很好吗？我们做人，应该先学履霜，然后再学潜龙。没有履霜，没有积累，又有什么好潜的呢？很多人只知道潜，一下子就把自己封闭起来了，因为他根本没有东西可以潜。

一个人一旦履霜，就应该有高度的警觉性，看到这里就会推理出很多隐含的东西，那么这个人就是潜力无限；如果看到这里，就只限于这里，那么这个人就没有发展了。孔子教学生是很宽松的，叫作"有教无类"。但是他也很严格，如果学生不能举一反三，他就不教了。也就是他让学生进来的时候很容易，但是经过他考验证明不行的，他会拒绝。所以，也可以说元就是给你机会，但是亨不亨，后面会不会有利，要你自己看着办。不亨就没有利，即使有了利，也要看你能不能守得住，是不是贞正，很多学生跟孔子学了一段时间就不学了，走就走了，孔子也并不介意，因为他们不贞。才学一招半式，就出去走江湖，只能是自作自受，只有跟孔子很长久的那些人，才成为了贤士。

《易经》中的六十四卦，既代表了宇宙中的六十四种情境，也代表了人生中的六十四种状况。这六十四种状况虽然完全不一样，但有一个共同的规律，那就是每一个卦象都是六个爻，也就是每一种状况都可以分成六个阶段。这六个阶段的发展规律是有共同之处的，那么这些共同之处都是什么呢？

《易经》六十四卦的卦爻有一个通例，叫作："初难知，上易知；二多誉，五多功；三多凶，四多惧。"

"初难知，上易知"，我们从人类自己身上也能深切体会到这一点。

一个人刚开始的时候,没有人知道他将来到底会怎么样,这就是初难知。所以不要小看年轻人,因为年轻人有潜力,将来的变化会很大。这也就告诉我们,看到一个年轻人,不要随意去评断他,你怎么知道他没有出息呢?但是年轻人被人家骂没有出息,其实也是好事,如果自己能够争气,加倍努力,总有一天会有出息。如果别人说你很有出息,你就自鸣得意,认为自己真的很有出息,那你就会止步不前,甚至倒退,将来也就不会有什么出息了。所以很多事情要从两面来看,一个叫作刺激,一个叫作回应。任何事情都是有刺激,有回应,就这样一路下去。上易知就更容易理解了,一个人到了七老八十的年纪,这辈子有什么成就都已经知道了,有什么失误也都非常清楚了,所以老人家没有什么好隐藏的。

每一卦的第二爻,爻辞多半是表示赞美的,所以说"二多誉"。如同一个小孩子,初中阶段、高中阶段很会读书,每次考试都第一,就会受到很多赞美,然而这些都不是好现象。我们常常可以看到,在学校成绩很好的学生,到了社会上,其实都没有太好的表现。因为他很早就已经受到很多的赞誉,心里自满了,然后眼睛慢慢长到脑门甚至头顶上,谁也看不起,也看不到应该看到的了。太多的人有这种毛病,眼睛长在头上,这个也看不上,那个也瞧不起,所以千万要记住,当你在第二爻这个位置的时候,你会承受很多的美誉,上级会给你很多嘉奖,你自己千万不要以为是真的,一定不要受这些影响,因为那是很虚华的东西,是不实的。否则就是给自己设限,一辈子只停留在下卦,永远走不到上卦去,很多人一辈子只走一个下卦,上卦根本连看都没看过,非常可惜。一定要记住,赞美和夸奖都是假的,我们还要继续不断地充实自己,准备走更远的路。

上卦的第五爻，是非常了不起的一个位置，所有人都会把功劳推给你，认为是你的功劳，所以说"五多功"。我们常说九五之尊，就是大家都把功劳集中到了这一爻，但是即使如此，九五也应该谨慎小心。以前皇帝一登基，所有人都跪地磕头高呼"万岁、万岁、万万岁"。从《易经》的观点来看，你就知道他们没有一个是真心的，大家嘴巴讲"万岁、万岁、万万岁"，心里想的却是"跟我一样，差不多年纪就死了"，所以当被人家认为"万岁、万岁、万万岁"时，千万不要以为真的可以万岁，所有功劳都给你，你也不要真的以为这都是你做出来的，要明白这是大家的功劳，所以一定要照顾大家，听听大家的意见，这样才可以持盈保泰。

天地是否卦，地天是泰卦（见图11-7），但是否和泰也是循环往复的。

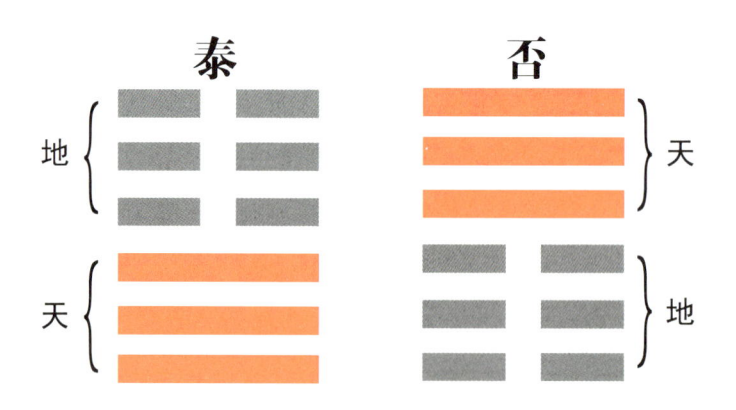

图11-7

当你处在泰境的时候，你要知道可能就要进入否了；当你处于否境的时候，你也要相信总有一天会转入到泰。因为万物都是运动的，不是静止的。记住宇宙中没有静止的东西，昨天跟今天是不一样的，今天跟明天也是不一样的，随时都有新的花样出来，随时都有新的变数进来。

泰的时候，你要知道下一步就是否，因为泰在《易经》六十四卦里是第十一卦，而否是第十二卦，它就在泰卦的隔壁。由泰入否太容易了，只有一步之遥；但是由否入泰却是太难了，因为六十四卦循环一周，否极才会泰来（见图11-8）。

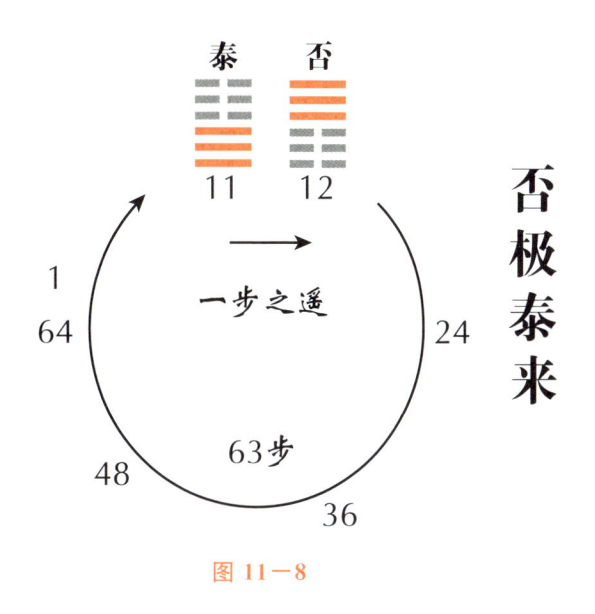

图 11-8

一个人有了一点点成功要提醒自己，这个成功就是失败的开始，只有这样才能够持盈保泰。我们只说"失败是成功之母"，其实我们也应该说"成功是失败之母"，因为这两句话是同时存在的。既然两句话同时存在，为什么我们只说失败是成功之母？这是对大家的勉励。可是一个聪明人应该记住，成功也是失败之母。

六十四卦每个卦象中的六个爻，都有一个共同的规律。"初难知，上易知"，就是说无论是人生还是事业，在开始的时候，是很难看清楚的，但发展到最后的结果，就很容易看明白了；"二多誉，五多功"，是说在第二个阶段将会得到很多赞誉，在第五个阶段会

获得很多功劳。那么第三和第四个阶段的规律是什么？又应该注意些什么呢？

"三多凶"是说第三爻到了下卦的顶点，这时是非常危险的，所以在第三个位阶的人，千万要记住，随时可能会有凶祸发生。一个人百般挣扎，千般努力，终于到了下卦的顶点，殊不知这又是一个物极必反的关卡。很多人到下卦的第三爻，就再也上不去了。即使到了第四爻，进入了上卦，往往内心也满是恐惧，所以说"四多惧"。大家可能会觉得人生这样很没意思，其实人生就是这样才有乐趣。不经过磨炼，脑袋空空，有什么好处？人生又有什么意义？一个人千万要记住，要把所有的磨炼当做自己成长的过程，越多磨炼，将来就越会有大成就；现在越愉快，越好过日子，终日脑袋空空，一旦碰到什么问题，就会惊慌失措，不知道该怎么解决了。

一个人年轻的时候到底是吃点苦好，还是有机会享受好？西方人主张让儿童过快乐的日子，中国人却不是。我们是在孩子小的时候就开始磨炼他，只有这样他长大以后才会有免疫力，才会有抗压性，家长就不用替他担心了。一个小孩子，从小吃好的、穿好的，万一将来吃不到山珍海味，只能吃糠咽菜的时候，他就很难下咽；万一买不起丝绸，让他穿布衣，他就全身难受。小时候穿粗布的，将来穿什么都会觉得非常舒服。我们小时候，根本没有挑食的机会，也没有资格，反正就只有这些东西，你要吃就吃，不吃就要挨饿，所以从小就养成从不挑食的习惯，给我什么我就吃什么，一直到现在，我都不会说"这个我不喜欢吃"。

——《易经》的智慧

人要把所有的磨炼当做自己成长的过程。

现在的小孩子很小就说："妈妈，我不想吃。"很多妈妈拿饭碗追小孩，"吃啊，吃啊，不吃会饿"。你越追，他跑得越快，因为正是你引起他兴趣的，他以前还不知道一跑妈妈就跟着来了，现在知道了，自然会跑得更起劲。其实要让小孩吃饭，方法很简单，就是以后每次吃饭都摇铃，摇完铃，大家就赶紧来吃饭，他不来，大家就把饭都吃了。他没得吃，那就饿着，等下一顿饭。只要一次，你看他来不来，他耳朵会变得很灵光，听到铃声马上就会来，动作非常敏捷，所以，小孩子会怎么样，就要看大人是怎么教的，宠小孩是父母的不幸，绝对是父母的不幸。

一个孩子大学刚毕业的时候还很清纯可爱，出去工作也很认真，很实在。过了一段时间，就开始在家里跷二郎腿了，开始说爸爸这个不对，妈妈那个不对，你马上就知道他当小主管了。一个人在外面当了小主管回家就摆架子，就开始教训父母，这个人还能有什么成就？一个人在外面不管多风光，回家还是应该老老实实做你应该做的事情，这样才对。

我六十岁的时候我爸爸八十岁，那时候我是大学教授，可是我遇到大事情一定会征求爸爸的意见。我不一定是想要从他那里得到答案，他怎么讲其实都无所谓，但是我要满足他作为一个父亲的尊严，因为他是我的爸爸，是我的长辈。我爸爸也知道这一点，但是我问他，他心里头就有一种安慰感，觉得这辈子养我这个儿子还不错。

这些道理，《易经》都给我们说得非常清楚。但是我要说明一点，《易经》不完全是教我们做人的，它还教我们做事，也教我们做学问，教我们看天文，看地理……宇宙间所有事情，《易经》都有破解的密码，需要我们一卦一卦去参悟，一卦一卦去了解，最后才能知天文，通地

理，无所不知。

当然大家心里一定还挂念着一个问题，《易经》到底可不可以算命？我们也不回避这些事情，接下来我们就来探讨《易经》是否真的可以破解命运。

第十二集

破解命运

命运是一种自然律，《易经》所指示的，正是宇宙人生的自然规律……

人们常说命运就是命加运气，那么究竟什么是命呢？命就是每一个人不同的局限性。什么叫运气呢？运气就是人身上运行的一口气而已。这口气谁在运？我们人在运。

为什么每个人的命运会不相同？是不是命中注定、不可改变的呢？曾仕强教授告诉我们，人各有志就是人各有命。你的命运就是你的意志所创造出来的。

现代科学已经可以预报天气，那么现代科学是否可以预测人的命运呢？当我们揭开命运神秘的面纱，就会发现，命运不过是一种自然规律，而《易经》所揭示的正是宇宙人生中潜在的自然规律。那么如果我们了解并掌握了这种规律，是不是就可以把命运掌握在自己的手中了呢？

第十二集　破解命运

《易经》可以用来算命吗？答案是：当然可以。只要有任何一件事情是《易经》做不到的，它就不可能称得上是广大精微。《易经》的包容性非常之广大，甚至到了无所不包的地步，所以当然可以算命。

算命算不算迷信呢？答案也非常简单：懂得道理的人，做什么都不叫迷信；不懂得道理的人，做任何事情其实都是迷信。迷信是人的事情，不是那个对象本身迷不迷信。

命是存在的，人一生下来就有命，如果连命都没有，那就叫没命。人没命了，就死了，人只要活着，只要有一口气在，就是有命。那么命是什么？我们从字形去看，"命"就是一个口、一个令，我们可以理解为从嘴巴里讲出来的令就叫命（见图12－1）。

$$口 + 令 = 命$$

图 12－1

实际上人都是接受命令的，问题是接受谁的命令，这个比较重要，

> 懂得道理的人，做什么都不叫迷信；不懂得道理的人，做任何事情其实都是迷信。
> ——《易经》的智慧

有人接受神的命令，那叫教徒。有人接受自己的命令，因为只要脑袋一动，就会有一个命令给全身，身体就会有行动，这个很科学。因此命要看你怎么解释，怎么说我们都同意，因为见仁见智，我们都要尊重。

我们今天要掌握命运，最好的办法是认清我们人的三种特性：首先，人有创造性。人一定有创造性，否则整个人类文明从何而来？其次，人有自主性。每个人各有主张，我们把这个叫作人心不同，也就是各有不同的意志。你的想法和他的想法，不可能完全一样。而且，我们不要忘记了，人还有第三种特性，叫作局限性。人的创造能力不可能是无限的。有很多人一生想要发明一样东西，想要突破一个难题，可是最后却一点成果都没有，这就是人的局限性，所以命是可以改变的。但是所能改变的却是很有限的，用这样比较理性的态度来了解我们的命，你就不会那么情绪化了。

> 人有三种特性：创造性、自主性、局限性。命就是每一个人不同的局限性。
> ——《易经》的智慧

很多人说人的命是上天注定的，实际上我们自己创造的也叫命。所以懂得《易经》以后我们就知道，命有两部分：一部分是我们人自己可控的，一部分是我们自己控制不了的，叫作无可奈何。所以当我们想尽了办法都改变不了的时候，那就是命，命就是每一个人不同的局限性。

命运，听起来似乎非常神秘，其实就像不同的地区，气候会不同一样。一个人生在不同的家庭，处在不同的时代，有着不同的性格，肯定会有不同的命运。那么命是可以算出来的吗？我们又应该如何正确地认识所谓的算命呢？

第十二集　破解命运

我们都知道，所有存在的东西都是可以计算的。有几棵树，一算就知道了；几只羊，一算也知道了，那么人的命能不能算呢？当然可以。但是在算命之前，我们应该先具备几个比较正确的观念，因为现在很多人虽然到了七老八十，对这方面的认知却还是有误的。

第一个，算命的目的是什么，这个最重要。我有一个长辈，非常精通命理，我曾经问他："你算命有没有原则？"他说："一个人做任何事情都要有原则，如果没有原则，那就表示这个人是不负责任的。"我问他："那你算命的原则是什么？"他说："第一个，我会问对方多大年纪。"算命跟年纪有什么关系？他告诉我："如果这个人年纪很大了，我就问他：'你这一辈子的命运你自己都不知道吗？你都走过了，还来问我，不是成心考我吗？'这样的人我不给算。如果这个人年纪太轻，我就说：'你是不是想依赖我呢？你要自己去发现你自己的命运才对啊。如果我把你的一生都讲完了，会影响到你整个的心情，会影响到你将来工作的意愿。'所以我也不算。"这是有命不算，不是无命可算。但是当一个人进退维谷，左右为难，怎么想也想不通，带着很多的疑惑来请他给算一算的时候，他一定会接受，所以我想，第一个，当你一切很顺利的时候，你何必去算呢？你就这样继续走好了。可是当你感觉到很为难，有重大的事情不敢做决定的时候，算一算又何妨？

接受了上述问题的人，他会问第二个问题："你来让我算命，是希望我算得准，还是希望我算得不准？"如果那个人说"当然要准"，我这个长辈跟我讲："听他这么说，我就知道这个人是没有出息的人。一切都照命走，能有什么出息呢？如果那个人告诉我'我来算，但是我是希望你算不准'，他就是一个很了不起的人，因为他的创造力很强。"所以大家到底是想算得准，还是算不准？我想这就是你整个的人生价值所在。

凡是服从命令的人，大概一生的成就都不会太高。凡是会创新，不按照命令去走，而又取得很好成果的人，几乎都是伟大的人物。何况现在科学已经告诉我们，测是测不准的。气象台发布气象预报，经常测不准，那么，测不准是正常还是不正常呢？我们要用科学的眼光来看。当一样东西是固定的，一测，就会很准；当一样东西是变化的，是有生命的，很可能在你测的时候会测得很准，但是测完了之后它又起了变化，当然就不准了，所以，测不准，是因为你的命有变化，而测得准，则是因为你的命根本就没有变化，这是很容易了解的事情。

通过几十年的观察，我可以告诉大家什么叫作命：命就是我们先天带来的人生规划。我们现在讲人生规划都讲后天的，却忽略了还有先天的"尽人事，听天命"（《中庸》），这句话包含两部分："尽人事"就是后天的人生规划，即使你做得很好，但是最后能不能成功，要看后半句的"听天命"，即配合先天的人生规划。二者的配合程度决定着最后的成败。后天的规划跟先天的规划很吻合，达成的效果一定很好；如果后天的规划跟先天的天命根本不一样，结果只会是徒劳无功。这就告诉我们天命就是一个人的规格，一个人的范围。你这辈子有这个范围，他这辈子有那个范围，这个不同的范围，就叫作各自的命。你在这个范围里面，如果完全没有表现，那个命也没有用。而即使你有再好的表现，也很难超过这个范围，我想这是比较实际的。

命，它为什么会存在？这需要从现实去了解。很多人每天一早起来就很忙，一天到晚都很忙，累了就睡，很少动脑筋。像这样不动脑筋，又能够一天一天过的人，就是完全照命在走。所以，太过忙碌的人，是没有什么创造力的。每天都一样过，年年都一样过，一晃一天，一晃一年，一晃十年，一辈子都没有改变，还能有什么创造？可是有些人却不

第十二集　破解命运

是，他每做完一件事，都会检讨，下次绝不照这样去做，要"日日新"，要"又日新"，要每次不停地改善，这样的人创造力就很强，所以他的命也就很难算准。有的人很听从先天的，有的人很注重后天的，这是每个人不同的选择。

> 伏羲当年创造出八卦，是用来预报天气的。后来周文王发现，大自然的规律和人类社会的规律是相通的，于是就演化出了六十四卦。现代科学已经证明，天气的变化是可以预报的。那么现代科学是否可以预知人的命运呢？人的命运又是否可以改变呢？

今天的 DNA 已经告诉我们命是存在的，就是那么两条东西，我们中国人叫"父精母血"，就是这个安排人一生的规划，叫作天命。从一个人的 DNA 里面，可以事先知道他会不会得癌症，会死于什么病症，这就表示命是可以算的。

那么你要不要算命呢？如果算出来你还剩下三年的寿命，你会怎么办？我想这个问题很难回答所以很多人知道命是可以算的，但是他不算。因为不去算每天都有希望。算了以后就没有希望了，为什么非要去算呢？其实算来算去，结果只有一个，一句话就讲完了：你再怎么努力，最后都是死路一条。事实就是这样，这是人类共同的命！人有共同的命也有个别的命，但是所有个别的命都不能逃过这个共同的命！人生有趣就在于每个人都知道自己到头来是会死的，但是却不知道自己什么时候会死，也不知道会怎么死。如果现在算出某人七十岁那一年会死于癌症，死的时候只有他孤零零的一个人，那么从此这个人就会觉得人生很乏味、很难过，人生也就失去了乐趣。

我有一个朋友，他告诉我他很年轻的时候就算过命，算到他能活七十岁，他当时高兴得不得了，觉得自己算是长寿的了，人生充满了美好。可是这几年，他越来越闷闷不乐，晚上也睡不着觉，他告诉我："我今年七十岁了，没有几天可活了，我该怎么办？就这样等死？还不如干脆自己了断算了。"这种情况下，你会怎样选择？你会走哪条路？我们学了《易经》以后，知道太极生两仪，两仪生四象，四象生八卦，然后十六卦、三十二卦、六十四卦，这才叫作人生。所以，人生摆在我们面前的永远有两条路，一条叫生门，一条叫死门，就这么简单。无论什么时候，你面前一定有一条活路，也一定有一条死路，所以你的命运是你自己选择出来的，不是固定的。

很多人一听到命就想到命定论，这种人是有问题的，因为命定论根本是不存在的。如果你相信命定论，那就什么事都不要做，躺在床上就好了。我命中有一个亿，躺着就有一个亿了，干吗去工作呢？我命中会当宰相，躺着就可以当宰相了，这些都是不可能的，世界上根本没有命定这回事。但命运也不完全是自己创造的，机会是有限的，资源是有限的，寿命是有限的，人力也是有限的，样样都有限，命怎么可能完全是创造的？这样想，命是什么就很清楚了，所以一句话就讲完了：我们一生的努力，就是在证明我们到底有什么样的命。

人生是再简单不过的事情：不努力，你就不知道你的命是什么；你努力了半天，也不过是知道你的命是什么而已。孔子的命就是当时不受重用，他很想当官，甚至说只要给他三年时间，他就可以把国家治理得好好的（苟有用我者，期月而

> **《易经》的智慧**
>
> 命是人自己选择出来的。我们一生的努力，就是在证明我们到底有什么样的命。

第十二集　破解命运

已可也，三年有成。——《论语·子路》），可是没有人用他。见弃于当时，这是孔子的命。但是最后孔子也很愉快，因为他知道这是自己的命。一个人知道这就是自己的命，并且已经努力过了，他就问心无愧了，孔子的命是要给后世人做万世师表，而不是给当时人做治世能臣。

孔子说："富而可求也，虽执鞭之士，吾亦为之。"（《论语·述而》）意思是如果财富是可以求得的，就算我再不愿意做的事情我都会去做。孔子是否定命吗？不是。他说他会相信，但是不会完全相信，这才是孔子的态度。从现在开始，我们要记住：相信，会很危险；不相信，还是很危险。因为世界上的事不只是让你相信或者不相信那么简单。《易经》的态度是站在不相信的立场来相信，或者站在相信的立场来不相信，因为阴阳是不能够分开的。凡是说相信命运的，那就是有阳无阴，阴跑到哪里去了？凡是说不相信命运的，那是有阴无阳，阳到哪里去了？阴阳同时存在，就是容不得你相信，也容不得你不相信，你去做了就知道了。做到最后发现原来自己这辈子是来做乞丐的，也心安理得，这有什么关系呢？所以孔子经常讲"时也，命也"，他一点不消极。

人，生逢其时，比你怎么努力都要强；生不逢时，你有再大的才能，只有郁郁而终。因为没有机会，根本不容许你发挥，所以命还要跟时配合起来：你是个创造的命，你所处的时代也要容许你创造才行，否则你是跟自己过不去；你是个很守法、很保守的人，也要看你所处时代是不是很重视规矩，如果不重视规矩，你也是要吃亏的。

学习《易经》最重要的，就是要掌握《易经》的思维方式，那就是任何事物都会同时存在两个方面。因为阴中有阳，阳中有阴，而且阴阳是互相变化的。但也正因为这种不确定性，古人常常会

205

> 说，人的一生会怎样，主要是看：一命，二运，三风水，四积德，五读书。这种说法有道理吗？

一命，二运，三风水，四积德，五读书。这是我们中国人普遍都很了解，但是都有一点扭曲的东西。

很多人解释说，"一命"就是说命最重要，我不觉得是这样。其实我们也可以从下边看起，"五读书"，说读书才是最重要的，也未尝不可，并不是排在前面的永远是最重要的。要不然现在为什么叫知识时代？但是现在所讲的知识时代是非常危险的事情，因为现代人不知道什么叫作读书了。

什么叫读书？读书不是看读了多少书，读书最重要的是要明白道理，叫作明理。如果读了半天不明理，读书又有什么用？古代人一辈子没有读几本书，可他们一辈子过得好好的，为什么？因为明白道理。现在人书读得比古代人多了不知道多少倍，可是人情世故却越来越不懂了。读书这两个字最好解释成明理，明白什么道理？明白《易经》的道理。为什么一定要读《易经》？很简单，因为《易经》是自然的，不是人为的，《易经》很少加上人为的东西，一切按照自然的规律，心安理得。

植物有没有读书？没有。动物有没有读书？没有。可是动植物用不着算命，依然活得好好的。我们明白道理，按照自然的规律去走，就能立于不败之地。但是没有人有这个把握，因为"吾生也有涯，而知也无涯"。生命有限，哪怕从小就很用功、就很认真，穷毕生之力想把所有的道理都搞通也是不大可能的，这就是人很可怜的局限性。所以只好退而求其次，用积阴德来弥补。

第十二集　破解命运

我按照道理去走,可还是没有太大的信心,因为我不知道自己到底是真懂还是假懂。人往往是在没有去做的时候讲得头头是道,一开始做就开始怀疑了,到底是对还是错?这时候心理一定要健全:像我这样从来不害人的人,老天一定会保佑我的,不然老天保佑谁啊?我们很快就跟天联系在一起,天不是神,天就是自然。

我们按照道理去走,如果有一点点闪失的话,积阴德会从旁补助一点,但是要完全依靠它,也是靠不住的。但是我们真的不知道,我们的品德到底是好还是坏。因为只要我们冷静想一想,就会发现我们经常犯一个毛病,叫作好心做坏事。我们经常出于好心,但是却把事情搞砸了。实际上存心使坏的人很少,大多都是好心做坏事,所以每个人都觉得自己很冤枉:我这么好的人,怎么会这样呢?因为我们不了解,就是因为自己一味地认为自己好,才不知不觉中种下了很多恶的因,做了很多坏事。所以不得已,退而求其次,我们用风水来弥补。

说到风水,这是一个引起很大争论的话题。有的人说,风水是一种迷信;也有的人说,风水是一门科学。那么究竟什么是风水?风水到底是一种迷信,还是一门科学呢?

风水算不算迷信?现在英文字典里面最新的词就叫 fengshui(风水),因为风水是没有办法翻译成英文的。我相信以后会有很多的英文是从中文直接音译过去的,因为他们不敢意译,也不知道该怎样把汉语的意思翻译成英文,这风水之说只是个开始而已。风水会很快普及到全世界,因为它本来就是科学的。在北京,南北走向的路我们拉得很正,不会歪歪斜斜的。可是南方的路多半会故意斜一点,它不敢正,这都是有道理的。

我们中国人盖房子，先设计里面。把里面方方正正做好，然后才设计外面。因为地球的磁场是南北向的，我们人也是个磁场，所以晚上睡觉的时候最好也顺着南北向，这是很科学的。

科学是规矩的，不懂的人乱搞才叫迷信。实际上，风水确实存在，而且是很科学的东西，有待我们大家去开发。但是千万记住：风水是存在的，但是非常不可靠。因为福地福人居，只要你是有福之人，你住哪里，哪里风水就一定好。

按照道理你没有把握，积阴德也没有把握，找到风水也不一定好，最后只有靠运气。运气就是我们身上的一口气而已，这口气是我们自己在运：运得好就叫运气好，运得不好就叫运气不好。这个简单的道理，何必跟别人去求呢？一个人懂得呼吸，就知道怎么运气，身体好，意志自然就强，意志强，你就知道要怎么做了，所以运是你自己走出来的。我们中国人说鼻子宽的人财运高，拼命呼吸，鼻子自然就宽了。你每次都只是呼吸到胸，鼻子就很小，那怪谁呢？相由心生，面相是你自己的心在主宰，你心理一改变，念头一改变，长相就不同了。大多数人只呼吸到胸腔，老实讲最可怜的就是这种胸式呼吸，最起码也应该是腹式呼吸，才更有益于身体，我们要慢慢练习运气，气不运，怎么有好运气呢？

中国最懂得养生的人不是孔子，是老庄。老庄的呼吸是一直呼吸到脚跟的，这不是开玩笑。你哪天能够一直呼吸到脚底下，你就上下都通了，血脉一通，身体就好，身体一好，意志力就很坚决，开拓创造的精神就可以发挥，当然运气好。

运气是一个阶段接着一个阶段的，相当于每个卦中的一个爻。每一爻就代表你在这个阶段的运气怎么样，但是还要看整体的卦象怎么样，所以最后还是要看命。没有这个命，即使强求，最后也是拿身体性命来换，没有意义。我们为什么说不义之财要不得？一家人本来很穷，但是大家身体都很健康。突然间城市规划一改变，本来是农地现在改都市用地，地皮一下就涨了，于是一家人把地卖掉，一下子有了许多钱。一夜之间暴富的人往往不知道该怎么面对这种现实，于是就开始喝酒、赌博，各种恶习都沾染上了，不到两年就一命呜呼了，不应该得到的利，突然间得到了，终归要加倍付出代价，不是自己一点一滴去累积起来的财富，是守不住的这是自然规律，这并不是仇视有钱人，而是劝告大家，有钱以后更要小心，要回头看一看，走合理的路。

> 其实揭开算命神秘的面纱，无论是风水还是命运，都是一种客观规律。而《易经》所揭示的，正是宇宙人生所潜在的这种共同的客观规律。那么，如果我们了解并掌握了这种规律，是不是就可以在有限的条件下，把自己的命运掌握在自己的手中了呢？

每一个人来世上，这一辈子是要做不同的事情的，就叫作人各有命。如果所有的人都是来做同样的事情，那就天下大乱了，所以人要安分，要守己。不安分的结果是自己倒霉，甚至弄得家里也不安宁，社会是由各种不同的人结合起来的，大家彼此帮忙，彼此支援，也需要好好商量，就是这么一个很简单的组织而已。每个人都想当头儿，这个社会就会乱掉，每个人都不当头儿，这个社会也会完蛋，所以人各有志就是人各有命，你的命运就是你的意志所创造出来的。因此我们建议大家不要认命，一定要造命。

人生的价值就在造命，但是千万记住不要勉强，不要过分，过分的结果是害人害己。但是如果不及，就是自暴自弃，过与不及，二者都不是合理点，所以孔子才提出，最好的途径就是不要管你的命怎么样，一定要做你喜欢做的事情。但是他所谓的喜欢是有先决条件的，就是正当的事情你才可以喜欢。

现在很多人说，"只要我喜欢，为什么不可以"，这是非常危险的事情。要在正当的事情里面选择你喜欢的，这个先后次序很重要——首先是正当，然后才是喜欢。年轻人要找自己的工作，先把社会上正当的东西摆在一起，不正当的根本就不要考虑。然后从这些正当的选项里面去找喜欢的去做，而不能只考虑赚钱多的。可是现在很多人都是选择赚钱多的，这个取向非常有问题。高考应该是选自己有兴趣的专业，但是现在都是选热门专业，其实这是跟自己过不去。热门都是现在看来有出路的，将来会怎么样谁知道？这阵子学物理的最好，大家一哄而上，等到毕业时，正好物理冷下来，土木热起来了，学物理的都没有出路了。然后又一批学土木的进去，等到他们毕业，土木又不需要了，化学热起来……赌注下错了，那不糟糕了吗？只热一阵才叫热门，并不会长期持续下去。

物以稀为贵，人以冷门的为强，当你的专业变成所有人都懂的事情，这个专业就不专了。我们改革开放刚开始的时候，司机很了不起，领导吃饭都要请来一起吃，还要叫师傅。可是现在司机到处都是，很多领导都是自己开车，司机也就成为一种附属职业了，整个环境都在变，这是事实。识时务者为豪杰，可是大多数人的眼光都看不到那么远，所以孔子就提出"从吾所好"：我喜欢做的有乐趣做的，我兢兢业业去做，做到最后证明我是成功的，我很高兴；证明我是失败的，也没有什么可抱怨的，因为人生只求四个字：问心无愧。

当你把这些都弄清楚了，你就知道到底要不要算命，该不该算命了。一定要注意，算完命以后，讲得好的方面你相信，不好的方面，你就不相信。做到这一点，你就是一个很理性的人，这就是《易经》所讲的趋吉避凶。但是很多人是你告诉他好的，他都不想相信，真的说他坏的，他都相信，那就心想事成，真的不好了，所以懂得看命的人，看命是无害的，不懂得看命的人，看命就是害人的。有了这样的认识，我们要怎样去走出自己的人生之路呢？

《易经》给了我们一个最好的建议：中国人，用家庭来作为一生奋斗的基础，而不是光凭自己一个人苦干。西方人是靠个人奋斗，中国人是用家庭做后盾，我们《易经》本身就是一个大家庭。因此我们接下来就要跟大家谈一谈：《易经》与家庭。

第十三集

易经与家庭

中国人浓厚的家庭观念来源于《易经》，《易经》中的咸卦、恒卦、家人卦，是讲感情、婚姻和治家的……

中国传统文化非常注重家庭，曾仕强教授指出，中国人浓厚的家庭观念来源于《易经》，因为《易经》本身就是一个大家庭。而且《易经》中还有一个卦，叫家人卦（离下巽上），就是专门讲应该如何治家的。

俗话说家和万事兴，但是现代社会不仅离婚率越来越高，而且独生子女的教育，也越来越成为许多家庭头疼的问题。那么家人卦是否能够告诉我们该如何对待婚姻，又该如何教育孩子呢？

第十三集　易经与家庭

《易经》把宇宙看成一个大家庭，这跟我们中华文化有着十分密切的关系。全世界所有的民族中，我们中国人大概是最重视家庭的，这一点到今天为止仍然没有变，也是我们中华文化能够这么悠久并且不会中断的一个主要原因。

天就是父，地就是母。中国人用天地来代表父母，其他的六个卦，三个代表男的，三个代表女的。而且《易经》八卦有一个特点，即阳卦多阴，阴卦多阳，也就是阳爻少的就叫阳卦，阴爻少的就叫阴卦。

一个父亲，一个母亲，三个女儿：风、火、泽，三个儿子：雷、水、山，组成一个八口之家，这是最典型的大家庭。当然，这也必须要跟时间配合，现在人口太多，不允许生这么多小孩了。一个家庭如果有三个儿子，那么依次排行，就是长子、中子、少子。女儿也是一样，长女、中女、幺女。

天的第一爻变成阴爻，就是风（☴），在《易经》里面，这个卦就代表长女。天的中间一爻变成阴爻，就是火（☲），是中女。天的上爻变成阴爻，是泽（☱），是幺女（见图 13－1）。

父 天　　长女 风　　中女 火　　幺女 泽

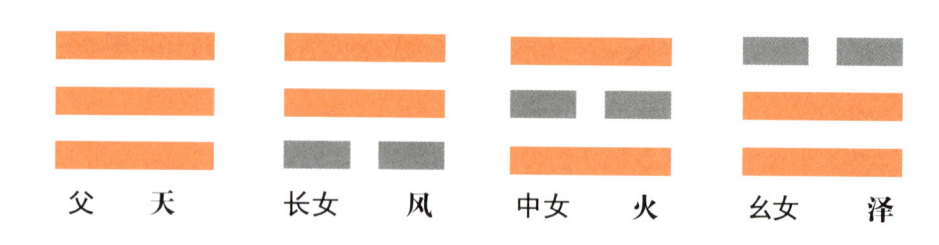

图 13－1

地的第一爻变，就是雷（☳），是长男。这个卦也叫作震卦，所以一个人姓王，如果他的名字叫作震，我们就知道他在家里排行是老大。第二爻变是水（☵），叫作中男。第三爻变是山（☶），就是少男（见图13－2）。

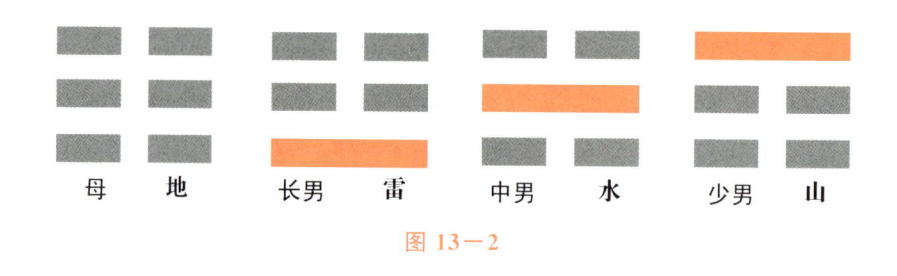

母 地　　长男 雷　　中男 水　　少男 山

图 13－2

三个儿子，三个女儿，一对父母，构成一个家庭。家庭要怎样？是要富有吗？不是，家庭要美满。美满就是有自己的状况，有自己的生存之道。家家有本难念的经，我家有我家的经，你家有你家的经，我没有办法学你，你也没办法学我，所以各个家庭之间也没有必要比来比去。

一个家庭最重要的是家教是家风，是家传的一些不可改变的原则。我们的华侨辛辛苦苦到了海外，为什么年纪大了就一定要回家？为什么他再怎么穷，只要回老家，也一定会变卖物品，带一大笔钱回来跟他的

第十三集　易经与家庭

邻里和亲戚朋友分享？这就是家风所造成的。中国人第一个要修身，第二个就要齐家，齐家之后就可以治国。那么，齐家之后就可以治国吗？有那么简单吗？

> 儒家文化特别强调修、齐、治、平，就是"修身、齐家、治国、平天下"。也就是说，只要把自身修炼好了，就可以把家管理好，而把家管理好了，就可以出来治国，乃至平天下。难道可以管理好一个家庭，就有能力治理好一个国家了吗？

管理好一个家庭，就可以治国了吗？有那么神通吗？可见所谓"齐家"，不是指管理我们现在的小家庭。现在即使你把自己的家管得再好，如果让你去当个县长，你也当不了。这个家是指家族，如果一个家族所有的事情你都能处理好，你就有资格去治国。一个人怎样能够变成家族里面大家都尊敬的人？大家尊重他什么？是辈分吗？不是，是声望。所以作为一个中国人，事业是培养个人声望的地方。我们建议大家要记住，所有的职场，都是帮助我们修身、帮助我们立德、帮助我们养望的。声望是要养的，不是谁官大大家就听谁的，也不是谁有钱大家就都服谁。中国人只相信那些有声望的人，通俗的话叫作有头有脸的人。一个人要做到有头有脸并不容易，一定要大家敬仰你的道德，你讲话大家才会听才会有声望。

宗族是家庭的扩展，我们中国人很重视同宗。你是宗长，又是宗族的族长，就说明你这个人了不起。如果你这个宗族能世世代代把优良的家风传下去，那就表示你的能力是足够了，以这样的能力可以成为一个帮主，甚至可以成为一个国家的元首。

治国之后要平天下，平天下是不是要统一这个世界？好像不是。中国人不太讲统一世界，我们讲一统天下，一统跟统一是不一样的。真正能够行得通的，也只有一统天下。所谓一统天下，就是世界大同。

《易经》里有两个卦，一个叫作大有卦，一个叫作同人卦（见图13－3），合起来就叫大同。

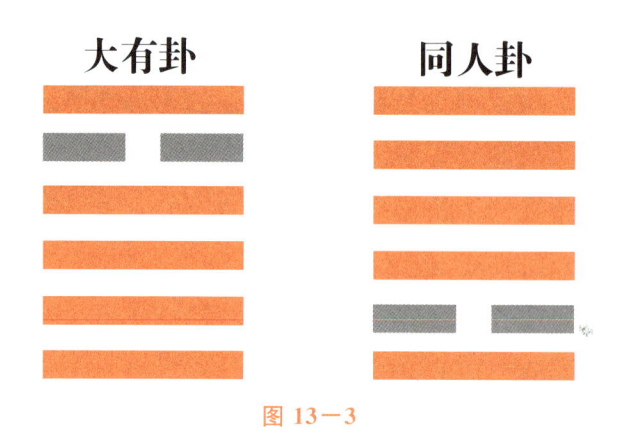

大有卦 **同人卦**

图 13－3

世界只能大同，无法一同。我们是求同存异，大同下面尊重小异，所以叫大同小异，也就是一统天下。我们会变成四海一家，但是每一家还是有每一家不同的家风、背景。我们要互相尊重，不要勉强人家跟我们一样，所以我们教小孩，不要让他跟周围的人比来比去，因为每一家都不一样。如果你的小孩问你："为什么这件事别家的小孩可以做，我就不可以做？"你就告诉他："因为我们家和别人家是不一样的，做我们家的子弟，就要按我们家的规矩做事。"一句话就讲完了，还让孩子知道了家家都是不同的。

我们知道世界上有四大文明古国，中国、古埃及、古巴比伦、古印度。然而这四大文明古国中，古埃及、古巴比伦、古印度都由于外族的入侵而失去了独立，中断了古代文明。我们多读一点西方的书就会发

——《易经》的智慧

世界只能大同，无法一同。

第十三集　易经与家庭

现，西方人一直在说，这是个不连续的时代，英文叫作 discontinuous，意思是不连续的、中断的，也就是一段一段分开的。可是我们中国的历史是连续的，只是有些起起伏伏，从来没有中断过。

埃及跟印度曾经一度亡国，几经努力才终于复国。我们中国只有兴衰，一段时间"隆"，一段时间"没"，但是从来没有亡国。为什么中华文明能够绵延不绝，中国历史能够一以贯之？我们就是靠这部《易经》，就是靠家庭观念在支撑。

《易经》中有一个卦叫作家人卦（见图 13－4），风火家人，上卦是风，下卦是火。

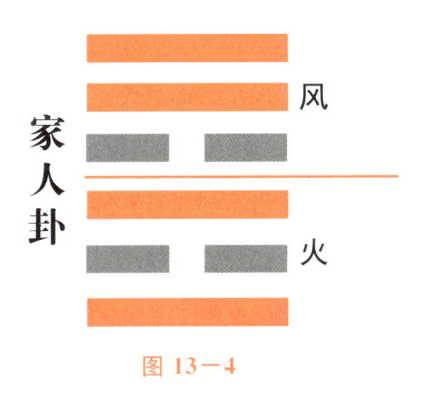

图 13－4

火越旺的时候，上面风就吹得越厉害，上面的风刮得越猛，底下的火就越旺，这表示什么？表示家和万事兴。上面的人做好榜样，下面的人就愿意去学习。中国人了不起的一句话就是：生为陈家人，死为陈家鬼，这在全世界都找不到。既然投到这个家庭，就要照这个家庭的家风去做人做事，不可以破坏和违背。在这种情况之下，我们上下是一团和气，同心协力，所以就能家道兴隆，这靠的就是我们自己一家人。

虽然中华民族经历多年战乱，传统文化也几经毁灭性的打击，但还是流传下来许多族谱和家训。可见中国人是非常重视家庭的，而中国人浓厚的家庭观念，则是来源于《易经》。那么除了家人卦之外，《易经》中还有哪些卦象是和家庭有关的？又能否对我们现代人有所帮助呢？

《易经》的下经中有两个专门讲感情跟婚姻的卦。首先出现的一个卦叫咸卦（见图13－5）。清朝咸丰皇帝的名号就是从《易经》来的，把咸卦和丰卦合在一起，就叫咸丰。"咸"就是"感"字把"心"去掉，一个人要把心去掉，感情才是纯真的，叫作无心之感。但是现代男女要交朋友，讲究来电，来电就是有心，所以不会持久，因为没有任何一个人可以保持持久的电力。

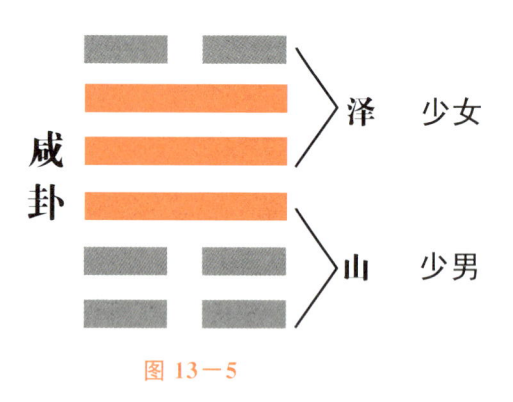

图 13－5

中国人对婚姻是很重视的。大家千万不要受一些人的影响，说媒妁之言、父母之命、门当户对，都是错的。实际上大家都在这样做，而且也生活得很幸福。天底下狠心把女儿卖出去的父母是非常少的，那样的父母根本就不是人。做父母的都以儿女的幸福、一生的荣禄为重，他们会很谨慎地处理这个事情。两个人交朋友，要经过长期的了解，慢慢培养感情。但是有一个条件，我们看咸卦就会知道，泽山咸，咸卦的上卦是少女，下卦是少男，这个卦象是女的在上，男的在下，也就表示恋爱的时候，男的要去追求女的，女的不可以追求男的。现在很多人说，时代不同了，女追男又有什么关系？说这种话的人，大都是还没有这样做过的，如果真的遇到这样的情况，自然就会知道其中的问题。

男的追女的是隔一重山，女的追男的只隔一层纱。凡是女的追男的，那种婚姻都不太可能持久。因为对男人来讲，得来太容易的通常都不会珍惜。但是男的追女的真正能追成的很少，倒是女的把男的钓过来的比较多，这个才高明。女孩为什么要费心去追男孩？钓他就好了，你追他会把他吓跑的。很多男的跟我讲："我追上了一个女孩子。"我就告诉他："你错了，是你被她钓上了。"所以这一个明的一个暗的，也是一阴一阳。

咸卦后面就是恒卦，结婚了以后就要走恒卦（见图13－6），才能长长久久。

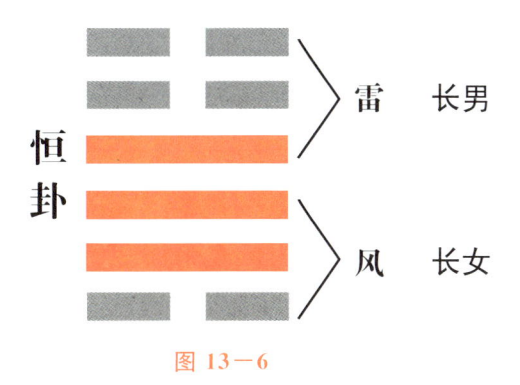

图 13－6

像我们这一辈的人几乎是不会离婚的，因为我们脑海里连离婚的观念都没有。人是有了离婚的观念才会去离婚，千万不要说离婚是年轻人的事情，有很多人六七十岁也会离婚。我就曾经问过一个年纪很大还去

离婚的人，为什么这么老了还离婚，他说："以前我是不方便离婚，现在小孩都长大了，可以放心离婚了。"所以也不要以为离婚就是年轻人的专利。

我可以很清楚地告诉大家，脑海里有离婚观念的人迟早会离，脑海里没有离婚观念的人，就是吵翻天都绝对不会离。很多人问我："你跟你太太吵不吵架？"我说："夫妻不吵架，那就是客人。"夫妻哪有不吵架的？但是我们有吵架的资格，有吵架的权利，因为我们再怎么吵都不会离婚，不像有些人刚刚开始吵就离婚了，甚至还没有吵起来就离婚了。两个人会离婚，其实就是不懂《易经》，谈朋友的时候要走咸卦，咸卦是女在上，男在下，是要男的追求女的，可是结婚以后，就要走恒卦，雷风恒，男在上，女在下。

通常离婚对女人来说是比较痛苦的，离婚以后，男的很快就又结婚了，而女的多半要抚养小孩。而且女的很快就衰老了，还能找谁？男的只要有钱，再老也有人要，这是非常奇怪的事情。读懂《易经》我们就知道，女孩子是跟七有关系的，所以叫妻子。二七一十四，女孩子十四岁就成熟了；七七四十九，女人到四十九岁就差不多停经了，就不会生育了。男人跟八有关系，二八一十六，男孩子大概十六岁才成熟，比女孩子晚。但是八八六十四，男人到六十四岁还能生小孩，这是自然规律。

所以按照咸卦和恒卦来处理感情和婚姻，婚前格外谨慎，婚后睁一只眼闭一只眼，人生就会很美满。至于幸福不幸福，那是个人的感觉，不是很客观的东西。

俗话说，家和万事兴。但是要营建一个稳定、和谐的幸福家

第十三集　易经与家庭

庭，是需要一些智慧和能力的。《易经》中的家人卦，就是专门告诉人们，应该怎样做，才能够治理好家庭。那么家人卦都说了些什么？古老的《易经》真的能够帮助我们现代人处理好家庭的关系吗？

家人卦（见图13－7）上面一个阳爻，下面一个阳爻，这告诉我们，家是一个完整的团体，要防范的是外面的人。家有家规，家有家的安全范围，所以没有一个家是没有大门的。门有两个功用，一方面防止外人进来，一方面防止家里面的人出去胡作乱为，这是双方面的，因为有阴就有阳。

家人卦中，九五代表爸爸，六二代表妈妈。因为上卦代表外，下卦代表内。通常家庭中都是男主外，女主内。有人说这个不平等，那我现在要问，半夜，或者外面情况令人很不安的时候，有人敲门，叫谁去开门？丈夫再懦弱也要说"我去开"，这才像个男子汉！如果丈夫对妻子说"你去你去"，自己反而躲到床底下，那以后他在家里面还有什么地位？所以男主外、女主内，这没有什么不平等。

图 13－7

但是《易经》告诉我们，有例行的就有例外的，像武则天、花木兰，我们也很尊敬她们。武则天是女人，但是她的乾道发挥得非常好，如果不是被人扯后腿的话，她还可以做得更好。花木兰女扮男装，代父从军，征战疆场，屡建功勋，谁又能否定她的表现？凡事都可以有特例，我们并不反对，但是就常态来讲，外面事情多是爸爸去办，家里事多是妈妈来办。

《易经》告诉我们，父亲要严，母亲要慈。这是什么道理？因为母亲跟小孩在一起的时间比较长，如果母亲很严厉的话，这个小孩就会比较可怜。幸好母亲比较慈，父亲比较严，倒过来就不行了。现在很可怜的就是，父母一起来讨好小孩，最后整个家庭乱掉了。爸爸跟妈妈要通力合作，让小孩知道这个家庭是有规矩的，所以家教要讲究方法。

妈妈常对小孩说"你再不乖，爸爸回来你就该挨打了"，这是出卖爸爸吗？其实这就是要造就爸爸的威严，人总是应该有一个害怕的人，尤其是小孩。连孔子都讲："君子有三畏：畏天命，畏大人，畏圣人之言。"（《论语·季氏》）人心里头总要有一些害怕的对象，这样才会自我约束，天不怕，地不怕，那还得了？小孩是需要教育的，总要让他有一个比较怕的人。

父亲尊重母亲是阴，母亲尊重父亲是阳，这阴阳一结合，就完全不一样了。小孩不听话的时候，妈妈可以放心地对小孩说："你再不乖，爸爸回来你就该挨打了。"爸爸回来，妈妈要偷偷地告诉爸爸今天孩子做了什么不好的事情，爸爸能不能出卖妈妈说"妈妈告诉我，你不听话，我打你，你要恨就恨妈妈"？如果爸爸那样说，就是不懂事理，那

有例行的，就有例外的。

——《易经》的智慧

第十三集　易经与家庭

他还算什么爸爸呢？这个家庭又怎么会和呢？孩子怎么会有长进呢？爸爸听说女儿把妈妈的胭脂和口红涂得到处都是，妈妈拿她没有办法，爸爸说："我知道了。"他不会马上有什么动静，而是等到合适的时候才说。

大家有没有发现，爸爸直截了当跟孩子讲，孩子根本听不进去。凡是父母直截了当去教训小孩的，小孩都是不太听的。我问过好多被爸爸叫去骂了半天的小孩子："爸爸骂你什么？"小孩都说不知道。我很奇怪："骂那么久，你不知道爸爸骂你什么？"小孩子说："我只看到爸爸在那里喋喋不休，但是我一句话也没听进去。"这就是爸爸不会教育，小孩子最有兴趣的，就是偷听爸爸和妈妈在讲什么话，所以父母用对答来教小孩，才算是会教育。

其实，中国人教小孩都是选择吃饭的时候。吃饭时爸爸问妈妈："最近你有没有看到小玉？"小玉是亲戚或者邻居家的女儿。妈妈说："没有，我好久没有看到她了。"爸爸说："我今天出去办事的时候，正好碰到小玉，她好可怜，你知道吗？"妈妈马上紧张地问："怎么可怜啊？小玉怎么了？"这些话都是讲给小孩听的，要不然那么紧张干什么？爸爸这时候反而说："不要讲了，现在吃饭不适合讲这件事。"这样讲是故意吊小孩的胃口。妈妈说："你快讲，你讲一半可不行，我都憋坏了。"爸爸说："我讲了，你连饭都吃不下去了。"妈妈说："不会的。"这样小孩会更有兴趣听爸爸妈妈到底在讲什么。爸爸说："小玉不晓得为什么，拿她妈妈的胭脂和口红在自己脸上乱涂乱抹，涂到最后开刀了，现在变得好难看。"小孩听到这话，从此以后看到胭脂碰都不会碰，坏毛病在不经意间就纠正过来了。

为什么非要那么直地讲话呢？中国人要"点"，你一点，他就醒

了。中国人的警觉性是全世界最高的，但是有一点我们忽略了，中国人也是自主性最强的人——我要改变，我随时可以改变，别人想改变我，门儿都没有。我们老想改变小孩，这是父母的大错，小孩自己会改变的，自己改变，轻而易举，但是大人要改变他，却是想尽办法都没有用。

> 我们现在大多是独生子女家庭，每一对父母都希望自己的孩子有出息，许多家庭甚至不惜重金来培养孩子。但是独生子女的教育，却越来越成为许多家庭头疼的问题，这是为什么呢？

我们把三样东西都搞错了：第一个，方向错误；第二个，方法不对；第三个，方式有问题。如果把这些搞清楚，就很容易教小孩，没有什么难的。家庭要有规矩：我们家就是这个样，别人家怎么样我不管。父母要让小孩知道爸爸妈妈是有原则的，他不能去挑战。家规立起来，小孩就会知道要怎么样去约束自己，也自然就知道该怎么去走。

家教会影响到一个人的一生，我们一定要记住这句话：养儿子不教，害死自己全家；养女儿不教，害死别人全家。

一个男人找错了太太，会倒霉九代，不是一代而已，九代都收拾不了残局。婚姻不是年轻人自己可以选择的，因为他太年轻，很多事情并不明白。很多人跟我抱怨："我爸爸不懂，我妈妈也不懂，所以我才会这么糊涂，很多事他们早该告诉我的。"但是抱怨有什么用？后悔有什么用？没有用的，所以一定要事先防范。家人卦的第一个密码，就是一个字：闲。闲是什么意思？就是门要加上一个木头，把它栓

> 家教会影响一个人的一生。
> ——《易经》的智慧

第十三集　易经与家庭

起来。第二个，家里面不能有闲人，不能晚上收留不认识或者不熟悉的人在家里面。第三个，家里面的人要勤劳，不能太闲，一闲就出事，也不要一天到晚老没事干，讲些闲话，都是这个"闲"，而最后归纳起来就是提醒我们要防患于未然。父母要负责任，教育自己的孩子，就要防患于未然。

小孩现在就这样，将来怎么办？这是中国人最常想的问题，但是外国人却很少想。同样是家庭，西方的家庭是有限公司，他们的小孩到18岁，父母就退股了，小孩就独立了；中国的家庭是无限公司，孩子一辈子都是家里人，想把他丢掉都不行，就算登报说脱离父子关系也没有用，我们的亲情是割不断的。因为小孩到哪里，人家都认得那是你的小孩。

其实很多问题父母都可以提前防患，因为孩子的可塑性很强，很多习惯都是慢慢养成的，父母一定要负起责任。像我们这个年龄，不管在哪里，用抽纸只用一张，不像现在人一通乱扯。如果一个家庭里有小孩子毫无节制地拿纸，那他就是个败家子，做父母的应该从现在开始就要教他，否则他将来会把整个家都败掉，家里绝不容许有败家子，这是父母的责任。我吃早餐，从来没有用过第二张纸，一张餐巾纸刚用一下，服务员就要帮我换一张，我会告诉她："先等等，我还没有用完。"那么浪费干什么？再有钱的人，也没有资格浪费。因为浪费是一种习惯，"由俭入奢易，由奢入俭难"，一旦放开来，就没救了，节约永远是美德，这是不变的经。

> 节约永远是美德，这是不变的经。
> ——《易经》的智慧

如果小孩第一次拿了钱出去，你就认为他偷你的钱，这是大人没有知识。因为在小孩的脑海里根本没有偷这个字，你说他偷了钱，他才开

始有偷的观念：原来这叫偷啊，还有这么好的事，以后缺什么东西，我就偷吧。这是你教会他什么是偷的。

小孩没有财产归属权的观念，做父母的最好还是用对话来教育小孩。妈妈就问爸爸："我桌上的钱，是不是你拿的？"爸爸说："如果我拿了，一定会告诉你，因为我不是那种随便拿人家的钱而不说的人。"其实这些话都是在教小孩。妈妈说："对啊，如果你不讲就拿了，人家还以为你是偷，事实上你没有偷的意思。"这时候小孩就会跟妈妈说："我真的不是偷，我只是不知道那个钱不能拿，所以我就拿了。"妈妈说："没有关系，没有人说你偷，我们家从来没有人偷东西，不过以后你要注意，免得外面的人以为你有不好的习惯。"这样他很快就改过来了。

如果你一口咬定小孩偷东西，他就真会偷给你看——反正你们说我偷嘛，我不但偷家里的，还偷外面的。把小孩逼到墙角里面去，对大人一点好处也没有。

家庭教育不是那么简单的事情。《易经》里面的家人卦是一个对我们每一个人都很重要的卦，家教一定要严，宁可严不能宽。现在很多人听到严，都以为是虐待。这怎么是虐待呢？这跟虐待一点关系都没有。

在教育孩子的问题上，一直有许多争议。古人云：棍棒底下出孝子。在传统社会中，对孩子不仅是严格教育，而且犯了错误还会给予严厉的惩罚。但是现代人认为，那是封建家长制度，对孩子应该是说服教育，绝对不应该打孩子。那么到底应该不应该打孩子呢？

第十三集　易经与家庭

教育小孩到底要不要打？说要，是不懂《易经》的人，说不要，也是不懂《易经》的人。《易经》没有要跟不要，所以学了《易经》以后，你就不要问这些问题，人家问你这些问题，你就不要回答。真的要回答就一句话：打不打不重要，怎么打才重要。《易经》是专门研究怎么打的，打得合理就打，打得不合理就不打。教育孩子宁可严，因为严了要放松很容易，但松了要紧那是非常困难的事情。如果衣服总是穿得宽宽松松，要打领带就很别扭；如果天天打领带，偶尔一天不打，就会觉得很舒服。

大家从《易经》这个角度回头去看就会明白，家庭永远是我们在茫茫人海中最温暖的港湾。我们行有余力还会照顾左右邻居，但是前提是先把自己的家顾好，叫作固本，把小孩培养好，这是长远的。

自己在家里面规规矩矩，到外面自然以身作则。咸卦是婚前，上面就是少女，下面是少男，而恒卦是婚后，男的在上，女的在下。为什么这个位置会颠倒？大家真的要好好去想一想。

还有大家非常熟悉的两个卦，一个叫泰卦，一个叫否卦（见图13－8）。泰卦是地在上，天在下，也就是母亲在上，父亲在下。否卦是天在上，地在下，也就是父亲在上，母亲在下。大家不要以为中国人是重男轻女、男女不平等，绝对没有这个事。我们是有时候男在上、女在下，有时候女在上、男在下，要根据"时"做一个合适的搭配。

> 家庭永远是我们在茫茫人海里最温暖的港湾。
> ——《易经》的智慧

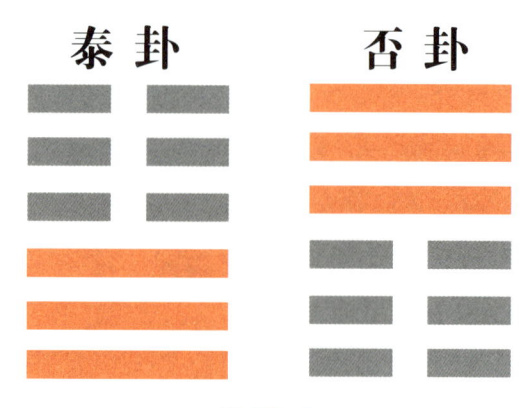

图 13-8

母亲要在子女面前尊重父亲，树立他的权威；父亲要以母亲为重，常常告诉小孩不能气妈妈。小孩不敢气父亲，所以父亲可以放心地跟孩子说："你可以气我，你不可以气妈妈。"而且爸爸还要告诉小孩："妈妈每天那么辛苦，你还这样惹她，哪一天惹到爸爸不想工作了，专门在家里盯着你，你就该后悔了。"然而现在的家庭不是这样，往往妈妈出卖爸爸，爸爸出卖妈妈，家庭也就变成叛逆团体，这还得了？怎么会家和万事兴呢？这是我们中华文化的命脉，如果不重新搞好，我们的后代就会很危险。

我们每一句话都有经有权，有明的有暗的，不只是一句话而已。我们常说"父母在，不远游"，但是又说"男儿志在四方"，这不是矛盾吗？这两句话合在一起，就是如果应该在家，就说父母在的时候不远游；可是应该出去的时候，就说男儿志在四方。光耀门楣是很重要的事，中国人要光耀门楣，但也要承上启下，父母年纪大了，生病了，我们就应该把自己的功名暂时放一边，因为以后功成名就的时候，可能父母已经不在了，我们再想回来服侍父母也已经晚了。有天大的事情，交给别人去做把父母陪好，这是我们人生最重要的事情。父母走了以后再出去都来得及，为什么非要为了功名而置父母于不顾呢？那是非常不对的。

为什么这边说门当户对，那边又有私定终身？就是该门当户对的时候我们就要门当户对；而自己非常有把握，认为再也没有人好过眼前这个人的时候，就私定终身，又有什么关系？我们是给大家很大的弹性。但是标准是什么呢？两个字而已：合理。合理就可以，不合理就是不行，可见《易经》并不是一个一个很单纯的象而已，《易经》是一个连锁，叫作象数理的连锁。象数理是有连锁作用的，所以我们下一讲就来讨论：卦的象数理。

第十四集

卦的象数理

象和数是变化的现象，理是不变的规律。我们学习《易经》，就是要透过变化的现象，掌握不变的规律……

我们学习《易经》，应该掌握卦的象、数、理这三个方面的基本知识。其实，《易经》中的象、数、理，一直就在我们的生活当中。比如，"不成功，便成仁"，这句话就来自于《易经》中大过卦的卦象。大过卦可以看成是棺材，也可以当成是桥梁，而桥梁就是成功，棺材就是成仁。"不成功便成仁"，就是大过卦的象所展示的卦德。

又比如，每当我们拿不定主意，或者忐忑不安的时候，常常会说心里七上八下的。这个七上八下，就和《易经》中的数有着密切关系。但是数字七比八小，为什么是七在上而八在下呢？《易经》中的理又是什么？学习《易经》，是不是可以使我们变得更加智慧呢？

第十四集　卦的象数理

人们都说《易经》是从象开始的，实际上这种说法不是很准确，应该说，一切一切都是从数开始的。心中没有数，怎么去画那个象呢？只不过我们第一眼看到的是已经画出来的象，而没有深入了解每个象的背后，一定有一个数存在。

中国人常常讲：一切有定数。这句话其实并不迷信，它是告诉我们，所有的事情大都有一定的规律，宇宙万象都是有定数的。比如，内行的人看到一棵树，就大概知道它能不能继续存活、能活多久、将来会长成什么形状、做什么用途。又比如，我们常说"三岁看大，六岁看老"，就是看到一个小孩三岁时的表现就能大概知道他长大以后是什么样子，看到他六岁时的表现，这个孩子的一生就差不多能看透了。可能有人会说他看不懂，那也只是他个人的修为没有这么高而已。中国有这种修为的人很多，自古至今，凡成大事者，在识人上都有过人的本领。

孔子曾经说过，即使是一百世以后的事情，我都可以看清楚。这在《论语》里记载得很清楚：虽百世，可知也。这并不是神通，而是推论，也叫作推理，这样我们就说到了《易经》中的理，它在象和数的后面，更加难以看清楚。理是象跟数合起来所得到的一个规律，数和象都离不开理。中国人常说，要按照道理行事，就是说只要依理去做事，基本不会出什么大的差错。

我们提到象，会想到象是现象，还是真相？要知道现象并不一定代表真相，因为现象是有虚有实的，有真相，还有假象。而《易经》中所指的象，是虚实合起来的，因为整个宇宙也是有虚的就一定有实的，有看得见的部分就一定有看不见的部分，也就是有阴有阳，阴阳是同时存在的，任何人都无法清楚地分开。

一个会看相的人，根本不会去看人的表面。我们常常听到有人说"给我看个相吧"，其实这时就已经不必看了，因为他在说这句话的时候，全身上下都已经做好了被看的准备，已经全都是假象了。看相，要在被看人不经意的时候去看，才能看出真相，这才是看相的道理。这和综合判断一个人的表现是一样的道理，而并不是迷信，很多事情，其实是我们自己弄不清楚，却说它是迷信。从现在开始，我们要把《易经》的象、数、理搞清楚，这样才能知道自己的判断是不是合理。

> 《易经》本来是来源于自然的，但是由于它艰深难懂，又被一些似懂非懂的人利用来看相算命，于是《易经》不仅被蒙上了一层神秘的面纱，而且被打上了迷信的烙印。实际上，只要搞清楚了象、数、理，我们就可以知道《易经》的奥秘。那么我们首先来看看，什么叫象和数呢？

最早伏羲氏找到了两个最简单的象，就是远古先民结绳记事的两个动作：一是打结，一是松开。用今天的话讲，《易经》就是开关，跟电灯的开关一样。所有的电灯都是由开关控制的：开关开了，灯就亮了，开关关了，灯就暗了。同理，阴就是关了，电门不通，因为它是物质方面的东西；阳就是开了，电门通了，因为它是能量，是精神方面的东西。我们以前一味说，精神就是精神，物质就是物质，等到西方的爱因斯坦证明了物质和能量是互变的，物质的运动速度快到一定程度就会变成能量，能量的速度慢下来又会变成物质，我们就说爱因斯坦太聪明了。其实我们不知道，我们的老祖宗很早以前就告诉我们，阴极就变阳，阳极就变阴，阴阳本来就是互变的，这和爱因斯坦的话是一样的道理。

那么是数从象来，还是象从数来？我们中国人有一句话，叫作心中有数。其实每一个人都是相当主观的，是心中已经有数了以后才去看象的。

《易经》的六十四卦，每一个卦都是由六个爻组成的。其中连续的一画是阳爻，中间断开的是阴爻。六个爻不是阴的就是阳的，所以一个卦总共只有两个符号。一个卦的六个爻怎么变化都可以，可以有三个阴三个阳，也可以有两个阴四个阳，还可以有两个阳四个阴……但是无论怎么变，无非就是阴阳两种。而阴阳又有一个共同的东西，这就是我们所说的数。数是有生命的是活的，不像我们现在所学的数学是死的。

我们来看一个卦（见图14-1），这个卦就像是一口棺材。中间四个阳爻像一个死人，硬邦邦地躺在棺材里，两头各有一个阴爻，就像四颗钉子一样钉下去，盖棺论定，这个卦就是个棺材象。

图14-1

其实，我们生活中的很多东西都是从卦象模拟来的。一个人要刚强，但是过刚的人就会死得很快。假如一个人说，"我就硬脾气"，那他就准备要短命了。我们看自然现象，人活着跟死了的不同就在于活着的时候有弹性，死了就僵硬了，一个人如果生气气到全身都硬了，那就是快死了。我们读了《易经》就应该明白，不要气成那个样子，我们还是要活下去的。

同样是这个卦的象，我们也可以不把它想象成棺材，而想象成是一座桥梁——它的底下是大河，两边的阴爻都是钉子，一条条的阳爻是木板，我们踩着它就可以过河了。这样一来，这个卦象又变成桥了。一个象，不同的人来想象，会有不同的结果，所以我们才需要卦名。卦名就是给大家一个范围，我们只能在这个范围内来想象，而不能是看到一个卦象，就信马由缰地乱想一气。

我们上面看到的这个卦，卦名叫作大过，之所以叫这样的卦名，原因其实很简单，就是因为《易经》里阳大阴小，凡是阳就是大的，阴就是小的。这个卦里有四个阳、两个阴，就表示大的多、小的少，是大过于小，所以叫大过。我们应该注意任何事情只要大过于小，就要小心有类似大过的问题出现。

依此类推，《易经》里的小过卦（见图14－2），就是中间有两个阳爻，两边各有两个阴爻，总共四个阴爻、两个阳爻，即小过于大。小过的象就是一只小鸟，中间两个阳爻是鸟身，旁边两对阴爻是翅膀，它的意思是飞过去就没有痕迹了，所以我们不会太注意它。当你看到一副棺材时，你不会不在意，而当你看到一只小鸟时，也许你根本不会在意，人之所以会小过不断，就是因为不在意。我们今天总觉得很多事情难以琢磨，就是因为没有按照《易经》的道理去想去做而已。

第十四集　卦的象数理

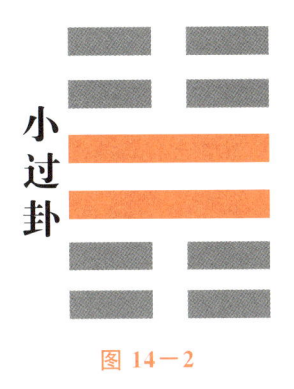

图 14-2

现在我们知道了，《易经》里面有个卦叫大过，有个卦叫小过。孔子曾经讲过"不二过"，就是说，你不要犯大过，也不要犯小过。但是有的人一听到大过，就觉得糟糕了，实际上并非如此。大过其实是一个让人喜悦的卦，看到这个卦我们应该很喜悦才对。

象，就是指卦象。卦象原本是自然中事物的形象，所以我们看卦的时候，既需要丰富的想象力，还需要运用《易经》的思维，从正反两个方面来考虑问题。那么大过这个卦象，都代表了什么不同的意思？为什么我们看到大过卦应该喜悦呢？

很多人读《易经》，只会从文字表面上去解释，所以看到大过就觉得是不好的卦。在这里我们要强调一点：《易经》里根本没有好卦和坏卦之分。

我们看到大过卦就要明白，这其实就是《易经》的理：它要么是棺材，要么是桥梁。桥梁就是成功，棺材就是成仁，所以不成功便成仁，才叫大过。

大过就是创新，就是改革，是高度冒险的事情。到底要不要做，要靠本人决定。老子曾说"不敢为天下先"，就是告诉我们，一个人如果

下定决心要为天下先，心里就要做好充分的准备——不成功便成仁，成功了不见得有自己的份，失败了就要死。古往今来所有的大人物，都是准备成仁的。古代的忠诚之士，明明知道讲这句话皇帝会生气，可是职责所在，必须要讲。既然要讲，就要做好死的准备，真正到了皇帝要杀他的时候，他绝不会求饶，因为他死得心安理得，这种结果是他早就想到，并且愿意承受的。

我们一般人是没有能力也没有机会犯大过的，充其量只会犯一些小过，所以世上大多数人都是小过不断，大过不犯。而历代的伟人，不论从哪个角度看，他们在当时都是犯大过的，都跟当时的时代有非常激烈的冲突。现在我们应该明白：犯大过的人，心里要有一个观念和决心，就是不成功便成仁。大过卦告诉我们，一方面，你可以成功地构筑出一条通向未来的桥，为人民谋福利；另一方面，如果不成功，就要准备进棺材了。所以大过卦是有两个象的，一个是说人不犯大过比较安全；另一个是说，如果要犯大过就要有种，要有担当、有责任，预备好要么成功，要么成仁，真到失败的时候，要死而无憾，因为所有道路都是自己选择的。

《易经》中有一个颐卦，中间四爻全都是阴的，只有上下两个爻是阳的（见图14－3）。这个卦与我们上面说到的大过卦，正好完全相反，大过卦中的阳爻在这里全变成了阴爻，而阴爻全变成了阳爻。这种现象在《易经》中叫作错卦，即两个卦相错。再举个例子，乾卦里全部都是阳爻，而坤卦里全部都是阴爻，乾卦和坤卦就是相错的。

第十四集 卦的象数理

图 14-3

大过卦的上下两爻是阴爻，中间都是阳爻，相错后变成的颐卦上下两爻是阳爻，中间都是阴爻。在颐卦中，上面的阳爻代表人的上嘴唇，下面的阳爻代表人的下嘴唇，中间的四个阴爻代表人的两排牙齿。这个卦讲的就是大小通吃、大快朵颐，所以这个颐卦，是表示养生的卦。

颐卦由山、雷构成，上面三爻是山，下面三爻是雷。相对来讲，山是不动的，而雷是动的，就像我们吃东西时，上面的牙齿是不动的，都是下面的牙齿在动，上面是阴，下面是阳。有人不信邪，非要下面的牙齿不动，上面的动，试试就发现，那样是根本不行的，因为这是自然的象，谁也改变不了。万事万物总是要一个阴一个阳，两个都动或者两个都不动，都是行不通的，只有一静一动、一阴一阳才是《易经》的道理。

我们知道山不会发出声音，但是雷会发出声音。那么我们吃饭到底要不要发出声音呢？如果一个人吃饭完全不出声音，就表示雷怎么都发不出来，被山压得死死的。由此可以推测，这个人可能很拘谨，或者心情很沉闷、很惊恐，才会连一点声音都不出。既然是雷，多少应该发出点声音，这样才表示我们心里很坦然。当然吃饭发出的声音太大也是不好的，会让人感觉这个人肆无忌惮，或者是缺少教养。

颐卦的道理是说，与其在那里看别人饮食，还不如自己去找食物来吃，我们不要整天看别人吃饭，完全可以自己去找点东西来吃。

既然颐卦的象是两排坚硬的牙齿咬东西,那么如果当中出现一根鱼刺呢?我们会发现,卦象马上就变了,变成了噬嗑卦(见图14－4)。噬嗑卦的意思是:不是你咬断中间的这根鱼刺,就是它把你的牙齿硌掉。一句话,一切的道理都在里面了。

噬嗑卦

图 14－4

我们现在知道了,象就是卦象,但是同样的卦象,可以有完全不同的解释。同是一个大过卦,也许是个棺材,就是死路一条,也许是一座桥梁,就是通往成功的道路。所以我们才有"不成功便成仁"的说法。由此可见,我们中国人许多的成语和观念,都是来自《易经》的。那么《易经》中的数,又是怎样影响着我们中国人的呢?

《易经》的六十四卦,每一卦都有卦名,不同的卦名代表不同的意思,这就是让我们看到象以后不要乱想,而要根据卦名来做合理的想象。卦中的每一爻都是数的变化,而数的变化,就是一而二、二而一而已,一而二,二而一,就是一分为二,二合为一。

对比一下,我们就会发现,与《易经》中所讲的数相比,现在最高深的数学也不过如此。我们来看两个例子作一下比对。第一个,我们在一边列出太极、两仪、四象、八卦、十六卦、三十二卦、六十四卦,在另一边列出始数、方根、平方、立方、四次方、五次方、六次方（见图 14-5），就会发现它们是一一对应的。

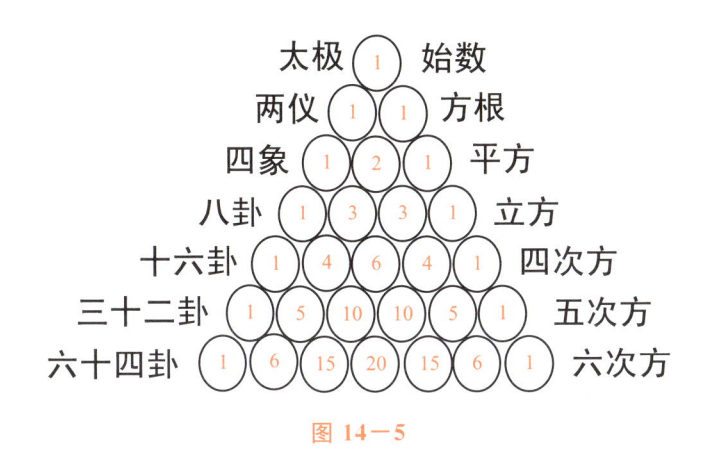

```
         太极    1    始数
         两仪   1  1   方根
         四象  1  2  1  平方
         八卦 1  3  3  1 立方
        十六卦 1 4 6 4 1 四次方
       三十二卦 1 5 10 10 5 1 五次方
      六十四卦 1 6 15 20 15 6 1 六次方
```

图 14-5

第二个，我们在数学里学过 2^n，我们假设 n 等于 0、n 等于 1、n 等于 2、n 等于 3，与太极生两仪、两仪生四象、四象生八卦对应起来，又会发现，两个还是一模一样的（见图 14-6）。

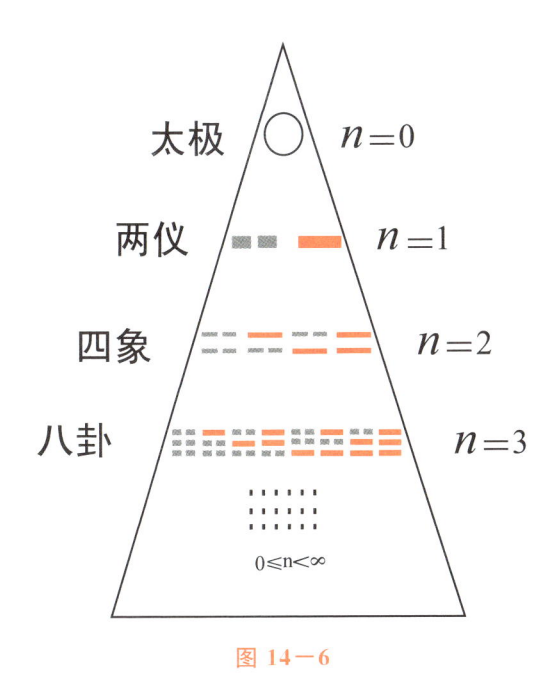

```
       太极   ○        n=0
       两仪   ⚋ ⚊       n=1
       四象  ⚏ ⚎ ⚍ ⚌     n=2
       八卦 ☷☶☵☴☳☲☱☰   n=3
             ⋮⋮⋮⋮⋮⋮
            0≤n<∞
```

图 14-6

243

我们要记住一句话，世界上的一切都是数的变化。比如人的年龄，我们都是一天比一天老，又比如人的身体，也是一天一天在变化。一句话，所有东西都是不进就退，不是越来越好就是越来越差，没有静止不动、维持现状的。朋友之间的交情也是一样，不是越来越亲密，就是越来越疏远，哪怕是亲戚、兄弟，长久不联系、不见面，见面了也没有话讲。《易经》中讲朋友要常往来，要不然就不叫朋友了，只是我们要注意，朋友之间往来，不能仅仅计较利害关系，或者整天聚在一起开玩笑，讲些没有用的话，那都是浪费时间。但是现在很多人都是整天聚在一起嘻嘻哈哈，不知道自己是在浪费生命。如果我们真正明白道理，就应该朋友聚在一起，互相分享一点智慧这样多好！

　　人可以做小丑，但不能玩搞笑，现在的人很喜欢搞笑，实际上这是人类很大的危机。如果你带小孩去看小丑，问他要不要学小丑，他肯定说不要，他自己就知道不要学小丑。可是看到有人搞笑，小孩就分不清楚这样做到底是正经还是不正经。小孩只会觉得好玩，所以马上就跟着学，这就糟糕了，对于这一点，现在的演艺人员要负很大的责任，但是他们不知道他们把很多人带坏了。这种例子有很多，有的演艺人员把头发搞得五颜六色、乱七八糟，像摸了电门一样，结果一些小孩就跟着学了，最后连父母都管不了。我们想一想，一个人有多少时间可以用来整天摆弄头发？

　　做父母的更要做孩子的好榜样。如果爸爸整天穿名牌，小孩一定从小就追名牌，衣服本来是用来保暖的，只要整齐舒适就可以了，跟名牌没什么关系。追求名牌，是人类自找麻烦，是因为他们不明易理，任何事情，当数一变的时候，后面就已经发生很大的变化了，这叫作差之毫

第十四集 卦的象数理

厘，失之千里。

我们所说的数，其实很简单，用"一、二、三、四、五、六、七、八、九、十"这十个数，大概就可以解决了。我们的手一共有十个指头，一个手掌有五个指头，这五个就叫生数。生数是做基础的，到五个数没办法解决的时候，才把六拿来凑，所以六以上都叫成数，是凑成一个数的意思。一件事，用五能够解决就用五好了，我们之所以把一队人马叫队伍，就是说这队人马，用一个手掌的五个指头就可以掌握。如果一只手掌握不了，怎么能叫作队伍呢？如果叫"队六"的话，就说明有一个跑掉了，叫"队七"更糟糕，说明两个跑了，所以，中国有很多话，如果我们了解它的真意，自然就知道该怎么做了。

我们用九和六也是这个道理。《易经》中，九跟阳是密切相关的，九代表老阳，而六跟阴是密切相关的，六代表老阴。一个人说话不算数，我们就说他又变卦了。《易经》六十四卦每一卦都是会变的，所以叫作变卦。一个卦成了以后，只要其中的一个爻变化，整个卦就变了，所以才说牵一发而动全身。因此我们在九和六的基础上，加上了七和八，七和八是不变的，因为阳极成阴，阴极成阳，七是少阳，八是少阴，少阳和少阴是不会变的，老阳和老阴才会变。

说到这里，大家可能会有一个疑问：七比九小，七是少阳，九是老阳，这个可以理解；但八明明比六大，为什么八是少阴，六反而是老阴呢？答案很简单，因为阳是向外扩张的，是膨胀的，所以九比七大；而阴是向内收缩的，所以六比八大。可见数字的大小跟它的性质是有密切关系的。我们说七上八下，就是七这个数会向上变成九，所以叫作七上，而八这个数会向下变成六，所以叫作八下，两个变动一合，就叫七上八下。

我们还可以从数学的角度，来看一看七上八下的道理。在《易经》中，奇数为阳，因为阳是扩张的，所以阳是正数；偶数为阴，因为阴是收缩的，所以阴是负数。七是奇数为阳，八是偶数属阴，所以七在上，八在下（见图14－7），七上八下就是这么来的，可见《易经》在我们的生活中，确实无处不在。那么《易经》象、数、理中的这个理，又该如何理解呢？

象、数的变化后面有个理，理是长期不变的。从现在开始，我们要有这样一个观念，就是当你听到不变的时候，你就知道它会变，当你听到变的时候，你就知道它后面一定有不变的东西。阴阳是同时存在、永远不会分开的，所以变和不变也是永远不分开的，这是《易经》最重要的精神。我们说现在是阴天，其实太阳还在那里，只是被云层遮住了，我们看不到而已，等到乌云散开，太阳马上就出来了。刚刚雨还下得很大，突然间太阳又冒出来，不是太阳跑得多快，而是它本来就在那里，根本没有离开。

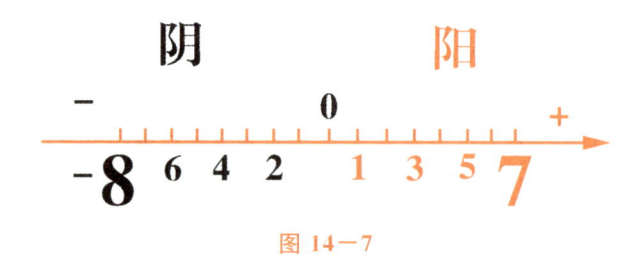

图14－7

实际上人的眼睛所看到的差不多都是假的，可是人最相信的就是自己的眼睛，这是人类很愚昧的地方。要知道，我们的五官是会骗人的，宇宙中有那么多光线，我们的眼睛所看到的就是那么一点点，其他的都看不到。一个人站在这里，他所能看到的范围很有限，只有面前这一点，脑后的全都看不到，所以说，人是有限的，我们不要想象自己是无限的，那是很可怕的现象。真正有能力的人，都说自己不足以担任这个工作，所以，当我们听到某人信誓旦旦地说"这个工作交给我办，你尽管放心"，就应该知道他最后一定会出差错。

老子说，正反是同时存在的，正就是反，反就是正。来看两个模型，一个叫无极（见图14-8），无极其实不是什么都没有，而是什么都有，只是我们看不出来而已。另一个叫太极（见图14-9），太极是里面在动，但是我们从外面看不出它在动，任何东西，它里面一定有两个力量在动，就好像当我们心里有一个念头在动的时候，肯定是正反两个方面都有的。比如你看到地上有钞票，立刻就想要捡回去，然后马上又会想，算了，还是不捡比较好。念头一动，正反两个方向都有了，这就叫天人交战。正反又变四象，就更复杂了，我们还用上面的例子，当你看到地上的钞票，就会想，我捡了钞票回去是留着自己用还是交给警察？或者还是让别人捡吧，让别人去负这个责，交不交给警察那是他的事。你看短短一瞬间，就有了四个念头了，再往后就越想越多，想到六十四卦就无法再想了，因为六十四卦就是满数了。

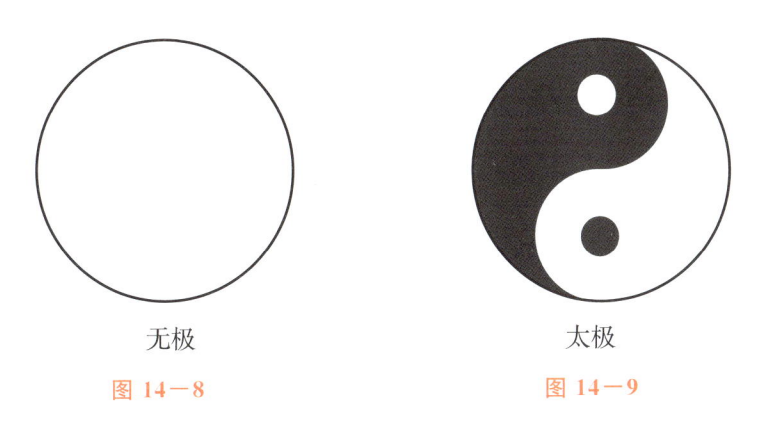

无极　　　　　　　　　太极

图 14-8　　　　　　　图 14-9

再看车轮，当车子往前走的时候，轮子也应该是往前转，但是我们

实际看到的却好像是轮子在往后转，所以往前就是往后，宇宙万物都是这个道理。哪一天当你想到生就是死、死就是生的时候，你就大彻大悟了。人一生的修炼，就是要弄明白，生就是死，死就是生，如果连这个都看不透，那就苦恼多多了。

阴就是阳，阳就是阴；好就是坏，坏就是好，好和坏、阴和阳是随时在变的。有人常常感叹，又过了一天，生命又少了一天。还有人经常为难：如果说时间过得快才好，那就是死得快了；如果说时间过得慢才好，那又很煎熬。我们要奉劝大家：想那些干什么？一切如常，过正常的生活才是最好的。

如果说《易经》中的象和数是变化的现象，那么《易经》中的理就是不变的规律。我们学习《易经》，就是要透过变化的现象，掌握那个不变的规律。那么这个不变的规律究竟是什么？学习《易经》是不是可以使我们变得更加智慧呢？

《易经》的道理是说明宇宙人生的。这一点跟西方不同。西方人是把宇宙交给科学，人生他们是不管的。而中国人是把宇宙和人生合在一起，从来不分开的。中国人认为人是宇宙的一部分，必须要尊重宇宙的规律，所以我们的观念是天人合一的。宇宙和人生，都是从生存到发展再到变化的过程，生老病死是必经的道路，没有人例外，这是一个不变的道理。我们现在过分强调变，所以大家很辛苦。其实变的后面有一个不变的东西，叫作万变不离其宗，这个"宗"很重要。孔子把人生演变的过程，用四个字来概括，就叫元、亨、利、贞。人生的演变，一年四季的变化，甚至整个宇宙的变化，都离不开元、亨、利、贞这四个字。

有一些道理我们很熟悉，却不知道它们是从《易经》中来的，在这里我们做一个简单说明。

第一，循环往复。一周七天，从礼拜一到礼拜天，然后又是从礼拜一到礼拜天，永远都是这样循环，没有一次发生过变动。有人说，一切一切都在变，那为什么从礼拜一到礼拜天不变呢？那不是没有变，是变中有不变，不变中也有变，这就是循环往复。

第二，物极必反。当一个人天天都觉得自己身体好的时候，就要提防生大病了。实际上，常常生病的人是不太容易病死的，反而是那些身体很硬朗的人，是经不起病的，一生病就倒下了。那么一直没有病是好事还是坏事呢？其实生病就是身体里各种器官和功能在演习，常常演习是有好处的。如果一个部队从来没有演习过，敌人一来，肯定就垮了。所以《易经》提醒我们要警惕物极必反，避免事情向不好的方向发展。

第三，动态均衡。宇宙万物都是阴阳变化的，阴阳随时要平衡、调和，这就叫动态均衡。宇宙中的一切都是动态均衡的，当这边的地隆起的时候，我们就知道在地球的某一个地方，地塌下去了。当我们看到一个好人出来的时候，就知道肯定也有一个坏人出来了。世界上没有那么多好人，要那么多坏人干什么？没有那么多坏人，又怎么知道世界上有这么多好人呢？这就是《易经》的思维。那么人要怎么办呢？很简单，该好就是好，该坏就是坏，没有谁对谁错。因为好人就是要治坏人的，坏人就是要被好人治的。如果一个坏人都没有，好人就没有用，就等于零。如果自认为是好人，就要去治坏人，而不要整天只知道抱怨。

第四，超越吉凶。我们是超越吉凶的。老有吉凶观念的人，其实也是不长进的。有这样两个卦，一个是天在上，地在下，叫作否卦（见图14-10），一个是地在上，天在下，叫作泰卦（见图14-11）。有人觉得

奇怪：天明明在上，地明明在下，为什么反映天地正常位置的卦，反而是否卦呢？这是因为，天是阳的，是往上走的，而地是阴的，是往下沉的。如果天在上而地在下，天地上下不交，地上的蒸汽上不去，天上的雨水也下不来，人在中间就活不成了。当然这并不是说要把天弄到下面，把地弄到上面，那是不可能的。我们讲的其实是一股气，是宇宙万物都有的一股气而已。气有阴的就有阳的，有阳的就必定有阴的。天的气往下降，地的气往上升，地和天相交，阴阳交泰，普降甘霖，万物才能丛生。人活着就是一口气，天地之间就是气在起作用。

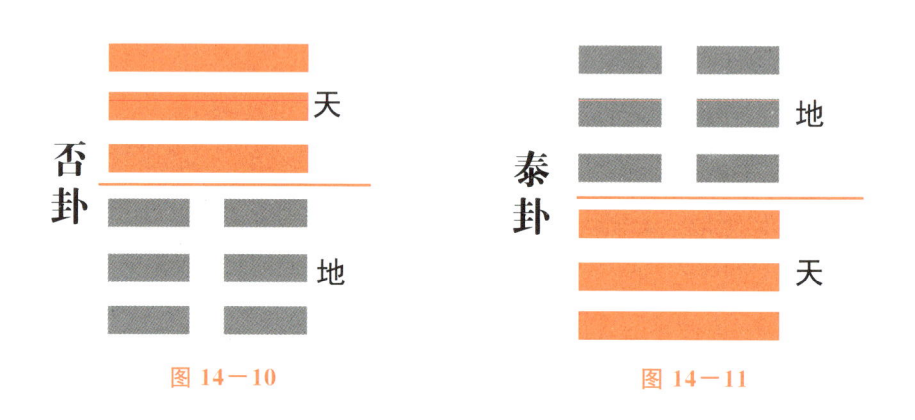

图 14－10

图 14－11

我们看否卦和泰卦都是三阳三阴，都是很调和的，但是虽然同样是调和的状态，但阴阳位置不同，两个卦就完全不一样了。这就告诉我们，要随时注意自己位置的变化，以及时调整自己的观念，人到了哪个位置，就要想哪个位置的事情。

《易经》的卦是没有好坏之分的，如果一定要讲好卦，只有一个，那就是谦卦——谦虚的卦。有一次，我在机场听到一个人打电话，这人跟他的朋友说："你以后不能再谦虚了，谦虚过分就是虚伪。"我觉得这个人实在太差劲了，因为这个世界上什么都会过分，唯独谦虚是永远不会过分的。懂得谦卦的人就会知道，如果一个人没有任何成就，他就根本没有资格讲谦虚，一个人只有在有能力、有贡献之后，才能讲谦虚。现在很多人说话很幼稚，经常说"我这个人什么都不会，就是会谦虚"，实际上那不是谦虚，而是无能，我们早点把《易经》的道理搞清楚，就不会再犯这样的错误。

关于凶吉我们有一个根深蒂固的观念，叫作趋吉避凶。所以我们接下来要谈的就是：《易经》真的能够趋吉避凶吗？

第十五集

超越吉凶

人生的悲剧就是吉、凶、悔、吝,吉生吝,吝生凶,凶生悔,悔生吉。人有了理想,也就没有什么吉凶了……

《易经》的奥妙就在于运用大自然的规律，贯通掌握人类社会的规律。大自然中月圆则缺，潮起潮落，而人类社会也同样存在着这种物极必反的规律。人生就是吉凶悔吝的循环往复，这个叫作无奈的必然律。那么我们应该怎样做，才能够跳出吉凶悔吝的必然律，立于不败之地呢？曾仕强教授告诉我们，六十四卦里面的一个谦卦就是让我们立于不败之地的。

人们常说福祸相依，有很多人热衷于算卦，就是希望能够预知未来，趋吉避凶。那么学习《易经》，是不是可以帮助人们趋吉避凶呢？曾仕强教授说：人有了理想，也就没有什么吉凶了。那么我们又应该如何理解卦象的爻辞中所说的吉凶呢？

第十五集　超越吉凶

《易经》真的能够趋吉避凶吗？我们先要知道，什么叫作吉凶。吉凶跟利害是不一样的，我们讲惯了吉利，以为吉就是利，凶就是害，其实不是。《易经》里面所讲的吉凶的意思，是你如果按照《易经》的道理去做，那就是吉，因为你一定会有所得；你如果不按照《易经》的道理去做，那就是凶，因为即使你有所得也一定守不住。

什么是有所得？即使生意亏本，也会有所得，因为亏了本，学到了经验长进了，这对于自己的成长来讲就是有所得；被别人骗了，也会有所得，因为自己的品性变好了——本来他骗我，我就要骗他，现在他骗我，我也不骗他了，这不就是得吗？当然，这些行为都必须是依易理而行才可以。

如果不按照《易经》的道理去做，虽然可以获得很多的利益，但结局一定是凶的，因为那样的财产和所得根本就守不住。从这个角度我们才能够了解，什么叫作不义之财，什么叫合义之财，什么叫正当所得，什么叫不当所得，否则很难接受这种观念。

我们现在因为观念混淆，老觉得吉凶就是利害。假如真是如此，我们直接趋利避害就好了，为什么还要讲吉凶呢？利害其实是短暂的现象，得失才是比较长期的

> 利害只是短暂的现象，得失才是长期的效果。
> ——《易经》的智慧

效果。

有两句话我相信大家都听过：恩生于害，害生于恩。领导对你好，你就不长进了，放纵自己，养成很多坏习惯。相反的，领导一直督促你，对你很严苛，你就学到一身的功夫。利是害的来源，害才是利的基础，一个人如果能够按照《易经》的思维，把利跟害合在一起想，就会慢慢得到正确的观念。

一个人成功的时候，最怕的就是马上要失败。你成绩不那么好，别人不会追赶你，你成绩一好，所有人都追赶你，你就给自己带来很多压力。如果你这一次排名是冠军，你要知道有很多人都在默默地努力，发奋地学习，只有一个期望，就是想超过你。因此我们千万要记住，做任何事都只问应该不应该，少问结果会怎么样。人生应该是享受过程，而不是计较结果。

> 人生应该是享受过程，而不是计较结果。
> ——《易经》的智慧

做一件事情，先问问自己心里有没有理想，有了理想你就没有什么吉凶了，没有理想你就会有吉凶。如果这件事情是我一生一定要做的，那我不管失败成功都要做，不要再去考虑结果是吉还是凶。人一旦有了吉凶观念，就表示已经不是最高等的了，已经来到中等了。如果不敢说吉凶是自己在定，而是相信吉凶是命在定，那就更下一等了。

所以人分三种：一种人认为吉凶是命在定，这是最差的；一种人认为吉凶是自己在定，这还不错；一种人认为根本没有吉凶，做任何事只问应该不应该，如果应该就算是死也很愉快。

明末的民族英雄史可法，面对强势来犯的清军，死守扬州城，他难道不能逃吗？以前的战争要逃跑非常简单，骑一匹快马，一会儿就逃得不见人影了。史可法可以逃而不逃，宁愿选择死，就是死得其所，死得

第十五集　超越吉凶

其时，这是由人决定，不是由命决定的。可能大家又会说，既然不能扭转局势，我去跳楼好了，这就又错了。在中国的哲学里面，是不容许任何人自杀的，自杀就是对自己不负责任，就是对家人不负责任，就是对社会不负责任。从容就义跟自杀是两码事，因为义很重要，什么叫作义？义就是合理。合理的死，我什么都不怕；不合理的死，我宁可人家笑我贪生怕死，也没有什么不对。

> 很多人热衷于算卦，就是希望能够预知未来，趋吉避凶。但曾仕强教授指出，按照《易经》的道理，人生的最高境界是没有吉凶的。但是我们在卦辞里经常会看到吉字或者凶字，为什么曾教授却说《易经》是没有吉凶的呢？

自然是没有吉凶的。一朵花开了又谢了，它本身并没有好，也没有坏；一只兔子死了，没有凶；一只虫生了，也没有吉。这些都没有吉凶，吉凶是人才会产生的感觉。一只动物跟你很有感情，它死了，你会觉得很难过。一只动物跟你一点感情都没有，死就死了，你不会觉得怎么样。所以同样一只狗，为什么有人讨厌它，有人喜欢它？因为不同的人，对狗的感情不一样，不能一概而论。如果你看到一个人抱着一只狗，比跟他妈妈还亲，比对他爸爸还好，你也不要笑他，也不要生气，因为他是存心气他父母，迟早他会自作自受。我们每个人都要保持平常心，而平常心就是追求大家公认的、正常的、合理的东西。

在小事上我们不要独立特行，要独立特行，一定要在大事上面。在小事上标新立异，只会让人家看不起你。现在有些年轻人一个耳朵上挂三四个环，让人看了觉得很奇怪。要知道人只有耳垂这个地方是没有软

骨的，老天爷就是让你在这里挂耳环的，其他地方统统有软骨，是不能伤害的。有的人嫌在耳垂上挂一个耳环不够，软骨上还要挂一个，鼻子上再来一个，那是自己残害自己。软骨一受伤，细菌一进去，很容易发炎，这是很简单的道理，没有什么难懂的。

我们曾经说过，人生不要有吉凶，不要一天到晚求大吉大利，我们要的是无咎。《易经》所说的无咎，就是说一个人会犯错，但是犯错后会改正补救，然后就无咎了。这个世界上哪个人会不犯错呢？你说你不犯错，那肯定是骗人。

《易经》里面列举了很多错，到最后都演化成无咎，是因为人知错后会去补救，不是单单去改而已，很多人都只知道改改改，改有什么用？善于补救，才会使损害降低到最小，这是一个人该负的责任。

有时候夫妻吵架，丈夫学西方的方式说："太太，我最爱你。"太太心里想，你讲过好几百次了。效果如何可想而知。丈夫再学西方的方式道歉说："太太，我对不起你。"太太心里想，老这样对不起就算了？有没有别的表示？所以这种西式行为对中国人是没有效果的。夫妻吵架后最好的方式，是丈夫倒杯热茶给太太，什么话都不要讲，太太拿双拖鞋给丈夫，十分钟以后两个人就有说有笑了！

无咎就是不后悔，也不找理由。《易经》里面经常出现两个字，一个叫悔，一个叫吝。悔是从心，就是一个人做错了事情后心里面真的想改过，而且会用实际行动来补过。吝是什么？吝是找理由说：我不是有意的，我实在是没有办法。"吝"字上面是个"文"，下面是个"口"，意思就是嘴巴找很多理由来掩饰过错，心里面却完全没有想要改过。

人在很顺的时候容易大意，讲话就随便了，然后就变成凶，这是人生的规律。因为你一放纵自己，就会在无意当中得罪很多人，这些被你

第十五集　超越吉凶

得罪的人就会反扑，于是凶就来了。这时候你会怎么样？你有两种办法：一种是后悔——我真的对不起人家，无论如何都不应该那样刺激人家，然后勇敢地面对这种挑战，去化解当中的问题；另外一种是找理由——我骂他不对，可他也骂过我！他当年骂得比我凶多了，我现在骂他有什么不对？可此时你这些话通通都没有用了。

人生的悲剧就是吉、凶、悔、吝，这个叫作无奈的必然律，人从小到大都无法摆脱这个必然律，所以人的情绪会经常起起伏伏。那么面对这个人生的必然律，我们又该怎么办呢？

《易经》的奥妙就在于运用大自然中的规律，来贯通掌握人类社会的规律。大自然中月圆则缺，潮起潮落，而人生的悲剧，也在吉凶悔吝中，无奈地重复着。那么，是否有什么办法，能够跳出这种无奈的重复呢？

答案太简单了，一点也不难。我们首先要知道：吉生吝，吝生凶，凶生悔，悔生吉（见图15－1）。当一个人很顺利的时候，他就开始吝啬，能帮忙的也不愿意帮忙。我们细心观察一下周围的人就会发现，凡是穷人大都乐意帮助别人，很大方，而有钱人多半不太乐意帮别人，很吝啬，这是非常奇怪的事情。有人解释说：反正穷人没钱，就是通通给别人也没有多少；有钱人则会想，我有这么多，给你还得了？这种解释我也不反对，因为现实就是这样，有钱人很吝啬，没钱的人反而很大方。但是我要说的是，如果有钱人能够不吝啬，穷的人能够合理节省的话，那么整个世界就改观了，这就叫反之道。说得再清楚一些，《易经》中的爻辞，告诉你这样做的同时，就是告诉你如果不照这样做，你还有

另外一条路走。《易经》是有选择的，当它说这样会吉的时候，就在告诉你，你如果不这样，则一定凶；当它说这样会凶的时候，你就知道反其道而行之就会吉，所以一切都是你自己在决定，不是所谓的命在决定。

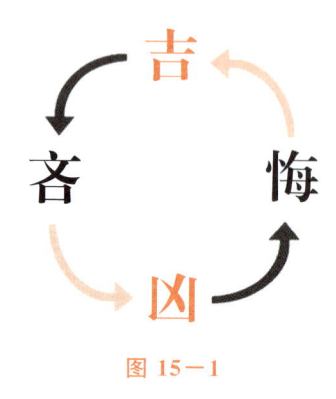

图 15－1

我们中国很多家庭会在客厅中挂上四君子的国画（见图15－2）：春兰、夏竹、秋菊、冬梅，但是我相信很多人搞不清楚为什么挂这四君子。按照自然的规律，梅兰竹菊四君子不可能同时存在，因为它们生长在四个不同的季节里，春天兰花朵朵开，夏天竹影幽幽然，秋天菊花风中立，冬天梅花傲雪寒。但是我们却把它们挂在一起，为什么？这就是告诉人们，要学会超越时空，把不可能在一起的事物整合在一起，从而做到兼顾并重。有钱的时候，要想到万一穷的时候怎么办；没有钱的时候，要想到万一富的时候如何应对。如果没有钱就觉得自己都穷到底了，没有什么可怕的，就开始偷人家东西，可是将来万一有钱了，人家把这些丑事揭发出来，不是很难看吗？

第十五集　超越吉凶

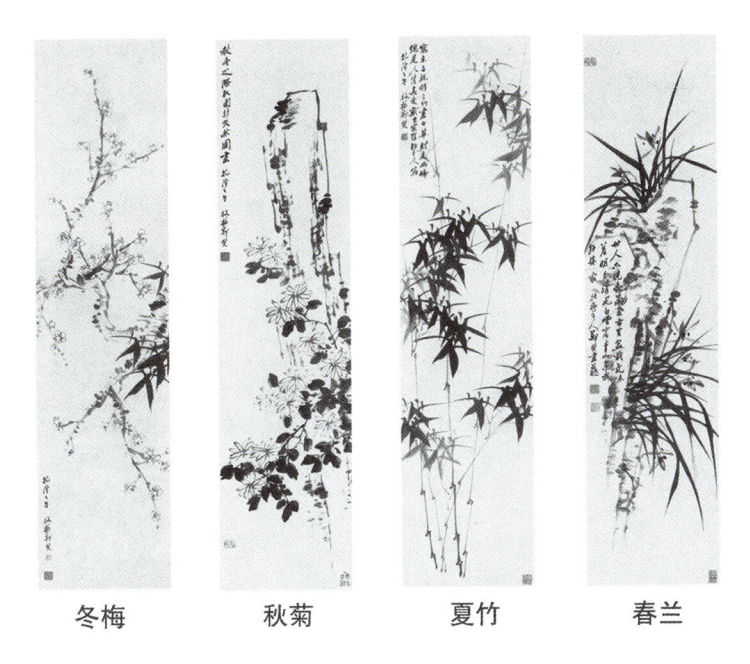

冬梅　　秋菊　　夏竹　　春兰

图 15－2

我们要记住，一切都要兼顾，想想自己，更想想别人，想想大的，也想想小的。事业重要，家庭也要兼顾，不能为了一个而牺牲另外一个，将来想补救都来不及。中国传统思想一方面告诉我们，时间就像流水一样，过去就过去了，所以春、夏、秋、冬是不可能同时出现；另一方面也告诉我们，如果要让处于四季的不同事物同时出现，就得在春天时想到夏天该怎么过，处于秋天要想到冬天到了怎么办。

全世界只有我们中国人，当一个小孩出生的时候，父母就开始讨论将来要不要让他读北大。这一点外国人永远不能认同，他们认为想那么早干什么？可我们想的是，要想将来读北大，从现在就要开始做准备。甚至有人会说，生下来再想就已经晚了，我胎教时就开始了，怀着小孩时就唱北大校歌给他听，我们中国人考虑事情是非常长远的。

可能有人会觉得这很迷信，其实不是的。我们以前一直认为草木无情，现在我们已经知道草木也会听音乐，也有感觉，只是没有人那么灵

敏而已。新买一辆汽车，如果你特别爱护它，它的性能就保持得好，寿命就长；假如你不把它当回事，它很快就折旧报废了。我们过去只讲人与人心灵相通，现在科学都已经证明了，人跟万物也都可以相通，这从另一个角度证明，我们中国人"天人合一"的思想是非常有道理的。

> 尽管人生的最高境界是超越吉凶，但是对于大部分普通人来说，还是希望能够趋吉避凶，所以中国人考虑事情比较长远。俗话说，出远门的时候，一定要饱带干粮暖带衣，就是说不能只看眼前，而要防患于未然。那么学习《易经》，是不是可以帮助我们趋吉避凶呢？

什么叫趋吉避凶？一句话就讲完了，就是要从吉凶悔吝这个人生必然律里面挣脱出来。那么怎么才能挣脱人生的必然律呢？答案很简单，只要能后悔在先不要后悔在后，就完全可以趋吉避凶。

做任何一件事之前都要想事情的后果可能怎么样，出现这种后果我后悔吗？如果事先不想，万事都先做了再说，到时候再后悔就晚了，因为凶已经出现了。如何才能让凶永远不出现呢？中国人有一句老话，叫作立于不败之地，一个人能够立于不败之地，当然就没有凶了。可是我们会发现，这样也没有吉了，因为人生本来就是要超越吉凶的。

我们把预先考虑事情后果叫作具有忧患意识，这绝不是自寻烦恼。自寻烦恼是无事生非，而具有忧患意识则是未雨绸缪，二者是完全不一样的。

吉悔常用的时候，吝凶就可以减免，这是我们的法则。吉跟悔是联系在一起的，当我们顺利的时候，先不要高兴，应该想到自己这样顺

第十五集 超越吉凶

利，会不小心得罪很多人，然后就倍加小心，这样可以避免很多麻烦。如果你赚了钱一回到老家，就把新房子高高地盖起来，你就得罪左右邻居了。因为你让邻居们都没有面子：你有钱了是不是？你可以盖高楼是不是？你笑话我们是不是？你欺负我们是不是？如果邻居们有这样的想法，自己迟早要吃苦头。

以前中国人赚了钱回家也要盖高楼，但是有一个过程，不会什么都不顾，自己想盖就盖，而是首先请左右邻居吃饭。中国人的传统思维是，别人一请他吃饭，他就开始想：为什么请我吃饭呢？想来想去大家就有数了，知道你这是为了自己家要盖大房子。喝酒吃饭的时候，主人一句盖房子的话都不讲，而是问左邻右舍："您最近怎么样？小孩怎么样？"绝不讲自己的事情。这时候一定会有人说："你赚了钱了，应该把房子重新装修一下，而且你家人口多了，平房不够，最少得盖三层楼。"主人一定说："不行不行，万万不可，我们这么久的邻居，要同甘共苦。"马上会有人说："你不能这样啊，事情有个先后，你先盖起来，我们再学你的样子，不也很好吗？你客气什么？"主人此时会更推辞说："不行不行，你们的好意我领了，但是我做人不可以这样。"马上又有人会敬他酒："我们全村就靠你争气了，你再不盖高楼的话，我们全村都没有面子。""好，为了全村我就盖！"主人这时候就不能再推辞了。这样沟通下来，发财的人会得罪谁呢？今天我们大部分人就是不懂这一套，把所有人都得罪光了。要记住你尊重别人，别人自然尊重你。

《易经》告诉我们，只要小心翼翼，按部就班，一辈子都不会败。

《易经》告诉我们，要想趋吉避凶，就要跳出吉凶悔吝的必然律，做到后悔在先。当我们取得成就的时候就要想到，不能得意忘

形，要尊重别人。当我们获得财富的时候就要想到，不能丢掉勤俭的好传统，要尽力去帮助别人。那么除了这些以外，还有什么要注意的呢？

有没有更具体的办法呢？《易经》就讲四个字：时、位、中、应（见图15-3）。要想在言行上挣脱这个人生必然律，就要把凶跟吝、悔都去掉，所以我们必须从现在开始养成习惯，讲话之前先想想时机对不对，这个时候讲这句话合不合适。

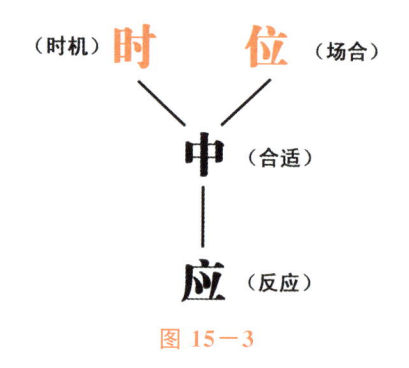

```
（时机）时   位（场合）
         \ /
          中（合适）
          |
          应（反应）
```

图15-3

现在很多广播都没有注意这类问题，在大家午餐的时候，广播说哪里有多少死牛死羊，那是很不人道的。我们该怎么办？不看就好了。可是现在很多人照看不误，一吃饭就把电视打开，然后胃坏了，肠子也坏了，吃了半天不知道吃什么。这说到底是跟自己过不去。我去餐厅，第一件事就是让服务员把电视关掉。我们要专心吃饭，不能虐待自己的肠胃。老实讲，我吃奇怪的东西前，还要跟自己的肠胃商量：这个东西我以前没有吃过，今天第一次吃，你好好准备一下。

要知道我们身上有一套完整的防御系统，我们吃家常食物的时候，肠胃知道这是经常吃的食物，会很快接受，并想办法去消化了。我们吃奇怪的食物时，这套系统不知道吃进去的是什么，于是全体动员将食物排解掉，我们吃了白吃，还死伤了很多血球，得不偿失。我们从来没有认真照顾过自己的五腑六脏，认为它们就应该接受你给的一切，所以它们会抗议，一会儿胃痛，一会肠子紧缩，这就是告诉你要知道它们的存在，如果你再不注意，还会有别的毛病出现，比如头痛、掉头发等。这是身体在向我们发出警告，提醒我们不要一天到晚看外面的事情，应该好好照顾一下自己。虽然很多人说要爱护自己，其实人对自己是最残忍的，该睡觉时不睡觉，吃饭时不吃七分饱，一定要吃十分饱，然后一直说肚皮撑，谁撑的？都是自己撑的。

人的一言一行都要分身份、时间、地点和场合。有一个很好的例子，孔子只要当天参加过丧礼，他那天绝对不会唱歌。如果场合不对，身份不对，时机不对，再好的话也不能讲，如果硬要去做的话，就会不合时宜，从而留下一大堆后遗症。

一个人若能做到时时刻刻谨慎，不乱说一句话，不乱做一件事，即使会有难，也可以避免掉，就能挣脱那个必然律，立于不败之地。这些完全是自己可以做主的，跟命一点关系都没有，为什么老是一天到晚依靠命运呢？

人跟动物有什么不同？就是两个字而已——体面，人要体面而动物没有体面。同样是吃东西，人要吃得体面一点，不是说要奢侈，而是说吃饭得像个吃饭的样子。穿衣服是为了体面，适合自己的身份最重要，不是为了穿名牌，所以安分守己，就是说话做事都符合自己的身份。当然，我们也不能狭隘地理解体面，把它当做一种负担。在这个场合该怎么做就怎么做，至于别人怎么想那是别人的事，因为任何人都不可能顾虑到所有人。顺了张三就逆了李四，如果整天为这个摇摆不定，那就苦恼死了。盲目竞争，而不知目标在哪里，说得不好听，就是每个人都削尖了头想赚钱，那样的人生还有什么价值，还有什么意义？

《易经》就是被商业操作湮没掉的。一听说别人学过《易经》，马上过去找他算卦。学《易经》就一定要算卦吗？这是对《易经》最大的误解。我们应该明白，《易经》讲的是一套道理，是把人生的密码整个解开，碰到不同的卦，可以有不同的因应，永远合乎易理，才能立于不败之地，六十四卦里面只有一个谦卦是教我们立于不败之地的。

在《易经》的六十四个卦中，六十三个卦里的爻辞，都是有吉有凶的。只有一个谦卦，所有的爻辞全都是吉，没有凶。所以按照谦卦去做，不仅可以趋吉避凶，而且可以超越吉凶，永远立于不败之地。那么谦卦是一个什么样的卦？又能给我们的人生带来什么重要的启示呢？

谦卦下面是山，上面是地，叫作地山谦（见图15－4）。山明明在地上，为什么要躲到地底下去？我们现代人要了解这个太容易了，山高高在上，推土机一来，很容易就把地上面的山给整个铲平了。当山躲到地下面去，就是开十部推土机来都推不倒它。

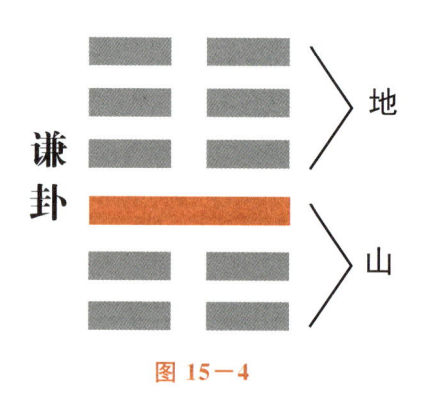

图15－4

第十五集　超越吉凶

谦卦第一爻，它的密码是两个字，叫作谦谦。我相信大家对此比较熟悉，因为我们常说谦谦君子。什么叫谦谦？有人可能会说谦谦就是谦了又谦，其实不是那么简单的。谦谦的意思是，谦有两个层次，下面是艮谦，上面是坤谦。一个人能够做到艮谦就已经不得了了，真要做到了坤谦，那就是圣贤了。从卦象看，下面的山和上面的地把人限制住，所以人还要时时刻刻限制自己，约束自己，因为你功夫还不够。哪一天什么限制都没有了，但是你还是不会违反，那就叫坤谦。人一辈子能够做到艮谦已经了不起了，进入坤谦的人少之又少，但是我们一定要知道还有那个境界在。孔子是进入到坤谦了的，他是"从心所欲"，但是"不逾矩"，他没有说要用艮来约束自己，因为他根本不需要。爱怎么做就怎么做，但永远都不会违反规矩，这个境界就叫作坤谦。

第二爻是鸣谦。就是当你表现得很谦虚，工作也做得很好时，有人就开始赞美你，说你不但勤劳、有责任感，还很有能力，做人也很谦虚，这时候你要小心了，这些话很容易把人害死。如果你真听信了这些，觉得自己就是跟别人不一样，领导就应该对你另眼看待，应该特殊提拔你才对，那你就不会再有什么发展了。要记住，工作好是你的本分，不需要人家给你激励。如果你是为了激励而这样做，你的心就已经不正了，就是有贪图了。工作做得好，人家一定会赞美，但你不要受这个影响，受到表扬而没有什么表示，说明这个人修养难得。凡是得到奖就高兴得不得了的，那就表示他这辈子只能拿这个小奖了，大奖他根本承受不了，小奖就已经要发疯了，大奖不是要把他搞死掉了？

艮的顶端是第三爻，是山的顶端，叫作劳谦。劳谦就是一个人有贡献，有和别人很不一样的表现，却还是很谦虚，这个人就很了不起。没有贡献而谦，不值得我们去表扬；有了很大的功劳还说"托天之福、谢

天谢地"，这不是虚伪，而是体现了谦卦的精神。如果你说是老天帮忙，没有人会不高兴；可是你说这是自己玩命努力的成果，会有多少人从心里服你？现在很多人喜欢讲"这是我个人的创见，是我自己奋发有为的结果"，这些话真的没有人喜欢听。

第四爻是挥谦，此时已经从艮谦进入到坤谦了。挥是发挥的意思，就是要对上谦也要对下谦。老实讲，对上谦比较容易，对下谦比较难。如果一个主管老是在部属面前表示自己能干，这个人是没有太大作为的。就算是因为比别人能干才当的主管，如果以此炫耀的话也是很不合身份的。当了主管而能够礼贤下士，能够爱护年轻人，能够多多指导年轻人，能够把表现的机会让给年轻人，这才了不起，就是做到了挥谦。不仅仅要自己谦虚，要带动大家都发扬挥谦的美德。

第五爻是护谦。到了六五爻，就表示这个人是整个组织的头目，他要护谦，要维护谦的风气，不能自己率先败坏。如果一个人当到总经理时就开始讲本公司如何如何了不起，五年以后要怎么样不得了，就把谦卦破坏掉了，可惜我们现在大多数人都是这样做的。

最上面的上六爻跟第二爻一样，都是鸣谦，但这两爻位置不一样，解释也就大不一样。一个人到了这个位置的时候要记住，如果五是老大的话，最上面就是大佬，好不容易有了声望，人家把你当大佬，就要记住，只要谁不谦虚，你就可以骂他：这么不谦虚，人家给你面子，你还以为你真的能干？只有大佬讲这种话才合适。老大不能随便得罪人，大佬就必须去动手修理那些不谦虚的人，以这种方式来帮助老大，才能够把谦虚的风气维持住。

孔子一生最大的贡献，就是把《易经》整理出来，把《易经》从一本用来占卜的书，提高为宣扬哲理的书。而这种哲理是完全可以在日常

第十五集 超越吉凶

生活当中真正实践的。

> 也许因为《易经》离我们太遥远了，几千年的沧桑岁月，使凝聚着中国古老智慧的《易经》在我们心里已经模糊不清。今天，当中华民族终于强大起来之后，当中国终于屹立于世界民族之林之时，我们是否应该正本清源，回归原点，重新来认知一下《易经》的价值和作用呢？我们是否应该传承并善用老祖宗留给我们的宝贵财富呢？

其实，我们随时随地都在用《易经》，只是日用而不知而已，因为它毕竟已经离开我们那么久了。再加上很多人一直说《易经》很难，是学不懂的，而当你去翻的时候，发现里面有很多文字确实不认识，于是就放弃了学习。所以我们才会重新用现代的语言和观念，来梳理这个对我们影响非常深远的原点——《易经》。

但是仅凭这么短的篇幅，能把《易经》这部广大精微的经典统统讲完吗？不可能。六十四卦中的每一个卦，都需要我们好好参悟，不是寥寥几句话就能够说明白的。我们希望大家对《易经》有了一个正确的认识后，能够把它真正地运用到各行各业，自己对自己进行调整。闲时随便翻开一个卦，看看它的象，看看它的数，再想想它的理，然后再运用到自己的日常生活上，这才是我们的目标。

地球村势在必行，它带来的最大问题就是文化的冲突。十九世纪不懂得英语的人非常吃亏，二十世纪不会讲美国话的人也很倒霉，但现在已经进入了二十一世纪，时代完全不一样了，全世界都在重视中文。我们身为炎黄子孙，要先把自己的文字和思维弄清楚。

中国要复兴,中国人要做堂堂正正的人,要做受人尊敬的人,而不只是要做有钱的人。有钱人并不稀奇,有价值的人才值得我们敬仰。

这一次,我们只能在有限的时间里,把《易经》的要领,大致上向各位做个报告,还请大家多多指教。

附录

六十四卦精解

《易经》把宇宙所有事情划分为六十四种情境，就是六十四卦。当你卜到某一个卦时，就可以参考六十四卦精解，有所警惕，然后趋吉避凶……

第一卦【乾为天】

乾上
乾下　　用九：见群龙无首，吉。

【乾卦】卦辞：乾，元、亨、利、贞。卦辞精解：万物资始，自强不息。

【初九】爻辞：潜龙勿用。初九精解：尚未成熟，无能作为。

【九二】爻辞：见龙在田，利见大人。九二精解：有贤才者，宜见权势。

【九三】爻辞：君子终日乾乾，夕惕若厉，无咎。九三精解：自强不息，随时警惕。

【九四】爻辞：或跃在渊，无咎。九四精解：进退谨慎，不生差错。

【九五】爻辞：飞龙在天，利见大人。九五精解：有权势者，宜见贤才。

【上九】爻辞：亢龙有悔。上九精解：居高而亢，必将懊悔。

第二卦【坤为地】

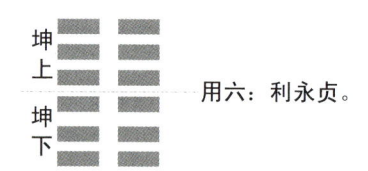

坤上
坤下　　用六：利永贞。

【坤卦】卦辞：坤，元亨，利牝马之贞。君子有攸往，先迷，后得主，利。西南得朋，东北丧朋。安贞吉。卦辞精解：深厚素养，负载万物。

【初六】爻辞：履霜坚冰至。初六精解：履霜坚冰，防患未然。

【六二】爻辞：直方大，不习，无不利。六二精解：恢宏伟大，纯属自然。

【六三】爻辞：含章可贞，或从王事，无成有终。六三精解：内含华美，正固自守。

【六四】爻辞：括囊，无咎无誉。六四精解：保守秘密，谨慎无害。

【六五】爻辞：黄裳元吉。六五精解：居高谦和，大为得计。

【上六】爻辞：龙战于野，其血玄黄。上六精解：进逼君子，不服领导。

第三卦【水雷屯】

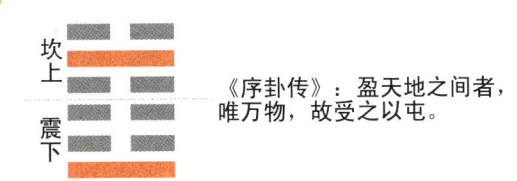

坎上
震下

《序卦传》：盈天地之间者，唯万物，故受之以屯。

【屯卦】卦辞：屯，元，亨，利，贞。勿用有攸往，利建侯。卦辞精解：险难行动，深谋远虑。

【初九】爻辞：磐桓，利居贞，利建侯。初九精解：徘徊难进，宜居于正。

【六二】爻辞：屯如邅如，乘马班如。匪寇，婚媾。女子贞不字，十年乃字。六二精解：难进而返，疑遇寇盗。

【六三】爻辞：即鹿无虞，惟入于林中。君子几，不如舍，往吝。六三精解：见微知著，不可独往。

【六四】爻辞：乘马班如，求婚媾，往吉，无不利。六四精解：下求贤才，共济时艰。

【九五】爻辞：屯其膏，小贞，吉；大贞，凶。九五精解：积聚恩泽，君子失策。

【上六】爻辞：乘马班如，泣血涟如。上六精解：环境艰难，急速返回。

第四卦【山水蒙】

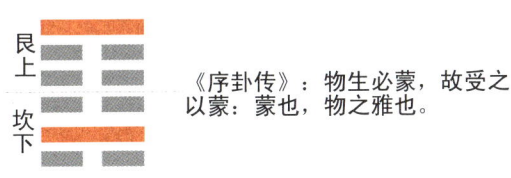

艮上
坎下

《序卦传》：物生必蒙，故受之以蒙：蒙也，物之稚也。

【蒙卦】卦辞：蒙，亨。匪我求童蒙，童蒙求我。初筮告，再三渎，渎则不告。利贞。卦辞精解：果断力行，培育素养。

【初六】爻辞：发蒙，利用刑人，用说桎梏，以往吝。初六精解：启发蒙昧，宜用严师。

【九二】爻辞：包蒙，吉。纳妇，吉。子克家。九二精解：包容蒙昧，贤者治国。

【六三】爻辞：勿用取女。见金夫，不有躬。无攸利。六三精解：见异思迁，教育无益。

【六四】爻辞：困蒙，吝。六四精解：困于蒙昧，未受教育。

【六五】爻辞：童蒙，吉。六五精解：童子蒙昧，易于施教。

【上九】爻辞：击蒙，不利为寇，利御寇。上九精解：惩治蒙昧，注意教法。

第五卦【水天需】

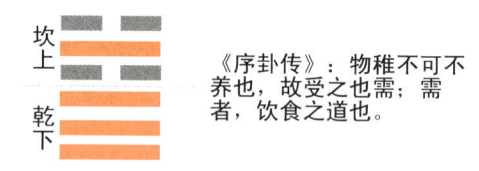

坎上
乾下

《序卦传》：物稚不可不养也，故受之也需；需者，饮食之道也。

【需卦】卦辞：需，有孚，光亨，贞吉，利涉大川。卦辞精解：饮食宴乐，以待时机。

【初九】爻辞：需于郊，利用恒，无咎。初九精解：栖身山林，持之以恒。

【九二】爻辞：需于沙，小有言，终吉。九二精解：可进可退，不计闲言。

【九三】爻辞：需于泥，致寇至。九三精解：已临险境，敬慎处之。

【六四】爻辞：需于血，出自穴。六四精解：深陷险地，仍能脱出。

【九五】爻辞：需于酒食，贞吉。九五精解：安于生活，守正得计。

【上六】爻辞：入于穴，有不速之客三人来，敬之，终吉。上六精解：进入险境，以敬待客。

第六卦【天水讼】

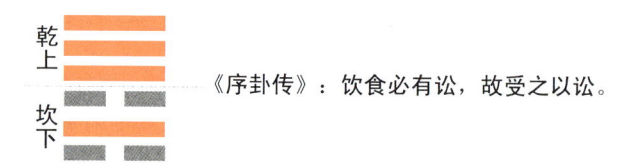

乾上
坎下

《序卦传》：饮食必有讼，故受之以讼。

【讼卦】卦辞：讼，有孚窒，惕，中吉；终凶。利见大人，不利涉大川。卦辞精解：争讼刚险，谋虑于始。

【初六】爻辞：不永所事，小有言，终吉。初六精解：言辞之争，不久可止。

【九二】爻辞：不克讼，归而逋，其邑人三百户，无眚。九二精解：争讼不胜，归隐以避。

【六三】爻辞：食旧德，贞厉，终吉。或从王事，无成。六三精解：容忍旧恶，不与争讼。

【九四】爻辞：不克讼，复即命，渝，安贞吉。九四精解：争讼不胜，宜安于正。

【九五】爻辞：讼，元吉。九五精解：争讼得计，由于中正。

【上九】爻辞：或锡之鞶带，终朝三褫之。上九精解：争讼虽胜，不足尊敬。

第七卦【地水师】

《序卦传》：讼必有众起，故受之以师；师者，众也。

【师卦】卦辞：师，贞，丈人吉，无咎。卦辞精解：包容人民，蓄养群众。

【初六】爻辞：师出以律，否臧凶。初六精解：出兵依律，不善则凶。

【九二】爻辞：在师，中吉，无咎。王三锡命。九二精解：恩威并用，得王信赖。

【六三】爻辞：师或舆尸，凶。六三精解：作战用人，要专要当。

【六四】爻辞：师左次，无咎。六四精解：作战胜败，兵家常事。

【六五】爻辞：田有禽，利执；言，无咎。长子帅师；弟子舆尸。贞凶。六五精解：敌人来侵，贤才统兵。

【上六】爻辞：大君有命，开国承家，小人勿用。上六精解：封国立家，不用小人。

第八卦【水地比】

《序卦传》：众必有所比，故受之以比；比者，比也。

【比卦】卦辞：比，吉。原筮，元永贞，无咎。不宁方来，后夫凶。卦辞精解：在下顺从，上下相应。

【初六】爻辞：有孚，比之无咎。有孚盈缶，终来有它吉。初六精解：与人亲辅，充满诚信。

【六二】爻辞：比之自内，贞吉。六二精解：诚心亲辅，正而得计。

【六三】爻辞：比之匪人。六三精解：亲辅坏人，悲伤失策。

【六四】爻辞：外比之，贞吉。六四精解：亲辅贤人，正而得计。

【九五】爻辞：显比。王用三驱，失前禽，邑人不诫，吉。九五精解：光大亲辅，施爱于人。

【上六】爻辞：比之无首，凶。上六精解：无始无终，亲辅失策。

第九卦【风天小畜】

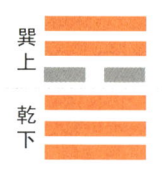

巽上
乾下

《序卦传》：比必有所畜，故受之以小畜。

【小畜】卦辞：小畜，亨。密云不雨，自我西郊。卦辞精解：稍有畜积，尚不能用。

【初九】爻辞：复自道，何其咎？吉。初九精解：自复畜道，无咎得计。

【九二】爻辞：牵复，吉。九二精解：同复畜道，不自有失。

【九三】爻辞：舆说辐，夫妻反目。九三精解：刚而不进，受制于柔。

【六四】爻辞：有孚，血去惕出，无咎。六四精解：畜养诚信，无害无忧。

【九五】爻辞：有孚挛如，富以其邻。九五精解：诚信及人，财富共享。

【上九】爻辞：既雨既处，尚德载。妇贞厉，月几望。君子征凶。上九精解：物质畜积，过丰危险。

第十卦【天泽履】

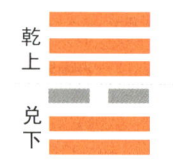

乾上
兑下

《序卦传》：物畜然后有礼，故受之以履。履者，礼也。

【履卦】卦辞：履，履虎尾，不咥人，亨。卦辞精解：分辨上下，安定民心。

【初九】爻辞：素履，往无咎。初九精解：不受干扰，独行己愿。

【九二】爻辞：履道坦坦，幽人贞吉。九二精解：幽独之人，道路平阔。

【六三】爻辞：眇能视，跛能履，履虎尾，咥人，凶。武人为于大君。六三精解：见解不明，有害于人。

【九四】爻辞：履虎尾，愬愬，终吉。九四精解：实践戒惧，终必得计。

【九五】爻辞：夬履，贞厉。九五精解：刚愎自用，虽正而危。

【上九】爻辞：视履考祥，其旋元吉。上九精解：审查实践，考核得失。

第十一卦【地天泰】

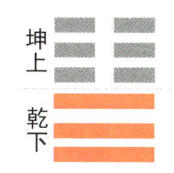

坤上
乾下

《序卦传》：履而泰然后安，故受之以泰；泰者，通也。

【泰卦】卦辞：泰，小往大来，吉亨。卦辞精解：内健外顺，上下一体。

【初九】爻辞：拔茅茹，以其汇，征吉。初九精解：同类仕进，以行其道。

【九二】爻辞：包荒，用冯河，不遐遗。朋亡，得尚于中行。九二精解：不远失君，舍弃暱友。

【九三】爻辞：无平不陂，无往不复，艰贞无咎。勿恤其孚，于食有福。九三精解：盛极必衰，不可置疑。

【六四】爻辞：翩翩，不富以其邻，不戒以孚。六四精解：不富得邻，不诫得信。

【六五】爻辞：帝乙归妹，以祉元吉。六五精解：贤明帝王，嫁女幸福。

【上六】爻辞：城复于隍。勿用师，自邑告命，贞吝。上六精解：泰极否来，不可用兵。

第十二卦【天地否】

乾上
坤下

《序卦传》：物不可以终通，故受之以否。

【否卦】卦辞：否之匪人，不利君子贞，大往小来。卦辞精解：上下闭塞，必须守正。

【初六】爻辞：拔茅茹，以其汇，贞吉，亨。初六精解：小人同类，顺从君子。

【六二】爻辞：包承，小人吉，大人否，亨。六二精解：包容承顺，大人不可。

【六三】爻辞：包羞。六三精解：包容小人，是可羞耻。

【九四】爻辞：有命无咎，畴离祉。九四精解：承受上命，共事明主。

【九五】爻辞：休否，大人吉。其亡其亡，系于苞桑。九五精解：逆运虽已，仍宜戒惧。

【上九】爻辞：倾否，先否后喜。上九精解：逆运终止，后有喜悦。

第十三卦【天火同人】

乾上
离下

《序卦传》：物不可以终否，故受之以同人。

【同人卦】卦辞：同人于野，亨，利涉大川，利君子贞。卦辞精解：正道合群，能解困难。

【初九】爻辞：同人于门，无咎。初九精解：合群无私，没有差错。

【六二】爻辞：同人于宗，吝。六二精解：合群狭隘，令人惋惜。

【九三】爻辞：伏戎于莽，升其高陵，三岁不兴。九三精解：伏藏兵戎，绝不合群。

【九四】爻辞：乘其墉，弗克攻，吉。九四精解：意欲攻击，更不合群。

【九五】爻辞：同人，先号咷而后笑，大师克，相遇。九五精解：合群不易，要经奋斗。

【上九】爻辞：同人于郊，无悔。上九精解：合群广远，无可懊悔。

第十四卦【火天大有】

离上
乾下

《序卦传》：与人同者，物必归焉，故受之以大有。

【大有卦】卦辞：大有，元亨。卦辞精解：遏恶扬善，顺天应命。

【初九】爻辞：无交害，匪咎。艰则无咎。初九精解：尚无伤害，艰难警惕。

【九二】爻辞：大车以载，有攸往，无咎。九二精解：能有为者，促进丰盛。

【九三】爻辞：公用亨于天子，小人弗克。九三精解：有才德者，享受富贵。

【九四】爻辞：匪其彭，无咎。九四精解：丰盛不极，没有差错。

【六五】爻辞：厥孚交如，威如，吉。六五精解：诚信交往，应有威严。

【上九】爻辞：自天佑之，吉无不利。上九精解：上天保佑，极为得计。

第十五卦【地山谦】

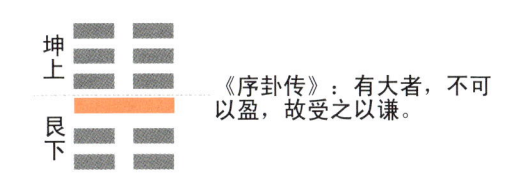

坤上
艮下

《序卦传》：有大者，不可以盈，故受之以谦。

【谦卦】卦辞：谦，亨，君子有终。卦辞精解：减多益寡，自能受益。

【初六】爻辞：谦谦君子，用涉大川，吉。初六精解：德谦君子，克服困难。

【六二】爻辞：鸣谦，贞吉。六二精解：著称的谦，正而得计。

【九三】爻辞：劳谦，君子有终，吉。九三精解：有功的谦，终能受益。

【六四】爻辞：无不利，撝谦。六四精解：发挥谦德，没有不利。

【六五】爻辞：不富以其邻，利用侵伐，无不利。六五精解：谦德极盛，要施威武。

【上六】爻辞：鸣谦，利用行师，征邑国。上六精解：过分卑逊，仅治小事。

第十六卦【雷地豫】

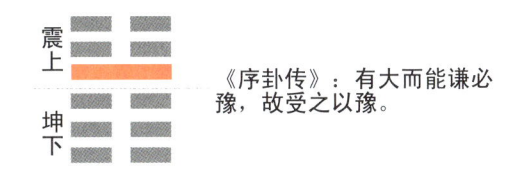

震上
坤下

《序卦传》：有大而能谦必豫，故受之以豫。

【豫卦】卦辞：豫，利建侯行师。卦辞精解：顺理行动，众人服从。

【初六】爻辞：鸣豫，凶。初六精解：自鸣得意，和乐失策。

【六二】爻辞：介于石，不终日，贞吉。六二精解：和乐逢迎，必将后悔。

【六三】爻辞：盱豫，悔。迟，有悔。六三精解：操守坚定，不溺于乐。

【九四】爻辞：由豫，大有得。勿疑，朋盍簪。九四精解：和乐有自，大有获得。

【六五】爻辞：贞疾，恒不死。六五精解：乐不忘忧，常能存在。

【上六】爻辞：冥豫成，有渝，无咎。上六精解：和乐至极，必将生悲。

第十七卦【泽雷随】

兑上
震下

《序卦传》：豫必有随，故受之以随。

【随卦】卦辞：随，元亨利贞，无咎。卦辞精解：随从卑下，必须守正。

【初九】爻辞：官有渝，贞吉。出门交有功。初九精解：主管变动，无私交往。

【六二】爻辞：系小子，失丈夫。六二精解：接近小人，随从不当。

【六三】爻辞：系丈夫，失小子，随有求，得，利居贞。六三精解：接近君子，随从要正。

【九四】爻辞：随有获，贞凶。有孚在道以明，何咎？九四精解：诚信有道，随从有得。

【九五】爻辞：孚于嘉，吉。九五精解：诚信于心，随至嘉美。

【上六】爻辞：拘系之，乃从维之，王用享于西山。上六精解：用竭诚心，求人相随。

第十八卦【山风蛊】

艮上
巽下

《序卦传》：以喜随人者必有事，故受之以蛊；蛊者，事也。

【蛊卦】卦辞：蛊，元亨，利涉大川。先甲三日，后甲三日。卦辞精解：败坏之后，必有整饬。

【初六】爻辞：干父之蛊，有子，考无咎，厉终吉。初六精解：整饬精神，要用新人。

【九二】爻辞：干母之蛊，不可贞。九二精解：整饬物质，不可固执。

【九三】爻辞：干父之蛊，小有悔，无大咎。九三精解：整饬精神，稍有懊悔。

【六四】爻辞：裕父之蛊，往见吝。六四精解：宽容精神，将有惋惜。

【六五】爻辞：干父之蛊，用誉。六五精解：整饬精神，用人得誉。

【上九】爻辞：不事王侯，高尚其事。上九精解：没有败坏，不需整饬。

第十九卦【地泽临】

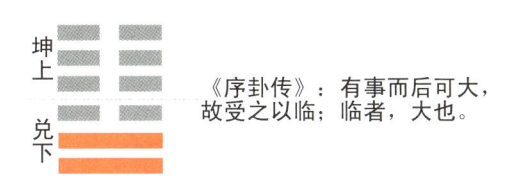

坤上
兑下

《序卦传》：有事而后可大，故受之以临；临者，大也。

【临卦】卦辞：临，元亨利贞。至于八月有凶。卦辞精解：礼贤下士，及时而为。

【初九】爻辞：咸临，贞吉。初九精解：感应临近，正而得计。

【九二】爻辞：咸临，吉，无不利。九二精解：感应临近，得计有利。

【六三】爻辞：甘临，无攸利。既忧之，无咎。六三精解：甜言谄媚，临近无益。

【六四】爻辞：至临，无咎。六四精解：亲切临近，没有差错。

【六五】爻辞：知临，大君之宜，吉。六五精解：明智临近，大君所宜。

【上六】爻辞：敦临，吉，无咎。上六精解：敦厚临近，得计无咎。

第二十卦【风地观】

坤上
兑下

《序卦传》：物大然后可观，故受之以观。

【观卦】卦辞：观，盥而不荐，有孚，颙若。卦辞精解：观察民情，创立教化。

【初六】爻辞：童观，小人无咎，君子吝。初六精解：观察幼稚，君子不为。

【六二】爻辞：窥观，利女贞。六二精解：由门偷看，女子正道。

【六三】爻辞：观我生，进退。六三精解：自身反省，以凭进退。

【六四】爻辞：观国之光，利用宾于王。六四精解：观国之光，以求仕进。

【九五】爻辞：观我生，君子无咎。九五精解：自己反省，始为君子。

【上九】爻辞：观其生，君子无咎。上九精解：旁观他人，始为君子。

第二十一卦【火雷噬嗑】

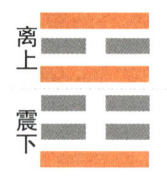

离上
震下

《序卦传》：可观而后有所合，故受之噬嗑；嗑者，合也。

【噬嗑】卦辞：噬嗑，亨。利用狱。卦辞精解：明定刑罚，宣布法令。

【初九】爻辞：屦校灭趾，无咎。初九精解：足部刑具，惩治小罪。

【六二】爻辞：噬肤，灭鼻，无咎。六二精解：头部刑具，惩治大罪。

【六三】爻辞：噬腊肉，遇毒，小吝，无咎。六三精解：惩治强悍，反受其害。

【九四】爻辞：噬干肺，得金矢，利艰贞，吉。九四精解：惩治极悍，遇着反击。

【六五】爻辞：噬干肉，得黄金，贞厉，无咎。六五精解：惩治罪人，需要中正。

【上九】爻辞：何校灭耳，凶。上九精解：头部刑具，惩治极恶。

第二十二卦【山火贲】

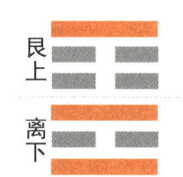

艮上
离下

《序卦传》：物不可以苟合而已，故受之以贲；贲者，饰也。

【贲卦】卦辞：贲，亨。小利有攸往。卦辞精解：修明庶政，慎重断狱。

【初九】爻辞：贲其趾，舍车而徒。初九精解：必要修饰，以利进行。

【六二】爻辞：贲其须。六二精解：文饰品德，随贤兴起。

【九三】爻辞：贲如濡如，永贞吉。九三精解：文饰润泽，宜永守正。

【六四】爻辞：贲如皤如，白马翰如。匪寇，婚媾。六四精解：急于嫁娶，文饰人生。

【六五】爻辞：贲于丘园，束帛戋戋。吝，终吉。六五精解：礼贤下士，得赠薄礼。

【上九】爻辞：白贲，无咎。上九精解：返朴还真，没有差错。

第二十三卦【山地剥】

艮上
坤下

《序卦传》：致饰然后亨则尽矣，故受之以剥；剥者，剥也。

【剥卦】卦辞：剥，不利有攸往。卦辞精解：对下宽厚，上才安固。

【初六】爻辞：剥床以足，蔑贞凶。初六精解：安身之所，基层剥落。

【六二】爻辞：剥床以辨，蔑贞凶。六二精解：安身之所，支干剥落。

【六三】爻辞：剥之，无咎。六三精解：脱离小人，呼应君子。

【六四】爻辞：剥床以肤，凶。六四精解：安身之所，有切肤患。

【六五】爻辞：贯鱼，以宫人宠，无不利。六五精解：率众群小，听命君子。

【上九】爻辞：硕果不食，君子得舆，小人剥庐。上九精解：一线生机，小人破坏。

第二十四卦【地雷复】

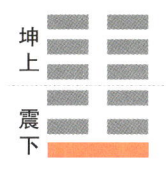

坤上
震下

《序卦传》：物不可以终尽，剥穷上反下，故受之以复。

【复卦】卦辞：复，亨。出入无疾，朋来无咎。反复其道，七日来复。利有攸往。卦辞精解：一阳初复，万物生机。

【初九】爻辞：不远复，无祗悔，元吉。初九精解：有过即改，不致后悔。

【六二】爻辞：休复，吉。六二精解：向善得计，下附于仁。

【六三】爻辞：频复，厉，无咎。六三精解：屡过屡改，危而无错。

【六四】爻辞：中行独复。六四精解：单独迁善，中正独行。

【六五】爻辞：敦复，无悔。六五精解：择善固执，没有懊悔。

【上六】爻辞：迷复，凶，有灾眚。用行师，终有大败。以其国君凶，至于十年不克征。上六精解：执迷不悟，必有灾祸。

第二十五卦【天雷无妄】

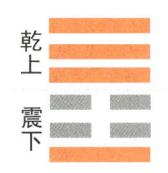

乾上
震下

《序卦传》：复则不妄矣，故受之以无妄。

【无妄卦】卦辞：无妄，元亨，利贞。其匪正有眚，不利有攸往。卦辞精解：顺合天时，生育万物。

【初九】爻辞：无妄，往吉。初九精解：至诚而律，得遂心意。

【六二】爻辞：不耕获，不菑畬，则利用攸往。六二精解：只顾耕耘，不问收获。

【六三】爻辞：无妄之灾，或系之牛，行人之得，邑人之灾。六三精解：意外事件，无妄之灾。

【九四】爻辞：可贞，无咎。九四精解：应当固守，没有差错。

【九五】爻辞：无妄之疾，勿药有喜。九五精解：无妄之疾，勿药自愈。

【上九】爻辞：无妄，行有眚，无攸利。上九精解：轻举妄动，没有好处。

第二十六卦【山天大畜】

艮上
乾下

《序卦传》：有无妄然后可畜，故受之以大畜。

【大畜卦】卦辞：大畜，利贞，不家食，吉，利涉大川。卦辞精解：刚健笃实，素养日增。

【初九】爻辞：有厉，利已。初九精解：进有危险，应该停止。

【九二】爻辞：舆说輹。九二精解：车脱离輹，不能前进。

【九三】爻辞：良马逐，利艰贞。曰闲舆卫，利有攸往。九三精解：良马奔逐，不可妄动。

【六四】爻辞：童牛之牿，元吉。六四精解：小牛横木，易制刚性。

【六五】爻辞：豮豕之牙，吉。六五精解：去势雄猪，易制刚性。

【上九】爻辞：何天之衢，亨。上九精解：青云得志，无往不利。

第二十七卦【山雷颐】

艮上
震下

《序卦传》：物畜然后可养，故受之以颐；颐者，养也。

【颐卦】卦辞：颐，贞吉。观颐，自求口实。卦辞精解：谨慎言语，节制饮食。

【初九】爻辞：舍尔灵龟，观我朵颐，凶。初九精解：能自颐养，不可求人。

【六二】爻辞：颠颐，拂经于丘颐，征凶。六二精解：上求下养，违背常理。

【六三】爻辞：拂颐，贞凶。十年勿用，无攸利。六三精解：颐养无道，真正失策。

【六四】爻辞：颠颐，吉。虎视眈眈，其欲逐逐，无咎。六四精解：上求下养，措施光明

【六五】爻辞：拂经，居贞吉，不可涉大川。六五精解：颐养无道，不可冒进。

【上九】爻辞：由颐，厉吉。利涉大川。上九精解：由此颐养，宜怀戒惧。

第二十八卦【泽风大过】

兑上
巽下

《序卦传》：不养则不可动，故受之以大过。

【大过卦】卦辞：大过，栋桡，利有攸往，亨。卦辞精解：特立独行，无所畏惧。

【初六】爻辞：借用白茅，无咎。初六精解：在下过软，没有差错。

【九二】爻辞：枯杨生稊，老夫得其女妻，无不利。九二精解：老夫少妻，过而谐和。

【九三】爻辞：栋桡，凶。九三精解：刚愎失策，不得人助。

【九四】爻辞：栋隆，吉。有它吝。九四精解：有所作为，且要专注。

【九五】爻辞：枯杨生华，老妇得其士夫，无咎无誉。九五精解：老妇少夫，无咎无誉。

【上六】爻辞：过涉灭顶，凶，无咎。上六精解：小人失败，不应怨尤。

第二十九卦【坎为水】

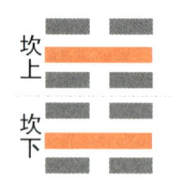

坎上
坎下

《序卦传》：物不可以终过，故受之以坎；坎者，陷也。

【坎卦】卦辞：习坎，有孚，维心，亨。行有尚。卦辞精解：常保素养，熟习教化。

【初六】爻辞：习坎，入于坎窞，凶。初六精解：在重险中，入于深处。

【九二】爻辞：坎有险，求小得。九二精解：坎陷危险，求稍出险。

【六三】爻辞：来之坎坎，险且枕，入于坎窞，勿用。六三精解：进退皆险，复依奸人。

【六四】爻辞：樽酒，簋贰，用缶，纳约自牖，终无咎。六四精解：重视精神，终可出险。

【九五】爻辞：坎不盈，祗既平，无咎。九五精解：坎险未平，不能出险。

【上六】爻辞：系用徽纆，置于丛棘，三岁不得，凶。上六精解：大罪的人，监禁三年。

第三十卦【离为火】

离上
离下

《序卦传》：陷必有所丽，故受之以离；离者，丽也。

【离卦】卦辞：离，利贞，亨。畜牝牛，吉。卦辞精解：不断明贤，照耀四方。

【初九】爻辞：履错，然，敬之，无咎。初九精解：行履错乱，慎重从事。

【六二】爻辞：黄离，元吉。六二精解：黄色光明，以得中道。

【九三】爻辞：日昃之离，不鼓缶而歌，则大耋之嗟，凶。九三精解：已过中年，勿嗟老大。

【九四】爻辞：突如其来如，焚如，死如，弃如。九四精解：道不光明，不为人容。

【六五】爻辞：出涕沱若，戚嗟若，吉。六五精解：忧伤嗟叹，知所警惕。

【上九】爻辞：王用出征，有嘉折首，获匪其丑，无咎。上九精解：折取魁首，不究附从。

第三十一卦【泽山咸】

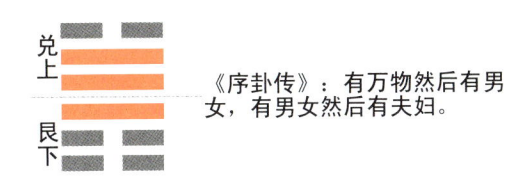

兑上
艮下

《序卦传》：有万物然后有男女，有男女然后有夫妇。

【咸卦】卦辞：咸，亨，利贞，取女吉。卦辞精解：人心感应，天下和谐。

【初六】爻辞：咸其拇。初六精解：在感之初，不能动人。

【六二】爻辞：咸其腓，凶，居吉。六二精解：感时宜静，不动得计。

【九三】爻辞：咸其股，执其随，往吝。九三精解：随人而动，所执卑下。

【九四】爻辞：贞吉，悔亡。憧憧往来，朋从尔思。九四精解：心志不定，所感不多。

【九五】爻辞：咸其脢，无悔。九五精解：志在微末，不能感人。

【上六】爻辞：咸其辅颊舌。上六精解：仅凭口舌，不能感人。

第三十二卦【雷风恒】

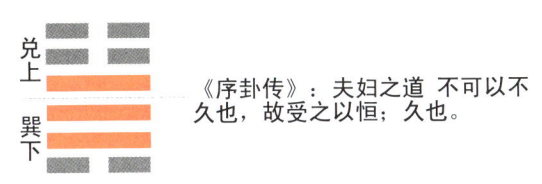

兑上
巽下

《序卦传》：夫妇之道 不可以不久也，故受之以恒；久也。

【恒卦】卦辞：恒，亨，无咎，利贞，利有攸往。卦辞精解：立身处事，不改常道。

【初六】爻辞：浚恒，贞凶，无攸利。初六精解：凡事起始，莫求常道。

【九二】爻辞：悔亡。九二精解：常守中道，没有懊悔。

【九三】爻辞：不恒其德，或承之羞，贞吝。九三精解：变节受辱，令人惋惜。

【九四】爻辞：田无禽。九四精解：职位不当，徒劳无功。

【六五】爻辞：恒其德，贞。妇人吉，夫子凶。六五精解：长守柔顺，只宜女人。

【上六】爻辞：振恒，凶。上六精解：在上位者，莫动失恒。

第三十三卦【天山遁】

乾上
艮下

《序卦传》：物不可以久居其所，故受之以遁；遁者，退也。

【遁卦】卦辞：遁，亨，小利贞。卦辞精解：远避小人，随机行止。

【初六】爻辞：遁尾，厉，勿用有攸往。初六精解：遁应机先，不然莫遁。

【六二】爻辞：执之，用黄牛之革，莫之胜说。六二精解：坚持退避，不能改变。

【九三】爻辞：系遁，有疾厉。畜臣妾，吉。九三精解：恋旧不遁，将有危害。

【九四】爻辞：好遁，君子吉，小人否。九四精解：弃爱而遁，富有机智。

【九五】爻辞：嘉遁，贞吉。九五精解：美好的遁，心志正当。

【上九】爻辞：肥遁，无不利。上九精解：宽裕的遁，没有不利。

第三十四卦【雷天大壮】

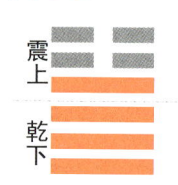

震上
乾下

《序卦传》：物不可以终遁，故受之以大壮。

【大壮卦】卦辞：大壮，利贞。卦辞精解：健壮正直，不践非礼。

【初九】爻辞：壮于趾，征凶，有孚。初九精解：旺盛之初，行动莫猛。

【九二】爻辞：贞吉。九二精解：正固得计，以守中道。

【九三】爻辞：小人用壮，君子用罔，贞厉。羝羊触藩，羸其角。九三精解：小人逞强，受制于人。

【九四】爻辞：贞吉，悔亡。藩决不羸，壮于大舆之輹。九四精解：正固得计，前途无阻。

【六五】爻辞：丧羊于易，无悔。六五精解：对于刚者，宜制以柔。

【上六】爻辞：羝羊触藩，不能退，不能遂，无攸利。艰则吉。上六精解：旺盛躁进，不能进退。

第三十五卦【火地晋】

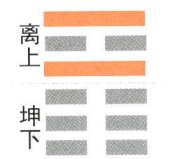

离上
坤下

《序卦传》：物不可以终壮，故受之以晋；晋者，进也。

【晋卦】卦辞：晋，康侯用锡马蕃庶，昼日三接。卦辞精解：柔顺上进，光明素养。

【初六】爻辞：晋如，摧如，贞吉。罔孚，裕无咎。初六精解：晋而抑退，宽容处之。

【六二】爻辞：晋如，愁如，贞吉。受兹介福，于其王母。六二精解：晋而忧虑，乃获大福。

【六三】爻辞：众允，悔亡。六三精解：为众信孚，始得晋升。

【九四】爻辞：晋如鼫鼠，贞厉。九四精解：才德不称，晋而危险。

【六五】爻辞：悔亡，失得勿恤。往吉，无不利。九五精解：不顾得失，进升就好。

【上九】爻辞：晋其角，维用伐邑，厉吉，无咎。贞吝。上九精解：晋至极点，只能小用。

第三十六卦【地火明夷】

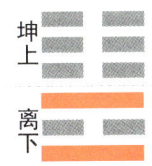

坤上
离下

《序卦传》：进必有所伤，故受之以明夷；夷者，伤也。

【明夷卦】卦辞：明夷，利艰贞。卦辞精解：暗藏明哲，愈能彰明。

【初九】爻辞：明夷于飞，垂其翼。君子于行，三日不食，有攸往，主人有言。初九精解：受人伤害，未展长才。

【六二】爻辞：明夷，夷于左股，用拯马壮，吉。六二精解：受伤不重，宜速离去。

【九三】爻辞：明夷于南狩，得其大首。不可疾贞。九三精解：征伐除害，莫急纠正。

【六四】爻辞：入于左腹，获明夷之心，于出门庭。六四精解：知伤明哲，远去避之。

【六五】爻辞：箕子之明夷，利贞。六五精解：处置伤明，应该守正。

【上六】爻辞：不明晦，初登于天，后入于地。上六精解：初登高位，终陷黑暗。

第三十七卦【风火家人】

巽上
离下

《序卦传》：伤于外者必反于家，故受之以家人。

【家人卦】卦辞：家人，利女贞。卦辞精解：言语据实，行为有法。

【初九】爻辞：闲有家，悔亡。初九精解：防闲于治，没有懊悔。

【六二】爻辞：无攸遂，在中馈，贞吉。六二精解：无所专成，只主中馈。

【九三】爻辞：家人嗃嗃，悔厉，吉。妇子嘻嘻，终吝。九三精解：治家严厉，优于散漫。

【六四】爻辞：富家，大吉。六四精解：使家富裕，以女柔顺。

【九五】爻辞：王假有家，勿恤，吉。九五精解：王道感化，家有幸福。

【上九】爻辞：有孚，威如，终吉。上九精解：诚信威严，由于反省。

第三十八卦【火泽睽】

离上
兑下

《序卦传》：家道穷必乖，故受之以睽；睽者，乖也。

【睽卦】卦辞：睽，小事吉。卦辞精解：大同之中，应有小异。

【初九】爻辞：悔亡。丧马勿逐，自复。见恶人，无咎。初九精解：既见乖离，勿急求合。

【九二】爻辞：遇主于巷，无咎。九二精解：遇主于巷，未失其道。

【六三】爻辞：见舆曳，其牛掣，其人天且劓。无初有终。六三精解：初虽无得，终将有成。

【九四】爻辞：睽孤，遇元夫，交孚，厉无咎。九四精解：乖离孤立，相待以诚。

【六五】爻辞：悔亡。厥宗噬肤，往何咎？六五精解：深入易合，不睽有庆。

【上九】爻辞：睽孤，见豕负涂，载鬼一车。先张之弧，后说之弧。匪寇，婚媾。往遇雨则吉。上九精解：乖离孤立，释疑则可。

第三十九卦【水山蹇】

坎上
艮下

《序卦传》：乖必有难，故受之以蹇；蹇者，难也。

【蹇卦】卦辞：蹇，利西南，不利东北。利见大人，贞吉。卦辞精解：见险能止，反省修德。

【初六】爻辞：往蹇，来誉。初六精解：进有险难，退有美誉。

【六二】爻辞：王臣蹇蹇，匪躬之故。六二精解：赴王之难，不顾自身。

【九三】爻辞：往蹇，来反。九三精解：进有险难，归来避之。

【六四】爻辞：往蹇，来连。六四精解：进有险难，连合共济。

【九五】爻辞：大蹇，朋来。九五精解：非常险难，应得友助。

【上六】爻辞：往蹇，来硕。吉，利见大人。上六精解：进有险难，应求贤才。

第四十卦【雷水解】

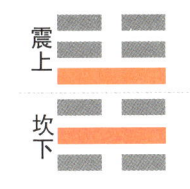

震上
坎下

《序卦传》：物不可终难，故受以解；解者，缓也。

【解卦】卦辞：解，利西南。无所往，其来复吉。有攸往，夙吉。卦辞精解：赦免过失，宽宥罪恶。

【初六】爻辞：无咎。初六精解：解决于初，没有差错。

【九二】爻辞：田获三狐，得黄矢，贞吉。九二精解：利用君子，克制小人。

【六三】爻辞：负且乘，致寇至，贞吝。六三精解：重用小人，招致失败。

【九四】爻辞：解而拇，朋至斯孚。九四精解：解除小人，君子自至。

【六五】爻辞：君子维有解，吉。有孚于小人。六五精解：君子能解，小人信赖。

【上六】爻辞：公用射隼于高墉之上，获之，无不利。上六精解：位高无权，打击小人。

第四十一卦【山泽损】

艮上
兑下

《序卦传》：缓必有所失，故受之以损。

【损卦】卦辞：损，有孚，元吉，无咎，可贞，利有攸往。曷之用？二簋可用享。卦辞精解：惩戒愤怒，窒塞意欲。

【初九】爻辞：已事遄往，无咎，酌损之。初九精解：停止己事，速去益人。

【九二】爻辞：利贞，征凶。弗损，益之。九二精解：守正不损，有益于人。

【六三】爻辞：三人行，则损一人。一人行，则得其友。六三精解：损应损除，益应益缺。

【六四】爻辞：损其疾，使遄有喜，无咎。六四精解：速损其疾，可喜可庆。

【六五】爻辞：或益之十朋之龟，弗克违，元吉。六五精解：无心益人，确是得计。

【上九】爻辞：弗损益之，无咎，贞吉，利有攸往。得臣无家。上九精解：不损自己，却利他人。

第四十二卦【风雷益】

离上
雷下

《序卦传》：损而不已必益，故受之以益。

【益卦】卦辞：益，利有攸往，利涉大川。卦辞精解：见善则迁，有过则改。

【初九】爻辞：利用为大作，元吉，无咎。初九精解：利用益道，大有作为。

【六二】爻辞：或益之十朋之龟，弗克违，永贞吉。王用享于帝，吉。六二精解：无心益人，大为得计。

【六三】爻辞：益之用凶事，无咎。有孚中行，告公用圭。六三精解：患难临之，有益于身。

【六四】爻辞：中行，告公从，利用为依迁国。六四精解：中庸行为，公众从之。

【九五】爻辞：有孚惠心，勿问，元吉。有孚惠我德。九五精解：施惠于人，感激我德。

【上九】爻辞：莫益之，或击之。立心勿恒，凶。上九精解：不增益之，存心不常。

第四十三卦【泽天夬】

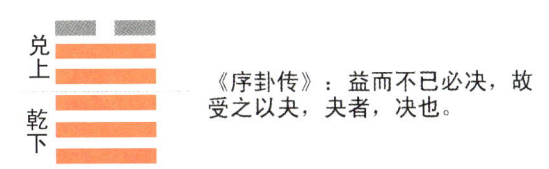

兑上
乾下

《序卦传》：益而不已必决，故受之以夬，夬者，决也。

【夬卦】卦辞：夬，扬于王庭，孚号有厉。告自邑，不利即戎；利有攸往。卦辞精解：施禄及下，莫以为善。

【初九】爻辞：壮于前趾，往不胜，为咎。初九精解：轻举妄动，往而不胜。

【九二】爻辞：惕号，莫夜有戎，勿恤。九二精解：警惕呼号，有备无患。

【九三】爻辞：壮于頄，有凶。君子夬夬独行，遇雨若濡，有愠，无咎。九三精解：坚决独往，受害遭怨。

【九四】爻辞：臀无肤，其行次且。牵羊悔亡，闻言不信。九四精解：行而又止，共进无悔。

【九五】爻辞：苋陆夬夬，中行无咎。九五精解：尽去小人，行为中正。

【上六】爻辞：无号，终有凶。上六精解：无处呼号，终必失策。

第四十四卦【天风姤】

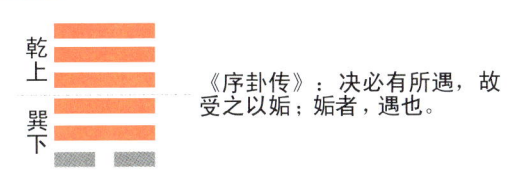

乾上
巽下

《序卦传》：决必有所遇，故受之以姤；姤者，遇也。

【姤卦】卦辞：姤，女壮，勿用取女。卦辞精解：施行命令，诰戒四方。

【初六】爻辞：系于金柅，贞吉。有攸往，见凶，羸豕孚蹢躅。初六精解：小人初长，应加阻止。

【九二】爻辞：包有鱼，无咎，不利宾。九二精解：阻止小人，莫害来宾。

【九三】爻辞：臀无肤，其行次且，厉，无大咎。九三精解：行路难进，无所遇合。

【九四】爻辞：包无鱼，起凶。九四精解：未容下属，独立失策。

【九五】爻辞：以杞包瓜，含章，有陨自天。九五精解：包容下属，下施美德。

【上九】爻辞：姤其角，吝，无咎。上九精解：在上而刚，难与人合。

第四十五卦【泽地萃】

兑上
坤下

《序卦传》：物相遇而后聚，故受之以萃；萃者，聚也。

【萃卦】卦辞：萃，亨。王假有庙，利见大人，亨，利贞。用大牲吉，利有攸往。卦辞精解：发现有才，示以诚敬。

【初六】爻辞：有孚不终，乃乱乃萃。若号，一握为笑。勿恤，往无咎。初六精解：诚信无终，聚集紊乱。

【六二】爻辞：引吉，无咎。孚乃利用禴。六二精解：诚心聚集，不在形式。

【六三】爻辞：萃如，嗟如，无攸利。往无咎，小吝。六三精解：无人与聚，嗟叹无益。

【九四】爻辞：大吉，无咎。九四精解：居位不当，大吉无咎。

【九五】爻辞：萃有位，无咎。匪孚，元永贞，悔亡。九五精解：不恃权位，要有诚信。

【上六】爻辞：赍咨涕洟，无咎。上六精解：求聚不能，痛悔无咎。

第四十六卦【地风升】

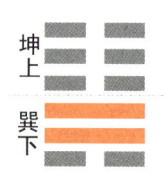

坤上
巽下

《序卦传》：聚而上者谓之升，故受之以升。

【升卦】卦辞：升，元亨。用见大人，勿恤。南征吉。卦辞精解：因时上进，有贤应援。

【初六】爻辞：允升，大吉。初六精解：得当的升，合于上志。

【九二】爻辞：孚乃利用禴，无咎。九二精解：极为诚信，应援上进。

【九三】爻辞：升虚邑。九三精解：上进无阻，无所疑惧。

【六四】爻辞：王用亨于岐山，吉，无咎。六四精解：柔顺从事，上进享受。

【六五】爻辞：贞吉，升阶。六五精解：逐步上进，得行其志。

【上六】爻辞：冥升，利于不息之贞。上六精解：昏冥上进，宜正不息。

第四十七卦【泽水困】

兑上
坎下

《序卦传》：升而不已必困，故受之以困。

【困卦】卦辞：困，亨，贞，大人吉，无咎。有言不信。卦辞精解：处险而悦，守正寡言。

【初六】爻辞：臀困于株木，入于幽谷，三岁不觌。初六精解：困处黑暗，不求人知。

【九二】爻辞：困于酒食，朱绂方来，利用享祀。征凶，无咎。九二精解：酒食不足，待机而动。

【六三】爻辞：困于石，据于蒺藜，入于其宫，不见其妻，凶。六三精解：外有困难，内失其妻。

【九四】爻辞：来徐徐，困于金车，吝，有终。九四精解：困于富贵，终能有为。

【九五】爻辞：劓刖，困于赤绂，乃徐有说，利用祭祀。九五精解：困于禄位，以诚脱离。

【上六】爻辞：困于葛藟，于臲卼，曰动悔。有悔，征吉。上六精解：困于纠缠，动而有悔。

第四十八卦【水风井】

坎上
巽下

《序卦传》：困乎上者必反下，故受之以井。

【井卦】卦辞：井，改邑不改井，无丧无得，往来井井。汔至亦未繘井，羸其瓶，凶。卦辞精解：绳入于水，引其向上。

【初六】爻辞：井泥不食，旧井无禽。初六精解：底泥莫食，废井无禽。

【九二】爻辞：井谷射鲋，瓮敝漏。九二精解：井孔泄水，如器破漏。

【九三】爻辞：井渫不食，为我心恻。可用汲，王明并受其福。九三精解：井除污秽，尚未食用。

【六四】爻辞：井甃，无咎。六四精解：用砖砌井，井已修治。

【九五】爻辞：井洌，寒泉食。九五精解：井水澄清，冷泉可食。

【上六】爻辞：井收，勿幕。有孚，元吉。上六精解：井已完成，公用无私。

第四十九卦【泽火革】

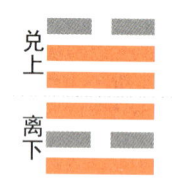

兑上
离下

《序卦传》：井道不可不革，故受之以革。

【革卦】卦辞：革，已日乃孚，元亨，利贞，悔亡。卦辞精解：革新改造，顺天应人。

【初九】爻辞：巩用黄牛之革。初九精解：改变之初，不可妄动。初九精解：改变之初，不可妄动。

【六二】爻辞：已日乃革之，征吉，无咎。六二精解：立信以后，始可改革。

【九三】爻辞：征凶，贞厉。革言三就，有孚。九三精解：广求意见，审慎改革。

【九四】爻辞：悔亡，有孚改命，吉。九四精解：改革天命，得计无悔。

【九五】爻辞：大人虎变，未占有孚。九五精解：大人改革，令人信服。

【上六】爻辞：君子豹变，小人革面。征凶，居贞吉。上六精解：继革失策，宜居常态。

第五十卦【火风鼎】

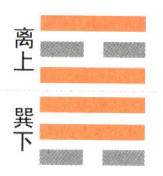

离上
巽下

《序卦传》：革物者莫若鼎，故受之以鼎。

【鼎卦】卦辞：鼎，元吉，亨。卦辞精解：端正安重，凝固使命。

【初六】爻辞：鼎颠趾，利出否。得妾以其子，无咎。初六精解：鼎足倾倒，利除腐物。

【九二】爻辞：鼎有实，我仇有疾，不我能即，吉。九二精解：腹中有实，慎重处理。

【九三】爻辞：鼎耳革，其行塞，雉膏不食。方雨亏悔，终吉。九三精解：鼎耳革除，功用丧失。

【九四】爻辞：鼎折足，覆公𫗧，其形渥，凶。九四精解：鼎足折殿，倾覆公食。

【六五】爻辞：鼎黄耳金铉，利贞。六五精解：鼎内美食，发挥功用。

【上九】爻辞：鼎玉铉，大吉，无不利。上九精解：玉的扛具，刚柔调济。

第五十一卦【震为雷】

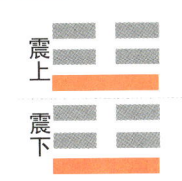

震上
震下

《序卦传》：主器者莫若长子，故受之以震；震者，动也。

【震卦】卦辞：震，亨。震来虩虩，笑言哑哑。震惊百里，不丧匕鬯。卦辞精解：恐惧警惕，始能安闲。

【初九】爻辞：震来虩虩，后笑言哑哑，吉。初九精解：先有警惕，后能从容。

【六二】爻辞：震来，厉。亿丧贝，跻于九陵，勿逐，七日得。六二精解：震撼严重，避不顾失。

【六三】爻辞：震苏苏，震行无眚。六三精解：震止又起，其行无害。

【九四】爻辞：震遂泥。九四精解：不能振奋，未能光大。

【六五】爻辞：震往来，厉。亿无丧，有事。六五精解：往来危险，不丧其事。

【上六】爻辞：震索索，视矍矍，征凶。震不于其躬，于其邻，无咎。婚媾有言。上六精解：震惧不安，应早警惕。

第五十二卦【艮为山】

艮上
艮下

《序卦传》：物不可以终动，止之，故受之以艮；艮者，止也。

【艮卦】卦辞：艮其背，不获其身；行其庭，不见其人。无咎。卦辞精解：止中有动，动静合时。

【初六】爻辞：艮其趾，无咎，利永贞。初六精解：止动于初，宜永守正。

【六二】爻辞：艮其腓，不拯其随，其心不快。六二精解：不能救上，当止则止。

【九三】爻辞：艮其限，列其夤，厉薰心。九三精解：不当的止，必神不安。

【六四】爻辞：艮其身，无咎。六四精解：休止其身，独善其身。

【六五】爻辞：艮其辅，言有序，悔亡。六五精解：谨慎言语，出言有序。

【上九】爻辞：敦艮，吉。上九精解：笃实于止，敦厚而终。

第五十三卦【风山渐】

巽上
艮下

《序卦传》：物不可以终止，故受之以渐；渐者，进也。

【渐卦】卦辞：渐，女归吉，利贞。卦辞精解：止顺自然，行不穷困。

【初六】爻辞：鸿渐于干，小子厉，有言，无咎。初六精解：少年初进，受责无咎。

【六二】爻辞：鸿渐于磐，饮食衎衎，吉。六二精解：饮食和乐，不尸其位。

【九三】爻辞：鸿渐于陆，夫征不复，妇孕不育，凶。利御寇。九三精解：夫征不复，妇孕不育。

【六四】爻辞：鸿渐于木，或得其桷，无咎。六四精解：不安于树，或安于架。

【九五】爻辞：鸿渐于陵，妇三岁不孕，终莫之胜，吉。九五精解：怀才不遇，终能有成。

【上九】爻辞：鸿渐于陆，其羽可用为仪，吉。上九精解：贤人高洁，言行可法。

第五十四卦【雷泽归妹】

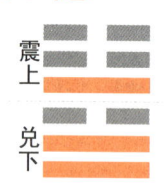

震上
兑下

《序卦传》：进必有所归，故受之以归妹。

【归妹卦】卦辞：归妹，征凶，无攸利。卦辞精解：天地大义，人道开始。

【初九】爻辞：归妹以娣，跛能履，征吉。初九精解：随姊出嫁，委屈相从。

【九二】爻辞：眇能视，利幽人之贞。九二精解：地位不正，德美有为。

【六三】爻辞：归妹以须，反归以娣。六三精解：反回娈身，等待出嫁。

【九四】爻辞：归妹愆期，迟归有时。九四精解：出嫁过时，晚嫁待时。

【六五】爻辞：帝乙归妹，其君之袂，不如其娣之袂良。月几望，吉。六五精解：帝乙嫁女，不重衣饰。

【上六】爻辞：女承筐无实，士刲羊无血。无攸利。上六精解：出嫁未成，无何利益。

第五十五卦【雷火丰】

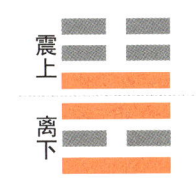

震上
离下

《序卦传》：得其所雪者必大，故受之以丰；丰者，大也。

【丰卦】卦辞：丰，亨，王假之，勿忧，宜日中。卦辞精解：照察实情，用刑惩恶。

【初九】爻辞：遇其配主，虽旬无咎，往有尚。初九精解：遇着配主，初丰可嘉。

【六二】爻辞：丰其蔀，日中见斗，往得疑疾。有孚发若，吉。六二精解：盛大障蔽，不宜求丰。

【九三】爻辞：丰其沛，日中见沫。折其右肱，无咎。九三精解：盛大障蔽，掩蔽刚明。

【九四】爻辞：丰其蔀，日中见斗，遇其夷主，吉。九四精解：盛大障蔽，遇着平手。

【六五】爻辞：来章，有庆誉，吉。六五精解：召来贤才，助其盛大。

【上六】爻辞：丰其屋，蔀其家，窥其户，阒其无人，三岁不觌，凶。上六精解：盛大屋舍，障蔽家庭。

第五十六卦【火山旅】

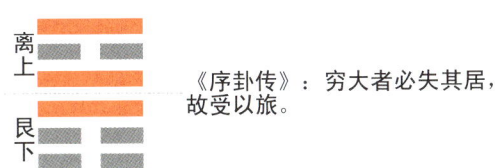

离上
艮下

《序卦传》：穷大者必失其居，故受以旅。

【旅卦】卦辞：旅，小亨，旅贞吉。卦辞精解：柔和守中，有所不为。

【初六】爻辞：旅琐琐，斯其所取灾。初六精解：琐细卑鄙，贼役取害。

【六二】爻辞：旅即次，怀其资，得童仆贞。六二精解：就舍藏财，用人忠诚。

【九三】爻辞：旅焚其次，丧其童仆，贞厉。九三精解：焚毁馆舍，用人不忠。

【九四】爻辞：旅于处，得其资斧，我心不快。九四精解：虽得资斧，心不快乐。

【六五】爻辞：射雉一矢亡，终以誉命。六五精解：猎取荣誉，终必获得。

【上九】爻辞：鸟焚其巢，旅人先笑后号咷，丧牛于易，凶。上九精解：栖身无处，先乐后悲。

第五十七卦【巽为风】

巽上
巽下

《序卦传》：旅而无所容，故之以巽；巽者，入也。

【巽卦】卦辞：巽，小亨，利有攸往，利见大人。卦辞精解：上下卑顺，贯彻命令。

【初六】爻辞：进退，利武人之贞。初六精解：犹疑不决，要果断正。

【九二】爻辞：巽在床下，用史巫纷若，吉，无咎。九二精解：过分卑顺，不如守中。

【九三】爻辞：频巽，吝。九三精解：屡次卑顺，令人惋惜。

【六四】爻辞：悔亡，田获三品。六四精解：猎获高禄，懊悔消失。

【九五】爻辞：贞吉，悔亡，无不利。无初有终。先庚三日，后庚三日，吉。九五精解：一再叮咛，并加检讨。

【上九】爻辞：巽在床下，丧其资斧，贞凶。上九精解：过分卑顺，丧失果断。

第五十八卦【兑为泽】

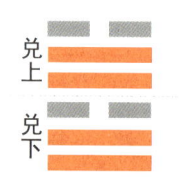

兑上
兑下

《序卦传》：入而后说之，故受之以兑；兑者，说也。

【兑卦】卦辞：兑，亨，利贞。卦辞精解：和悦亨通，忘劳忘死。

【初九】爻辞：和兑，吉。初九精解：以和而悦，行为无疑。

【九二】爻辞：孚兑，吉，悔亡。九二精解：以信而悦，志存诚信。

【六三】爻辞：来兑，凶。六三精解：就人求悦，居位不当。

【九四】爻辞：商兑未宁，介疾有喜。九四精解：考虑所悦，应恶阴邪。

【九五】爻辞：孚于剥，有厉。九五精解：任令剥蚀，危险正着。

【上六】爻辞：引兑。上六精解：牵引以悦，有失光明。

第五十九卦【风水涣】

《序卦传》：说而后散之，故受之以涣；涣者，离也。

【涣卦】卦辞：涣，亨。王假有庙，利涉大川，利贞。卦辞精解：同舟共济，克服困难。

【初六】爻辞：用拯马壮，吉。初六精解：拯救涣散，宜用贤才。

【九二】爻辞：涣奔其机，悔亡。九二精解：涣散之时，急就所安。

【六三】爻辞：涣其躬，无悔。六三精解：不顾自己，有志于外。

【六四】爻辞：涣其群，元吉。涣有丘，匪夷所思。六四精解：散去私党，得大团结。

【九五】爻辞：涣汗其大号，涣，王居无咎。九五精解：除民疾苦，散与财货。

【上九】爻辞：涣其血，去逖出，无咎。上九精解：避祸出走，出于警惕。

第六十卦【水泽节】

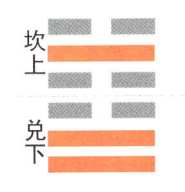

《序卦传》：物不可以终离，故受之以节。

【节卦】卦辞：节，亨。苦节不可贞。卦辞精解：沉着应对，能得畅通。

【初九】爻辞：不出户庭，无咎。初九精解：不出户庭，知所行止。

【九二】爻辞：不出门庭，凶。九二精解：不出门庭，丧失时机。

【六三】爻辞：不节若，则嗟若，无咎。六三精解：不加节制，则有伤叹。

【六四】爻辞：安节，亨。六四精解：安然节制，以承上道。

【九五】爻辞：甘节，吉。往有尚。九五精解：过度节制，居中而正。

【上六】爻辞：苦节，贞凶，悔亡。上六精解：过度节制，正也失策。

第六十一卦【风泽中孚】

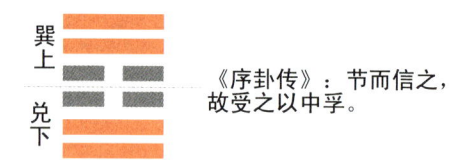

巽上
兑下

《序卦传》：节而信之，故受之以中孚。

【中孚卦】卦辞：中孚，豚鱼吉，利涉大川，利贞。卦辞精解：内诚感人，克服困难。

【初九】爻辞：虞吉，有它不燕。初九精解：意志不定，不能安适。

【九二】爻辞：鸣鹤在阴，其子和之。我有好爵，吾与尔靡之。九二精解：鹤鸣子和，酒食共享。

【六三】爻辞：得敌，或鼓或罢，或泣或歌。六三精解：得着敌对，缺乏内诚。

【六四】爻辞：月几望，马匹亡，无咎。六四精解：尚未凌君，输诚承上。

【九五】爻辞：有孚挛如，无咎。九五精解：居位正当，感通天下。

【上九】爻辞：翰音登于天，贞凶。上九精解：自鸣太高，反失内诚。

第六十二卦【雷山小过】

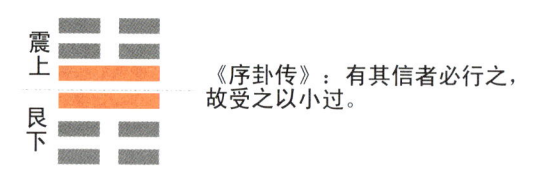

震上
艮下

《序卦传》：有其信者必行之，故受之以小过。

【小过卦】卦辞：小过，亨，利贞，可小事，不可大事。飞鸟遗之音，不宜上宜下，大吉。卦辞精解：小事得计，不可大事。

【初六】爻辞：飞鸟以凶。初六精解：进取高禄，小人失策。

【六二】爻辞：过其祖，遇其妣，不及其君，遇其臣，无咎。六二精解：不僭越君，与臣共济。

【九三】爻辞：弗过防之，从或戕之，凶。九三精解：不过防恶，受其戕害。

【九四】爻辞：无咎。弗过遇之，往厉必戒，勿用永贞。九四精解：柔而遇合，猛进危险。

【六五】爻辞：密云不雨，自我西郊，公弋取彼在穴。六五精解：密云不雨，过阴无成。

【上六】爻辞：弗遇过之，飞鸟离之，凶，是谓灾眚。上六精解：好高骛远，将有灾祸。

第六十三卦【水火既济】

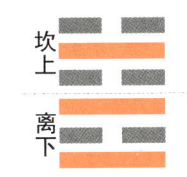

坎上
离下

《序卦传》：有过物者必济，故受之以既济。

【既济卦】卦辞：既济，亨小，利贞，初吉终乱。卦辞精解：小事亨通，终必紊乱。

【初九】爻辞：曳其轮，濡其尾，无咎。初九精解：徘徊不进，不动没错。

【六二】爻辞：妇丧其茀，勿逐，七日得。六二精解：表面败坏，不久可复。

【九三】爻辞：高宗伐鬼方，三年克之，小人勿用。九三精解：克制边远，贤才不易。

【六四】爻辞：繻有衣袽，终日戒。六四精解：不忘忧患，终日戒惧。

【九五】爻辞：东邻杀牛，不如西邻之禴祭，实受其福。九五精解：盛祭奢靡，莫如落祭。

【上六】爻辞：濡其道，厉。上六精解：沉溺于酒，将有危险。

第六十四卦【火水未济】

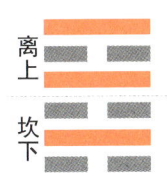

离上
坎下

《序卦传》：物不可穷也，故受之以未济终焉。

【未济卦】卦辞：未济，亨，小狐汔济，濡其尾，无攸利。卦辞精解：慎加考虑，始能亨通。

【初六】爻辞：濡其尾，吝。初六精解：未加考虑，也不量力。

【九二】爻辞：曳其轮，贞吉。九二精解：不轻进退，正道得计。

【六三】爻辞：未济，征凶。利涉大川。六三精解：无成不动，能克困难。

【九四】爻辞：贞吉，悔亡，震用伐鬼方，三年有赏于大国。九四精解：戒惧奋斗，终得报偿。

【六五】爻辞：贞吉，无悔。君子之光，有孚，吉。六五精解：君子光辉，出于诚信。

【上九】爻辞：有孚于饮酒，无咎。濡其首，有孚失是。上九精解：诚信待时，饮酒自遣。

曾仕强教授出版著作

序号	书 名	定价
1	中国式教养，中国父母家庭教养必修课	49.80
2	别让情绪拖累你的人生	49.80
3	中国人，你凭什么不自信	59.80
4	中国式家风	49.80
5	孝了，人生就顺了	64.00
6	易经的奥秘（完整版）（《易经的奥秘1》增补版）	64.00
7	易经的奥秘2	64.00
8	易经的智慧合集（精装典藏版）（全六册）	680.00
9	易经良基（共六册）	192.00
10	易经良基·中（共六册）	192.00
11	曾仕强详解道德经：道经	39.00
12	曾仕强详解道德经：德经	42.00
13	道德经的奥秘	36.00
14	道德经的玄妙	49.80
15	胡雪岩：商圣是怎么炼成的	64.00
16	坤道——曾仕强教做出色的中国女人（新版）	45.00
17	论语的生活智慧(上下)（新版）	72.00
18	论语给少年的启示(上下)	58.00
19	论语给青年的启发(上下)	68.00
20	曾仕强点评三国之道：论三国智慧（上下）	86.00
21	胡雪岩的启示（全新版）	45.00
22	曾仕强评胡雪岩	29.80
23	中华文化自信	45.00
24	我是谁	58.00
25	诸葛亮的启示	42.00
26	财神文化	49.80
27	赢在职场：中国式职场修炼手册	49.80

咨询热线：010-69292472

本系列为曾仕强教授 CCTV10 百家讲坛 《易经的奥秘》讲座配套深度解析丛书

现代易学院系列（共18册，陆续出版中）

曾仕强教授详解易经系列一至六

曾仕强教授详解易经系列七至十二

《易经的奥秘》进阶版

深度学习《易经》中的六十四卦

你的命运你做主！趋吉避凶不求人！
深度解读64卦，通晓人生未来变化。

收藏馈赠，上品之选！
必备宝典，随时可查！

《易经的智慧合集》，
解开您一生智慧的密码！

良心精品
liangxin.net.cn

良心精品

踏踏实实传文化
大大方方做商业

良心精品是以良心网为核心平台的精品商城，秉承"踏踏实实传文化，大大方方做商业"的指导理念，甘愿做良心品质精品生活的倡导者和传播者，通过正本清源、货真价实、良心故事，达到回归商道的目的。

良心品质 质量保障

安心价格 合理透明　良心　用心

　　　　　　　　　　安心　省心　用心服务 客户至上

省心购物 售后无忧